深圳职业技术大学"十四五"规划教材

标准化与生活

Standardization and Life

主　编◎朱永双
副主编◎陈　晨
参　编◎刘　霞　招　刚　陈明权

同济大学 出版社
TONGJI UNIVERSITY PRESS
·上海·

内 容 提 要

本书介绍了标准和标准化的基础知识，从古至今的标准化活动，标准化对经济、技术、贸易的影响，标准化在日常生活实践中的应用和体现，以及标准化实务，如标准化方法、标准的制定和实例等。全书共10个专题，每个专题都结合了最新产业发展动态、政策导向和思政教育，其内容着重于培养读者对规范的认同、对标准化的理解以及参与标准化工作的能力。另外，本书还为各个专题设置了知识点考核，并给出参考答案，以便于读者巩固重点知识。本书含有配套课件及微课视频，读者可扫描书内二维码获取。

本书内容通俗易懂、实用性强，既可作为高等院校、职业院校的标准化基础课程、标准化通识课程的教材，又可作为向企业员工或社会人员普及标准和标准化的培训教材或参考资料。

图书在版编目（CIP）数据

标准化与生活 / 朱永双主编；陈晨副主编. -- 上海：同济大学出版社，2023.12
ISBN 978-7-5765-0610-5

Ⅰ.①标… Ⅱ.①朱… ②陈… Ⅲ.①标准化管理 Ⅳ.①C931.2

中国国家版本馆CIP数据核字(2024)第003539号

标准化与生活

主编 朱永双　**副主编** 陈晨　**参编** 刘霞　招刚　陈明权
责任编辑 张莉　**助理编辑** 屈斯诗　**责任校对** 徐春莲　**封面设计** 渲彩轩

出版发行	同济大学出版社　www.tongjipress.com.cn （地址：上海市四平路1239号　邮编：200092　电话：021-65985622）
经　销	全国各地新华书店
制　作	南京月叶图文制作有限公司
印　刷	启东市人民印刷有限公司
开　本	787 mm×1092 mm　1/16
印　张	14.5
字　数	344 000
版　次	2023年12月第1版
印　次	2023年12月第1次印刷
书　号	ISBN 978-7-5765-0610-5
定　价	58.00元

本书若有印装质量问题，请向本社发行部调换　　版权所有　侵权必究

前　言

　　标准是经济活动和社会发展的技术支撑,是国家基础性制度的重要方面。伴随着经济全球化深入发展,标准在便利经贸往来、助力产业发展、促进科技进步、规范社会治理中的作用日益凸显,已成为世界"通用语言",是企业走向国际的"通行证"。标准还与人们的日常生活息息相关,柴米油盐、衣食住行、学习工作……数以万计的标准影响着人们生活的方方面面,使其更为安全有序、舒适和谐。

　　标准是标准化活动的产物。标准化可将科研成果和实践经验转化成标准,可将标准实施并进行改进、完善,进而促进建立最佳秩序,促进相关方的共同效益。党的二十大报告指出,高质量发展是全面建设社会主义现代化国家的首要任务。高质量发展需要高质量标准引领,新时代推动高质量发展、全面建设社会主义现代化国家,迫切需要进一步加强标准化工作。

　　标准化工作涉及的学科多、领域广,不仅要求从事标准化工作的人员具备扎实的专业技术基础,还要求其具备相关的标准化方法论和标准化意识。我国正在积极实施标准化战略,大力推进标准化人才队伍建设。为了满足高职院校标准化教学的需要,编者根据参与标准化工作以及标准化教学的经验编写了本书,旨在为培养认同标准化价值、树立标准化思维、掌握标准化基础知识和技能的"标准化＋复合型"高技能人才提供所需的材料。

　　本书共10个专题,系统介绍了标准和标准化的基础知识,从古至今的标准化活动,标准化对经济、技术、贸易的影响,标准化在日常生活中的体现,以及标准化实务,如标准化方法、标准的制定要求和实例等。

　　本书具有以下4个特色。

　　(1) 内容的选取贯彻"三紧贴"原则,即紧贴人们实际生活,紧贴社会最新科技发展,紧贴社会思想动态,将知识性、创造性、思想性、趣味性、实用性融为一体。

　　(2) 内容的组织从形而上到形而下,既有较为系统的理论,又有生动的实例,思政教育、规范养成、标准化理念、创新训练贯穿始终。

　　(3) 编写结构采用专题形式,力求符合高职高专学生学习的特点和教学要求。

　　(4) 所讲授的知识具有很强的实用性,从标准的角度解答日常生活中遇到的问题或困惑，以问题引领、案例分析等方式引导关注现实问题，将标准运用于实际生活，深入社会实践，拓展思维。

本书由深圳职业技术大学标准化教学团队的 5 位标准化高级工程师编写，朱永双任主编，陈晨任副主编，标准化教学团队骨干教师刘霞、招刚、陈明权参编。本书专题一由朱永双编写，专题二由陈晨编写，专题三至专题五由朱永双、刘霞编写，专题六由陈明权、刘霞编写，专题七由招刚、刘霞编写，专题八由刘霞、陈明权编写，专题九由朱永双编写，专题十由陈晨、刘霞编写。本书由朱永双策划，朱永双、刘霞、招刚统审。

本书从立项、完成编写到出版，得到了全国印刷标准化技术委员会书刊印刷分技术委员会秘书长王利婕教授的大力支持、指导和帮助，以及深圳职业技术大学传播工程学院副院长张旭亮老师的大力支持，在此一并表示衷心的感谢。

在全面建设社会主义现代化国家的新征程上，在高质量发展的进程中，在"强化现代化建设人才支撑"的新时代人才强国战略下，通过普及标准与标准化知识，培养"标准化+复合型"高技能人才，助力我国由大国向强国发展。衷心期待本书能在职业院校的标准化基础课程、标准化通识课程教学及人才培养中，在向公众普及标准和标准化的活动中发挥应有的作用。

由于编者水平有限，不足和错漏之处在所难免，殷切希望广大同仁及读者不吝批评与斧正，以便编者不断修订完善。

课程课件

编者

2023 年 10 月

目　录

前言

专题一　认识标准及标准化 ……………………………………………………… 1
　第一节　标准与生活 …………………………………………………………… 2
　第二节　标准化与标准的定义 ………………………………………………… 4
　第三节　从古至今的标准化 …………………………………………………… 8
　第四节　标准的分类 …………………………………………………………… 25
　第五节　标准的构成与解读 …………………………………………………… 34
　知识点考核 ……………………………………………………………………… 44

专题二　标准化与社会发展 ……………………………………………………… 46
　第一节　标准与技术的关系 …………………………………………………… 47
　第二节　标准化与科学管理的关系 …………………………………………… 50
　第三节　标准对国际贸易的影响 ……………………………………………… 53
　第四节　标准的必要性 ………………………………………………………… 57
　知识点考核 ……………………………………………………………………… 60

专题三　标准化与饮食 …………………………………………………………… 62
　第一节　食品安全和标准 ……………………………………………………… 63
　第二节　食品标签 ……………………………………………………………… 68
　第三节　食品添加剂 …………………………………………………………… 78
　第四节　食品包装 ……………………………………………………………… 81
　知识点考核 ……………………………………………………………………… 85

专题四　标准化与着装 …………………………………………………………… 87
　第一节　合身得体 ……………………………………………………………… 88
　第二节　挑选安全的服装 ……………………………………………………… 91
　第三节　服装使用说明 ………………………………………………………… 93
　知识点考核 ……………………………………………………………………… 99

专题五　标准化与居住 …………………………………………………………… 100
　第一节　宜居环境 ……………………………………………………………… 101

第二节　烦人的噪声 ……………………………………………………………… 105
　　第三节　室内空气污染 …………………………………………………………… 110
　　知识点考核 …………………………………………………………………………… 117

专题六　标准化与出行 ………………………………………………………………… 119
　　第一节　道路交通标志 …………………………………………………………… 120
　　第二节　铁路钢轨的轨距 ………………………………………………………… 125
　　第三节　汽车尾气排放 …………………………………………………………… 128
　　知识点考核 …………………………………………………………………………… 130

专题七　标准化与网络、文娱 ………………………………………………………… 132
　　第一节　网络应用与网络安全 …………………………………………………… 133
　　第二节　电子竞技 ………………………………………………………………… 143
　　第三节　直播电子商务 …………………………………………………………… 145
　　第四节　电影院的星级划分 ……………………………………………………… 149
　　知识点考核 …………………………………………………………………………… 150

专题八　标准化与低碳减排 …………………………………………………………… 152
　　第一节　碳达峰与碳中和 ………………………………………………………… 153
　　第二节　碳足迹与碳标签 ………………………………………………………… 161
　　知识点考核 …………………………………………………………………………… 164

专题九　标准化与实践 ………………………………………………………………… 166
　　第一节　标准化对象 ……………………………………………………………… 167
　　第二节　标准化基本方法 ………………………………………………………… 170
　　第三节　标准化实例——新型零售业 …………………………………………… 179
　　知识点考核 …………………………………………………………………………… 183

专题十　标准制定 ……………………………………………………………………… 185
　　第一节　标准制定依据 …………………………………………………………… 186
　　第二节　标准制定程序 …………………………………………………………… 188
　　第三节　标准编写原则 …………………………………………………………… 195
　　第四节　标准名称和结构 ………………………………………………………… 197
　　第五节　标准要素的编写 ………………………………………………………… 200
　　第六节　标准制定实例 …………………………………………………………… 216
　　知识点考核 …………………………………………………………………………… 220

知识点考核参考答案 …………………………………………………………………… 222

参考文献 ………………………………………………………………………………… 225

专题一

认识标准及标准化

知识目标

1. 了解标准在生活中的重要作用。
2. 掌握标准和标准化的定义。
3. 了解标准的起源与发展。
4. 掌握标准的级别与类型。
5. 掌握不同标准类型的标示方法。
6. 掌握标准文本的解读方法。

技能目标

1. 能关注生活中的标准。
2. 能区分标准和标准化。
3. 能区分标准与技术规范、标准与法律法规。
4. 能识别标准的类型和级别。
5. 能看标准文本。
6. 能查找标准文献。

素质目标

1. 增强标准化意识。
2. 养成科学思维和标准化思维。

第一节 标 准 与 生 活

一、标准与衣食住行

当今社会各行各业的发展都离不开标准,标准不仅应用在工业、农业、服务业等生产经营领域,而且正延伸到社会、经济和文化等各个领域。随着新兴产业的发展,传统产业的转型升级,信息技术、安全、环境保护、资源节约和合理利用、服务等方面的标准越来越多,越来越得到广泛的应用。

下面以与日常生活息息相关的衣食住行为例,分别介绍标准在这些领域所起的重要作用。

(一) 衣离不开标准

我国政府对 21 个省、40 万人进行体形测试,确定了服装号型系列国家标准,使服装得以规模化生产。如女上装 165/88A 是指身高 165 cm,胸围 88 cm、体型 A(胸围和腰围的差数为 14~18 cm);女下装 165/68A 是指身高 165 cm,腰围 68 cm、体型 A。

(二) 鞋离不开标准

我们买鞋,会根据自己的脚长选择相应鞋码。鞋码与脚长的对应关系由标准规定,如 37 码对应的是 235 mm,42 码对应的是 260 mm。不同的国家和地区有不同的鞋子尺码表示方法,如我国的 37 码对应的美国码是 6 码,对应的英国码是 5 码。稳定的、统一的鞋号标准,方便同一国家或地区的消费者购买到合适尺码的鞋子。同时,消费者了解了不同地区的鞋码标准后,可快捷选择适宜的鞋子。

(三) 食离不开标准

"民以食为天",食品卫生标准直接关系人体的健康和安全。2008 年,在三鹿奶粉中发现化工原料三聚氰胺,致使很多食用该奶粉的婴儿患肾结石,该事件引起公众的高度关注和对乳制品安全的担忧。国家质量监督检验检疫总局(现国家市场监督管理总局)随即对国内乳制品厂家生产的婴幼儿奶粉进行检验,并公布了三聚氰胺检验报告,结果在包括伊利、蒙牛、光明、圣元及雅士利在内的 22 个厂家 69 批次产品中都检测出三聚氰胺。该事件重创中国制造商品信誉,并导致多个国家禁止中国乳制品进口。

该事件后,卫生部(现国家卫生健康委员会)公布了 66 项新乳品安全国家标准。

目前,我国已发布 1 000 多项食品安全国家标准,包含 2 万多项指标,如食品中的致病菌的数量、有害有毒物质的最高限值等。

(四) 住离不开标准

各种住宅虽然房型不同,但所用的建筑材料,如砖、水泥、钢筋、电线、插座、玻璃及各种管件等都有标准。标准的制定既保证住宅质量,又便于材料的批量生产和设计施工。

近年来,居室装修矛盾突出,装饰、装修质量参差不齐,如由于甲醛释放量超标导致的"甲醛门"。针对这些问题,国家发布了11项室内装饰装修材料有害物质限量的强制性国家标准,以保障住宅的环境质量。

上述11项强制性国家标准编号及名称如下:

(1)《室内装饰装修材料　人造板及其制品中甲醛释放限量》(GB 18580—2017);

(2)《木器涂料中有害物质限量》(GB 18581—2020);

(3)《建筑用墙面涂料中有害物质限量》(GB 18582—2020);

(4)《室内装饰装修材料　胶粘剂中有害物质限量》(GB 18583—2008);

(5)《室内装饰装修材料　木家具中有害物质限量》(GB 18584—2001);

(6)《室内装饰装修材料　壁纸中有害物质限量》(GB 18585—2001);

(7)《室内装饰装修材料　聚氯乙烯卷材料地板中有害物质限量》(GB 18586—2001);

(8)《室内装饰装修材料　地毯、地毯衬垫及地毯胶粘剂有害物质释放限量》(GB 18587—2001);

(9)《混凝土外加剂中释放氨的限量》(GB 18588—2001);

(10)《建筑材料放射性核素限量》(GB 6566—2010);

(11)《混凝土外加剂中残留甲醛的限量》(GB 31040—2014)。

(五) 行离不开标准

近年来,随着汽车工业的飞速发展,行人和车辆的规范化行为也越来越重要。《道路交通标志和标线　第2部分:道路交通标志》(GB 5768.2—2022)给出了我国使用的表示禁止或限制的部分交通标志,如图1-1所示。

停止让行　　禁止通行　　禁止驶入　　禁止车辆停放　　禁止车辆长时停放

图1-1　交通标志

(六) 玩离不开标准

乐高积木是一种流行的儿童玩具,也是标准化的方块,可以通过拼插组合呈现各种各样的形态。

生活中的一切事物只有设置标准的"天平",才能正常、健康、稳定、有序地进行,民众才能拥有安居乐业的生活环境。

二、树立标准化意识

中华民族创造了辉煌灿烂的历史,而标准作为其中不可或缺的篇章处处闪烁着耀眼的光芒,从古代的万里长城、都江堰、秦始皇陵兵马俑,再到今天的高速铁路、北斗导航卫星、嫦娥五号探测器,这些举世瞩目的成就无不凝结着标准化的智慧和理念,体现着标准的作用,因此，标准从根本上讲就是人类文明进步的成果。

标准和标准化早已融入人们的生产生活，并助推着经济社会快速发展。对于个人，懂标准、用标准，提升标准化意识，可以拓展职业发展渠道和晋升通道，可以更好地维护自身的权益、提高生活质量；对于企业，狠抓标准化，健全企业标准化体系是实现管理科学化、生产高效化、产品高质量的制胜举措；对于国家，标准是经济活动和社会发展的技术支撑，是国家基础性制度的重要方面。标准化在推进国家治理体系和治理能力现代化中发挥着基础性、引领性作用。2021年10月，中共中央、国务院印发的《国家标准化发展纲要》指出，新时代推动高质量发展、全面建设社会主义现代化国家，迫切需要进一步加强标准化工作，要将标准化纳入普通高等教育、职业教育和继续教育，开展专业与标准化教育融合试点，造就一支熟练掌握国际规则、精通专业技术的职业化人才队伍。全面贯彻党的二十大精神，深入实施国家标准化发展纲要，推广标准化教育，使每位新时代的建设者们具备标准化意识、标准化思维、标准化知识和能力，为全面建设社会主义现代化国家贡献力量。

第二节　标准化与标准的定义

什么是标准与标准化？

一、标准化的定义

《标准化工作指南　第1部分：标准化和相关活动的通用术语》（GB/T 20000.1—2014）中对标准化的定义为："为了在既定范围内获得最佳秩序，促进共同效益，对现实问题或潜在问题确立共同使用和重复使用的条款以及编制、发布和应用文件的活动。注1：标准化活动确立的条款，可形成标准化文件，包括标准和其他标准化文件。注2：标准化的主要效益在于为了产品、过程或服务的预期目的改进它们的适用性，促进贸易、交流以及技术合作。"

解析：

（1）标准化的属性：标准化是一系列的活动，包括确定条款的活动以及编制、发布和应用文件的活动。

（2）标准化的对象：在既定范围内存在的现实问题或潜在问题，也可以限定在任何问题的特定方面。

（3）标准化的目标：获得最佳秩序，促进共同效益。这里的共同效益主要是为了产品、过程或服务的预期目的，改进它们的适用性，有助于贸易、交流以及技术合作。

（4）标准化的结果：包括针对现实问题或潜在问题而确立的共同使用和重复使用的条款，由条款编制成的文件以及对文件的发布与应用。如果制定的条款不是共同使用和重复使用，那么这些活动就不是标准化。

（5）标准化的目的：使产品、过程或服务适合其用途。这些目的可能包括但不限于品种控制、安全、环境保护、产品防护、健康、经济绩效、贸易等。标准化的目的可以有一个或更多特定目的，这些目的可能相互重叠。

> **实践案例**

握筷子的标准化

一般在办酒席时,一个圆桌坐 10 人。圆桌上的人握筷子的姿势五花八门,不一而足,偶尔还会因筷子使用不当引发尴尬。面对这样的现实问题,可以找到一种握筷子的正确姿势来解决。

于是,相关人员经过多方观察、反复试验等过程后,发现最高效的握筷子姿势如图 1-2 所示。可以整理为以下条款:

（1）筷子尖对齐;

（2）手拿筷子时,握住筷子的上面 1/2 处,筷子顶端离手 1 cm 长;

（3）右手五指自然弯曲执筷,大拇指顶端、食指和中指夹住一根筷子,大拇指根部和无名指夹住另外一根筷子,小拇指自然弯曲;

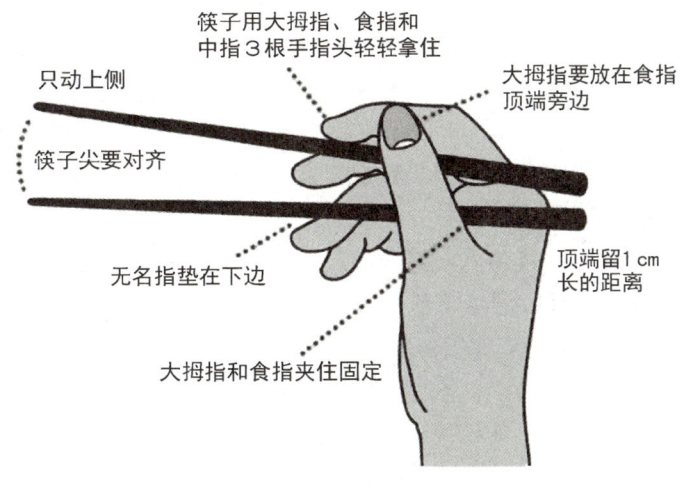

图 1-2　手握筷子的正确方法

（4）夹菜时,食指和中指向内弯曲,使第一根筷子靠近第二根筷子,从而将食物夹住;

（5）整个过程中,只动食指和中指,其他手指都不动。而且只有第一根筷子动,第二根筷子不动。

上述条款是可以供所有使用筷子的人共同使用和重复使用的。以上确定使用筷子的最佳条款的过程是一种标准化活动。下一步,可以将这些条款编制为文件,再通过民间组织（如筷子协会）发布,然后向社会推荐,如建议幼儿园老师按文件规范动作教儿童使用筷子等。制定文件、发布文件、推广使用文件等活动也是标准化活动。

二、标准的定义

《标准化工作指南　第 1 部分：标准化和相关活动的通用术语》(GB/T 20000.1—2014)条目 5.3 中对标准的定义为:"通过标准化活动,按照规定的程序经协商一致制定,为各种活动或其结果提供规则、指南或特性,供共同使用和重复使用的一种文件。注 1：标准宜以科学、技术和经验的综合成果为基础。注 2：规定的程序指制定标准的机构颁布的标准制定程序。注 3：诸如国际标准、区域标准、国家标准等,由于它们可以公开获得以及必要时通过修正或修订保持与最新技术水平同步,因此它们被视为构成了公认的技术规则。其他层次上通过的标准,诸如专业协(学)会标准、企业标准等,在地域上可影响几个国家。"

解析：

（1）标准的属性：标准是文件,这个文件可以理解为记录有信息的各种媒介,包括书面文件、电子文件、声音、图片、实物等,是标准化活动的成果之一。

(2) 标准的目标:为各种活动或其结果提供规则、指南或特性。

(3) 标准的特点:共同使用和重复使用。

(4) 标准制定的程序:按照制定标准的机构颁布的标准制定程序经协商一致制定。

(5) 标准制定的基础:以科学、技术和经验的综合成果为基础。

 延伸阅读

在我国,"标准"二字最早出现于东晋袁宏的《三国名臣序赞》中:"渊哉泰初,宇量高雅。器范自然,标准无假。"句中的"泰初"指三国曹魏官员、玄学家、文学家夏侯玄。此句是说夏侯玄显示出的崇高声望准确地反映了实际情况,名副其实,不依靠其他条件抬高自己的声望。其中"器范自然,标准无假"指器物很符合应具备的规范,自然流畅,是标准的器物,无造假痕迹。

《现代汉语词典》(第7版)中"标准"一词有以下2种解释:

(1) 名词,衡量事物的准则。如"实践是检验真理的唯一标准"。

(2) 形容词,本身合于准则,可供同类事物比较核对,如标准音、标准尺等。

日常所说的"标准"基本属于以上2种解释中的其中一种,与标靶、准则、准绳、规范、模范、法式、程序、目标等词义近似,与离谱、随意、无序、混乱等词义相反。

三、标准的形态

标准可分为实物标准和文本标准。

实物标准指具有准确的标准值、均匀性和稳定性,并具有一种或多种性能特征,经有关部门批准,取得证书和标志的实物。常见的实物标准有标准计量器具、色谱等,如图1-3所示。

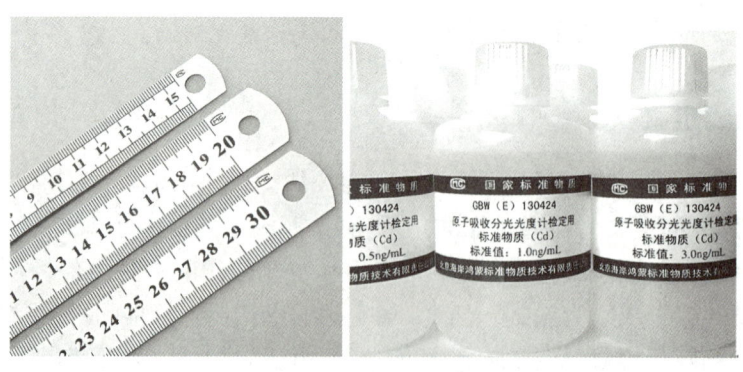

图1-3 实物标准

文本标准是指以文字、符号、图表等形式记录在纸质或电子媒介上的标准。现在通常所说的标准指的是文本标准,如图1-4所示。

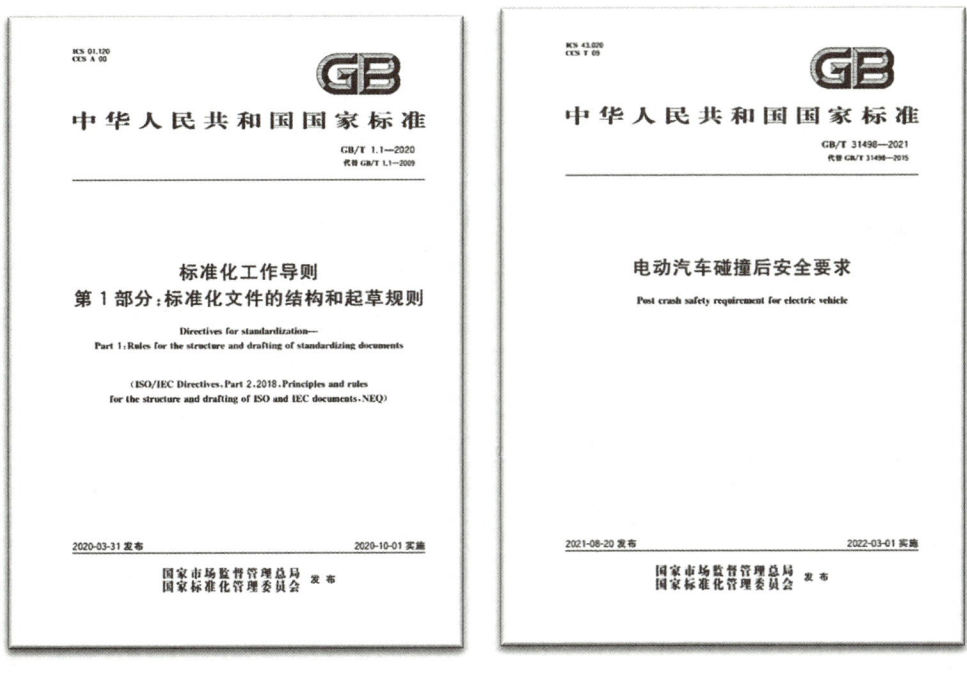

图 1-4 文本标准

四、标准化文件与标准

通过标准化活动制定的文件称为标准化文件。标准化文件包含标准、规范、规程、技术报告等。标准是标准化文件的一种,标准化文件中只有按照制定标准的机构颁布的标准制定程序经协商一致制定的文件才是标准。

(一)标准与规范、规程

规范指规定产品、过程或服务应满足的技术要求,并且描述了判定该要求是否得到满足的证实方法的文件。规范与标准的区别和联系是:规范可以是标准、标准的一个部分或标准以外的其他标准化文件。

规程指为产品、过程或服务全生命周期的有关阶段推荐良好惯例或程序的文件。有关阶段包括设备、构件或产品的设计制造、安装、维护和使用。规程与标准的区别和联系是:规程可以是标准、标准的一个部分或标准以外的其他标准化文件。

国际上普遍存在的技术规范(Technical Specification,TS)、可公开提供规范(Publicly Available Specification,PAS)即属于标准化文件。与 TS 相比,PAS 的协商一致程度要更低一些。与标准不同,TS 和 PAS 的复审次数、存活期都有具体的限制,到了一定的期限,如果不能转化为标准,就必须撤销。TS、PAS 存在于多个层次的标准化文件中,如国际标准化组织发布的 ISO/TS、ISO/PAS;欧洲标准化委员会(CEN)发布的 CEN/TS、德国标准化学会发布的 DIN PAS 等。在国际上,不管是国际标准化组织,还是国家标准机构发布的 TS 或 PAS 都以最终转化成标准为目标,如果最终没能转化成标准就要被撤销。

我国的国家标准化指导性技术文件(GB/Z)是我国标准化机构发布的规范或规程类标准化文件。指导性技术文件发布后三年内必须复审,以决定是否继续有效,是否转化为国家标准或撤销。

企业的规范或规程是企业发布的一类标准化文件,利用其组织的约束力要求执行,无须编制或转化成企业标准。

(二) 标准与技术报告

技术报告(Technical Report,TR)指标准化机构发布的包含不同于标准或技术规范的数据文件,例如标准化活动中获得的数据、工作数据或相关标准的特定标准化对象最新技术水平的数据。这些文件的内容完全是资料性的,不适合作为规范、规程或标准发布。技术报告也属于未完全履行标准制定程序形成的文件,其自身内容的资料性特点决定了它不需要较高的协商一致程度,经过相关技术委员会成员多数赞成即可发布。技术报告的复审没有严格的期限,只建议由承担工作的技术委员会定期复审。

技术报告存在于多个层次的标准化文件中,如国际标准化组织发布的 ISO/TR、国际电工委员会发布的 IEC/TR、欧洲标准化委员会发布的 CEN/TR、欧洲电信标准协会发布的 ETSI TR、日本工标准调查会(JISC)发布的 JISC TR 等。

(三) 标准与指南

指南(Guide)指由标准化机构发布的为该机构标准化活动提供规则、指导或建议的文件,通常不再转化为标准。指南的制定遵循特定程序,它通常不由标准化机构的技术委员会制定,而由机构中政策制定委员会等设立的项目负责委员会或工作组制定。

指南存在于多个层次的标准化文件中,如国际标准化组织发布的 ISO Guide、国际电工委员会发布的 IEC Guide、欧洲标准化委员会发布的 CEN/Guide 等。

(四) 标准与法规

法规指由权力机关通过的有约束力的法律性文件。标准与法规的区别和联系是:标准是由公认机构公布的,涉及的一般是技术问题,有关人员自愿采用(除强制标准以外);法规是由国家权力机构发布的,由国家强制力保证执行。法规涉及的范围比标准广,当法规涉及技术要求时,它或者直接规定技术要求,或者引用标准、规范或规程作为技术要求,或者将标准、规范或规程的内容纳入法规中,此类法规就成为技术法规。技术法规是法规的一种,它具有法规所具有的特征,其制定的目的是维护国家安全,保护人身安全和健康,保护动植物的生命和健康,保护环境,防止欺诈行为等。

第三节　从古至今的标准化

什么时候起人类有标准化?

一、远古时代标准化活动

远古时代,原始人类在与自然的生存搏斗中,因感情交流和信息传达的需要,产生了从单一的吼叫到能被理解的有统一含义的语言。语言再经过符号、记号,逐步发展成在一定范围内通用的象形文字。语言的统一是人类最早的标准化活动。

元谋、蓝田、北京出土的石制工具说明原始人类开始制造工具,用来狩猎和防御。不同时期、不同地点出土的石器工具非常相似,标志着工具的样式和形状从多样走向统一,这也是标准化的象征。

在一定区域内,逐渐出现的约定俗成的表达方式,行事方法,符号、记号、象形文字,以及趋于标准化的工具,这些都是原始人类标准化活动的结果。不过,远古时代的标准化为无意识的标准化,是标准化的萌芽状态,如钻木取火、结绳记事、甲骨文的使用(图1-5)等。

图 1-5　甲骨文

二、古代标准化活动

(一) 古人的计量标准

人类社会的第一次社会大分工是农业、畜牧业相分离,之后出现了物资交换,交换要求公平、等价,从而促使了度、量、衡的单位和器具的统一,并从用人体的特定部位或自然物做度量器具发展到标准的度量器物。

中国古代用人体的部位作为简单的计量标准,由此产生了"布指知寸,布手知尺(图1-6),舒肘知寻"的说法,具体说来就是中指节上一横纹,叫一寸;大拇指同食指一叉相距为一尺;两臂伸长,叫一寻。另外,一手谓之溢,两手谓之掬,掬手成升。

先秦时期,商鞅规定"举足为跬,倍跬为步",即单脚迈出一次为"跬"(半步),双脚相继迈出为"步"。跬是早期社会土地面积测量的最小单位。耳熟能详的"不积跬步,无以至千里"(《荀子·劝学》),就是由此而来。

随着历史的变迁和技术的发展,如今的计量标准与古代的计量标准已有很大差别,以《三国演义》中刘、关、张三兄弟的身高为例,比较古代与现代计量的差别。

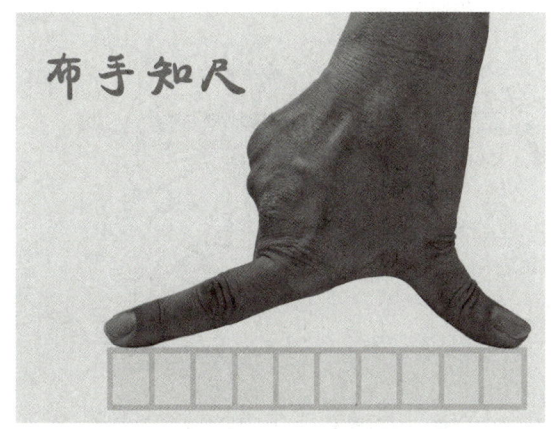

图 1-6　古人的计量标准

《三国演义》中对刘、关、张的形容如下：

刘备"生得身长七尺五寸，两耳垂肩，双手过膝，目能自顾其耳，面如冠玉，唇若涂脂"。

张飞"身长八尺，豹头环眼，燕颔虎须，声若巨雷，势如奔马"。

关羽"身长九尺，髯长二尺；面如重枣，唇若涂脂；丹凤眼，卧蚕眉，相貌堂堂，威风凛凛"。如果以现代的尺米制度（1 尺≈0.33 m）来换算，则刘备身高约 2.50 m，张飞身高约 2.66 m，关公身高约 3 m。实际上汉代的 1 尺只相当于 0.231 m，照此换算，张飞约 1.85 m，刘备约 1.73 m；关羽约 2.08 m。

中国古人的标准身高七尺五寸约 1.73 m，八尺约 1.85 m。

（二）我国古代标准化活动历程

1. 春秋战国时期的《考工记》

当人类社会第二次社会大分工，即农业、手工业分化时，为了提高生产率，迫切需要工具和技术的规范化。从出土的青铜器、铁器上可以看出当时的科学技术和标准化发展水平。春秋战国时期的《考工记》中记载了青铜冶炼配方、30 个工种的生产设计规范和制造工艺要求。以制车为例，《考工记》里记载用规校准车轮圆周；用平整的圆盘基面检验轮子的平直性；用垂线校验辐条的直线性；用水的浮力观察轮子的平衡，同时对轴的坚固灵活、结构的适用等作出了规定，俨然为严密而科学的车辆质量标准。图 1-7 为《考工记》中的制车示意图。

2. 秦始皇统一货币、文字、度量衡

秦统一六国之后，颁布了《工律》《金布律》《田律》等一系列政令，统一了全国的文字、货币和度量衡（图 1-8），实现书同文、市同币、量同衡、车同轨，使中国成为最早用政令来规范统一标准的国家。

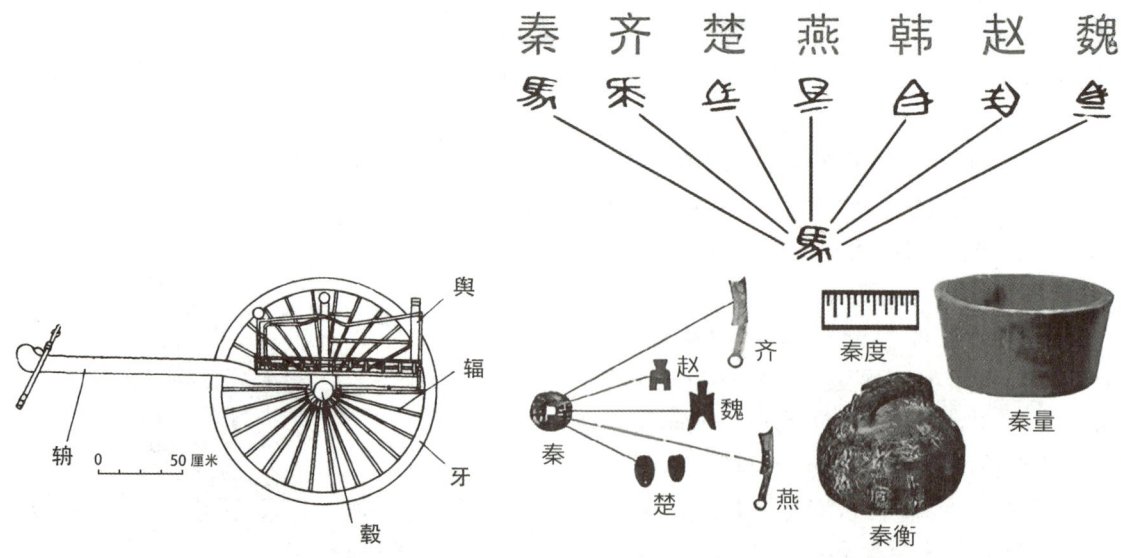

图 1-7 《考工记》中的制车示意图　　图 1-8 统一货币、文字和度量衡

在统一六国的战争中，秦军骁勇善战，被称为虎狼之师。秦人在兵器的制作中采用了标准化。他们首先将优选兵器的技术标准固定，再通过法令将这些技术标准传达给兵工厂。

秦军使用的弩机(图1-9)制作得十分标准,因此其部件可以互换。在战场上,损坏的弩机中仍旧完好的部件可以取出来重新拼装使用。这种高水平的标准化程度甚至令英国的标准化专家都赞不绝口。

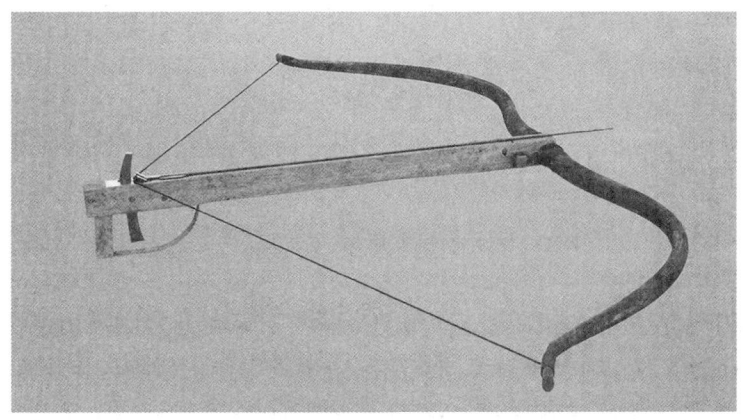

图1-9　秦弩机

秦始皇陵兵马俑(图1-10)被誉为"世界第八大奇迹",是国际公认迄今发现的保存最好、最完整的标准化作品。研究表明,秦兵马俑的生产采用了"多渠道供应"模式,即由朝廷出具统一的制作标准,而由不同的工坊(包括官方作坊和民间作坊)生产制作相同的产品,这和现在的定制加工类似。正是这些工坊的共同努力,才完成了这么庞大的工程。

图1-10　秦始皇陵兵马俑

3. 汉代器物设计的规格化

汉代的器物设计具有明显的规格化和系列化特征。这种特征在计量器具、建筑材料、服装面料、制陶、铜镜等方面都有明显的表现。

汉代的计量器具制作要求非常严格,它们制作工艺精良,不仅有统一的规格,而且都标有明确的计量单位。由于计量单位的统一,各手工设计门类中的技术标准、规格趋向统一。河南渑池出土了汉魏时期的大量窖藏铁制工具,这些铁器从器形看都是铸造的,不同地区、不同作坊生产的器物有统一的器形,经检测化学成分也很相似,同一类产品又有不同的规格,如六角轴承的径长在 6.5～15.5 cm 之间,有 17 种规格,相邻 2 种规格的径长相差均为 0.5 cm。

汉代丝织品也有统一的规定。布帛标准幅宽为二尺二寸,约相当于现在的 50.6 cm。

4. 唐朝的官员考核制度

唐朝在考核中央及地方各级政府官吏方面,进行了一系列的制度创新。官员考核过程严格有序,允许官员申诉。唐朝设有专门执行官员考核工作的机构——吏部考功司,派专人负责考核。为了保证考核质量和权威性,每年还会临时指派 2 名地位、名望高的京官为考校使,此外还派人监考,监考人员称为监考使。在意见最初形成之前,中央的各机构和地方各政府首长对属下人员的德、才、能形成初步意见,登记造册,形成档案。首长还要将所有被考核的官员分出等级。定等之后当众宣布,征求同僚和本人意见,本人如不同意首长所定的等级,可提出申诉。完成之后,材料将报到尚书省吏部的考功司。与此同时,尚书省又把自己直属各司和派到地方的监察官所收集的有关材料一并汇总,转交考功司。考校使、考功司综合各种渠道报上来的材料,形成最后意见并公布。如果被考核之人对所定等级有不同意见,可以上诉,考功司派专人再予复核。如果上诉意见正确,便更改等级,否则降低被考核之人的级别,以示惩戒。上述步骤完成,由朝廷发放考牒,以资凭证。

官员考核内容有一套标准,此标准重德性要求,也重岗位表现。该考核标准根据官员的才、德表现分为"四善二十七最"。所谓"四善"是指官德在 4 个方面的优秀表现,即德义有闻(好品德被广泛了解)、清慎明著(清廉谨慎突出)、公平可称(办事不徇私被公认)和恪勤匪懈(经常保持旺盛的工作状态)。"二十七最"是指 27 个方面工作的具体表现,就是考核一个官员完成本职工作的水平如何。二十七最是针对 27 种官吏才能的要求,并非要求达到一个人 27 项"优秀",一个人只达到一"最"即可,如献可替否(敢提肯定与否定的建议)、拾遗补阙(及时发现工作漏洞,提出合理建议)等。考核结果实行分类管理,奖优罚劣。根据善、最的多少,把流内官分为九等:一最四善为上;一最三善为上中;一最二善为上下;无最而有二善为中上;无最而有一善为中中;职事精理,善最不闻,为中下;爱憎任情、处官乖理为下上;背公向私、职务废缺为下中;居官谄诈、贪污有状为下下。流外官以行能功过分四等:清谨勤公为上,执事无私为中,不勤其职为下,贪浊有状为下下。经考核,凡列于中等以上者,皆可升官、加禄;中等以下者,就要降级罚禄,情节严重,则要罢官受惩。

5. 北宋的活字印刷术、《军器法式》及《营造法式》

北宋毕昇(972—1051)发明的活字印刷术(图 1-11)被称为"标准化发展历史上的里程碑",他成功地运用了标准单元、分解组合、重复利用以及互换性等标准原则和方法制作胶泥活字,大大提升了印刷效率。

 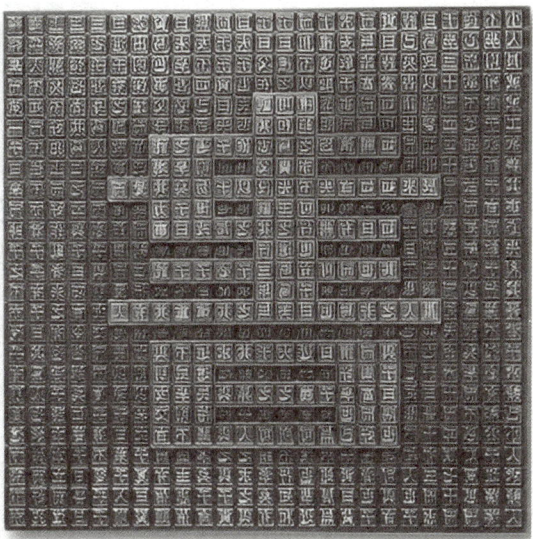

图 1-11　毕昇与活字印刷术

所谓"法式",即供当时官营手工业遵循的标准制式。由王安石(1021—1086)组织编撰的《军器法式》共 110 卷,其中 47 卷为军器制造标准,1 卷为材料标准,可见当时标准化程度已较高。由李诫(？—1110)编修的《营造法式》是中国古代最早、内容最丰富的建筑学著作(图 1-12),对建筑材料和结构作出了详细明确的规定,是一部由官方向全国发行的建筑法规性质的专书。

 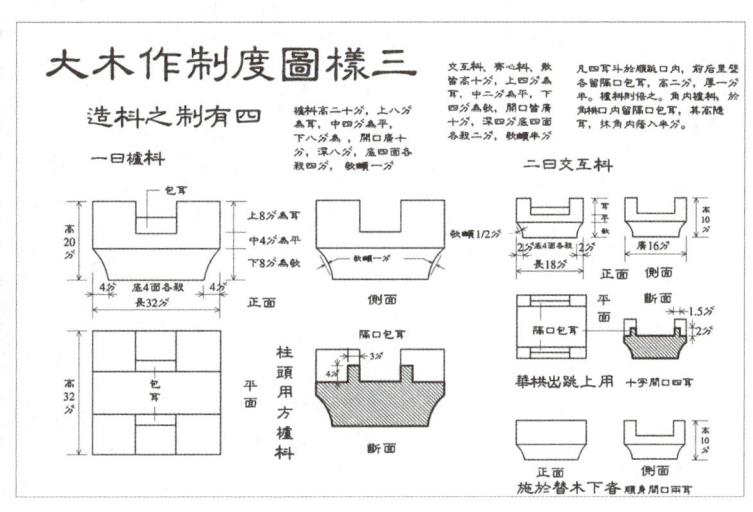

图 1-12　李诫与《营造法式》

6. 明朝的《本草纲目》和《天工开物》

李时珍(1518—1593)所著的《本草纲目》(图 1-13),不仅记载了药物的种类、特性,还记述了药物的制备方法、方剂等,是药剂方面典型的标准化文献,可视为标准化"药典"。

标准化与生活

图 1-13　李时珍与《本草纲目》

宋应星(1587—?)所著的《天工开物》(图 1-14)是中国古代一部综合性的科学技术专著,系统地记述了中国古代农业和手工业的生产技术和经验。全书涉及 30 多个行业,记录分析了 130 多项生产技术的情况,其内容包括材料的使用、制作工序、工具的名称和形状等。

图 1-14　《天工开物》

(三)其他国家的标准化活动

苏美尔人在阿卡德时代(距今 5 000 多年)制定了太阴历,以月亮的阴晴圆缺作为计时标准,规定 29 或 30 天为一个月,12 个月为一年(6 个月为 29 天,6 个月为 30 天),每年 354 天,并设置闰月,把一小时分成 60 分。在亚述时期(距今 2 600 多年)确定了星期的名称,规定 7 天为一星期。

建于公元前 27 世纪的埃及胡夫大金字塔在设计施工中的计算与测量标准相当精确。金字塔的塔底为正方形,其 4 个斜面正对四方,误差仅 51°52′;四方形的四边总长正好与 1 年的天数(365.24)相等;总长的 2 倍正好是赤道的时分度数;穿过塔的子午线正好把地球陆地和海洋分成相等的两半;塔高的 2 倍除以塔的底面积正好等于圆周率(3.141 59)。

(四)古代标准化活动的特点

从上述不同朝代的标准化事件中可以看出,古代标准化活动具有以下特点。

(1) 标准的制定变为有意识的行为。第一次人类社会的农业、畜牧业分工,因公平交换、等价交换和物资交换的需要,决定度、量、衡单位和器具标准统一。当人类社会第二次农业和手工业大分工时,为了提高生产率,人们有意识地实现了工具和技术的标准化。

(2) 标准化活动范围逐渐扩大,从早期的文字、日历、度量器具扩大到国家治理、军事、医学、建筑、农业和手工业等社会各个行业。

(3) 政治和军事的因素对标准化的影响较为明显。古代很多标准化的活动是基于政治和军事活动的需要发生的。如秦朝的"车同轨、书同文、行同伦、量同衡、币同形",是为了方便统治和巩固政权。秦朝统一六国、汉朝的版图扩展都需要大量的武器,从而催生了武器和武器制造的标准化。

(4) 标准化缺乏理论指导。我国古代还未出现标准化理论,标准化理论直到 20 世纪才出现。

(5) 标准化发展不平衡。古代的文明古国都出现了很多典型的标准化成果,这些标准化成果是深度标准化活动的体现。但是从全世界范围来看,标准化水平很不平衡,一些国家和地区标准化水平较高,但另一些文明程度低的国家还处于原始的、无意识的标准化阶段。

三、近代标准化活动

(一)概况

近代标准化发展史的帷幕由 18 世纪末英国的纺织工业革命拉开。蒸汽机和纺织机的出现带动了机器工业大生产,使世界进入工业化时代,作为生产和管理重要手段的标准和标准化得到了迅速的发展。

在工业化时代,用标准部件实现互换性最先出现在国防枪械行业。当时士兵的长枪由工匠手工制造,一枪一造,不同工匠造出来的枪都不相同。这种方式不仅制造费时费力,而且如果枪在战场上出现问题将难以维修。一旦一个零件坏了,整支枪也会无法正常使用。1798 年,美国人伊莱·惠特尼(Eli Whitney,1765—1825)提出了"可互换零件"的概念,并按照枪支零件的尺寸设计了一套专门的器械和制造流程,一般工匠也能操作这些器械,再通过分工生产不同的步枪零件。这种工艺流程生产出来的零件尺寸及公差均一,任何零件皆能适用于任意一把同型号的步枪,只要将各零件组装起来便可成为一支完整的步枪,大大加快了枪械的制造效率。可互换零件是一个对质量科学发展影响深远的概念,200 多年之后,这个概念依然像扣动扳机之声一样,清脆环绕耳边。伊莱·惠特尼也因此被誉为"美国现代工业标准化之父"。

1841年,英国人约瑟夫·惠特沃斯(Joseph Whitworth,1803—1887)设计了统一制式的螺纹,制定了"螺纹型标准";1900年,英国钢铁商人哈里·斯凯尔顿(Harry Skelton)建议在钢梁生产中实现生产规格和图纸统一,并促成英国工程标准委员会(1931年改名为英国标准学会,British Standards Institution,BSI)的建立;1902年,英国纽瓦尔公司制定了公差和配合方面的纽瓦尔标准——"极限表",这是最早出现的公差制,后正式成为英国标准BS27。

(二)近代标准化活动的特点

综上所述,近代标准化活动具有以下特点。

(1)标准化的领域与作用范围进一步扩大,从军工领域扩展到民用领域。

(2)标准化逐渐成为有组织的活动,形式更加多样化,对象日趋复杂,开始逐渐形成配套标准。

(3)有关标准化的协会、团体逐步建立,并在国际发挥作用。

四、现代标准化活动

(一)概况

科学技术在工业领域的应用,为标准化提供了系统实验手段,使标准化活动摆脱了凭直观和零散的形式对现象进行表述和总结,进入了实验数据科学阶段。工业标准化体系开始在更为广阔的领域推行,成为提高生产率的有效途径。

1911年,弗雷德里克·泰勒(Frederick Taylor,1856—1915)在其所著的《科学管理原理》中指出,在科学管理的情况下,要想用科学知识代替个人经验,一个很重要的措施就是实行工具标准化、操作标准化、劳动动作标准化和劳动环境标准化等标准化管理。这是因为只有实行标准化,才能使工人使用更有效的工具,采用更有效的工作方法,从而达到提高劳动生产率的目的;只有实现标准化,才能使工人在标准设备、标准条件下工作,才能对其工作成绩进行公正合理的衡量。

美国福特汽车公司的创始人亨利·福特(Henry Ford,1863—1947)根据泰勒的理论,简化汽车品种和工序,进行零部件规格化,实现了标准单一化和生产专业化,创造了汽车制造的连续生产流水线,并采用标准化基础上的流水作业法,将生产过程的时间和空间组织统一起来,促进了大规模流水生产的发展,极大地提高了生产效率。由福特发扬光大的标准化制造流程,为后来的汽车工业发展树立了楷模,并掀起了追求规模经济效益的"批量生产"革命。

进入现代工业化大生产时代后,信息技术快速发展,经济全球化进一步发展,生产和管理高度现代化、专业化、综合化,使得现代产品、工程、服务具有明确的系统性和社会性。一项产品、工程、过程或服务,如美国的阿波罗计划、曼哈顿计划,我国的三峡大坝、载人航天工程等,往往涉及几十个行业和几万个组织及多个部门,这就促使产品、过程、服务的标准化要针对系列化、通用化、模块化、组合化、系统化的问题,形成标准化体系。

如今,标准化活动已由企业行为步入国家行为,进而成为全球的事业,其活动范围从一个地区、一个行业、一个国家的生产领域,扩展到全球经济的各个领域;标准化目标从保障互换性发展为保障合理配置资源、降低贸易壁垒及提高生产力。

随着国际经济秩序的建立,国际标准化成为现代标准化的主流,采用国际标准成为各国标准化工作的重要方针和政策。生态环境保护、能源利用、信息技术、生物工程、智能制造、企业管理等领域标准化活动,为全球经济可持续发展提供了标准化支持。

(二) 现代标准化活动的特点

综上所述,现代标准化活动具有以下特点。

(1) 提出标准化理论。标准化的研究为科学管理奠定了基础。

(2) 建立标准化体系。以系统论为指导,建立起同技术水平和生产规模相适应的标准化体系。

(3) 具有现代化目标和手段。目标指向高新技术产业的标准化,如新材料、新能源、生物技术、高端装备制造、海洋发展、服务业等领域;手段以先进的电子计算机和信息网络技术为支撑,实现信息检索、处理和反馈的标准化。

(4) 国际性不断加强。随着国际经济秩序的建立,标准化的国际性不断加强,国际对标准化的需求不断积累增加,使得国际标准化成为现代标准化的主流,采用国际标准成为各国标准化工作的重要方针和政策。

(三) 中国的现代标准化活动

(1) 1931—1949 年

这一时期开展了一系列标准化活动。

1931 年 3 月,国民政府实业部工业司草拟了《工业标准委员会简章》,5 月由行政院公布实施,12 月正式成立工业标准委员会。

1940 年,改由全国度量衡局兼办标准事宜,正式推行工业标准,成立专门标准起草委员会 4 个,编写标准草案 877 个,并收集了一些国外标准。

1941 年 6 月,交通主管部门颁布了《公路工程设计准则草案》。

1944 年 6 月,首次颁布了《等比标准数》《标准直径》《工业制图》3 个"国家"标准。

1946 年 9 月,颁布了《标准法》《国家标准制定办法》《产品质量标记》等法规文件,同年 10 月中国、美国、法国、苏联等 25 个国家在伦敦开会决定成立国际标准化组织(International Organization for Standardization,ISO)。

1947 年 2 月,派代表参加了 ISO 成立大会,同年 3 月,全国度量衡局与工业标准委员会合并,成立"中央标准局"(属经济部),共编写标准草案 1 500 余个,但经审定公布的标准只有 79 个。

(2) 1949—1963 年

中华人民共和国成立后,中国的标准化工作掀开了全新的一页。

1949 年 10 月,成立了中央技术管理局,下设标准规格处,管理全国的标准化工作。

1957 年,在国家技术委员会内设标准局。

1958 年,颁发了编号为第一号的国家标准 GB 1—58《标准幅面与格式 首页、续页与封面要求》。

1962 年,国务院发布了《工农业产品和工程建设技术标准管理办法》。

1963年9月,国家科学技术委员会(现科学技术部)批准成立标准化综合研究所(现中国标准化研究院),同年12月,经文化部(现文化和旅游部)批准成立技术标准出版社(现中国标准出版社)。

1966—1976年,标准化工作中断。

(3) 1978年至今

1978年,国务院批准成立国家标准总局,次年批准颁布了《中华人民共和国标准化管理条例》。

1988年12月29日,第七届全国人民代表大会常务委员会第五次会议通过了《中华人民共和国标准化法》。

1990年4月6日,国务院依据《中华人民共和国标准化法》制定发布了《中华人民共和国标准化法实施条例》。

1998年7月,国务院决定成立国家质量技术监督局统一管理全国的标准化工作。

2001年4月,国务院批准成立国家质量监督检验检疫总局(现国家市场监督管理总局),同时批准成立国家标准化管理委员会统一管理全国标准化工作。

2003年9月3日,国务院颁布《中华人民共和国认证认可条例》。

2017年11月4日,第十二届全国人民代表大会常务委员会第三十次会议表决通过了新修订的《标准化法》,该法自2018年1月1日起施行。

2018年3月,根据第十三届全国人民代表大会第一次会议批准的国务院机构改革方案,组建国家市场监督管理总局,国家标准化管理委员会职责划入国家市场监督管理总局,对外保留牌子。

2022年9月9日,新拟订的《国家标准管理办法》颁布,并明确于2023年3月1日起施行。

伴随着中国的发展腾飞,我国标准化事业经历了从中华人民共和国成立到改革开放时期的"起步探索",从改革开放到党的十八大时期的"开放发展"和党的十八大以来"全面提升"3个阶段。截至2021年年底,我国共有国家标准41 700项,全产业领域平均国际标准转化率达到75%。目前,我国共有200多个标准化科研机构,已成立全国专业标准化技术委员会536个,分技术委员会730个,标准化工作组11个;国家行业和地方标准总数达到10万余项;开展各级各类标准化试点示范超过17 000个。

在"十三五"时期,我国已形成由政府单一供给的标准体系,转变为由政府主导制定的标准和市场自主制定的标准共同构成的新型标准体系。该体系在助力乡村振兴、促进服务业提质增效、脱贫攻坚、助力奥运等方面都起到了重要的作用。

随着国家"一带一路"倡议的不断推进,我国与"一带一路"共建国家的标准化交流与合作也将不断加强,适应这一战略和国际化通用要求的中国标准会越来越多地在国际上发挥作用,华为5G电信设备、高铁、北斗导航、清洁能源系统和其他一大批高质量的中国制造已经开创了向全世界传递中国标准和中国名片的先河。

五、标准化组织

(一) 国家标准化组织

1897年,英国钢铁商人哈里·斯凯尔顿在《泰晤士报》上发表公开信,反映英国的一些桥梁设计师设计的钢梁和型材尺寸、规格过于繁多,使钢铁厂无法采用先进的技术,不得不频繁更换轧制的设备,从而提高了成本。他呼吁工程师们改变这种不科学的做法。1900年,他将一份主张实行标准化的报告交给英国铁业联合会,次年英国便创立了世界上第一个全国性标准化机构——英国工程标准委员会(1931年改为英国标准学会)。同年,世界上第一批国家标准英国国家标准问世。此后,美国、法国、德国和日本等国相继建立了全国性标准化机构并出版了各自的标准。现在,世界上已有100多个国家成立了自己的国家标准化组织。图1-15给出了一些国家标准化组织的标志。

美国国家标准化学会

德国标准化学会

afnor GROUPE
法国标准化协会

加拿大标准协会

瑞典标准化协会

日本工业标准调查会

图1-15 部分国家标准化组织的标志

中国的全国性标准化主管机构是中国国家标准化管理委员会,英文名称为Standardization Administration of the P.R.C,缩写为SAC。其职能是下达国家标准计划,批准发布国家标准,审议并发布标准化政策、管理制度、规划、公告等重要文件;开展强制性国家标准对外通报;协调、指导和监督行业、地方、团体、企业标准工作;代表国家参加国际标准化组织、国际电工委员会和其他国际或区域性标准化组织;承担有关国际合作协议签署工作;承担国务院标准化协调机制日常工作。图1-16是中国国家标准化管理委员会标志。

图1-16 中国国家标准化管理委员会标志

中国标准化工作实行统一管理与分工负责相结合的管理体制。按照国务院授权,国家市场监督管理总局以国家标准化管理委员会名义统一管理全国标准化工作。国务院有关行政主管部门和国务院授权的有关行业协会分工管理本部门、本行业的标准化工作。省、自治区、直辖市标准化行政主管部门统一管理本行政区域的标准化工作。省、自治区、直辖市政府有关行政主管部门分工管理本行政区域内本部门、本行业的标准化工作。市、县标准化行政主管部门和有关行政部门主管,按照省、自治区、直辖市政府规定的各自的职责,管理本行政区域内的标准化工作。图1-17为中国标准化管理体制示意图。

(二)国际标准化组织

随着全球的经济和贸易的发展,标准问题变得越来越重要,国际标准在保证商品质量、

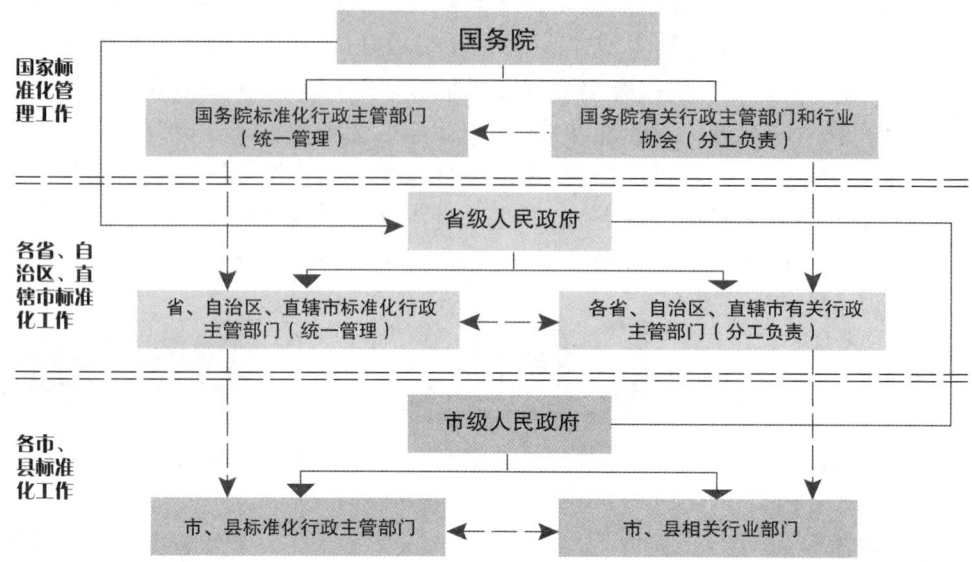

图 1-17 中国标准化管理体制

提高市场信任度、维护公平竞争、加速商品流通以及推动全球大市场发展等方面具有不可替代的作用。为了推动各国在科学、技术和经济活动中的相互合作，相应的国际性标准化组织相继成立。目前，世界三大国际标准化组织为：

（1）国际电工委员会（International Electrotechnical Commission，IEC），成立于 1906 年，是世界上成立最早的国际性电工标准化机构，负责电气工程和电子工程领域的国际标准化工作，IEC 的宗旨是促进在电工、电子和相关技术领域有关电工标准化等所有问题（如标准的合格评定）的国际合作。

（2）国际标准化组织（International Organization for Standardization，ISO），成立于 1947 年，负责目前绝大部分领域（包括军工、石油、船舶等垄断行业）的标准化活动。ISO 的宗旨是通过成员间合作，制定自愿的、有共识的、与市场相关的国际标准，共享知识，支持创新，为全球性挑战提供解决方案。ISO 标准覆盖几乎所有的技术和商业领域，可以说 ISO 国际标准与人类生活息息相关。

（3）国际电信联盟（International Telecommunication Union，ITU），成立于 1932 年，是主管信息通信技术事务的联合国机构，负责分配和管理全球无线电频谱与卫星轨道资源，制定全球电信标准，向发展中国家提供电信援助，促进全球电信发展。

图 1-18 为世界三大国际标准化组织的标志。

图 1-18 世界三大国际标准化组织的标志

这三大国际标准化组织与世界贸易组织（World Trade Organization，WTO）建立了良好的合作伙伴关系，对全球的经济和市场发展起着极其重要的技术推动作用。

除了 ISO、IEC、ITU 以外，还有得到国际标准化组织认可的制定国际标准的其他国际组织，下面这些机构/组织在国际上具有相当的权威和影响力：食品法典委员会（CAC）、国际照明委员会（CIE）、国际原子能机构（IAEA）、国际民航组织（ICAO）、联合国教科文组织（UNESCO）、世界卫生组织（WHO）、世界知识产权组织（WIPO）、国际法制计量组织（OIML）等。

（三）世界标准日

1969 年 9 月，国际标准化组织理事会发布第 1969/59 号决议，决定把每年的 10 月 14 日定为世界标准日（World Standards Day），于是，10 月 14 日成为世界各国标准化工作者宣传标准化、举行纪念活动的盛大节日。10 月 14 日之所以被选定为世界标准日，是因为 1946 年 10 月 14 日，来自 25 个国家的代表在伦敦相聚，作出了创建一个"旨在促进工业标准的国际间协调和统一"的新的国际组织——ISO 的决定。

从 1970 年 10 月 14 日的第一届庆祝世界标准日开始活动起，至 2022 年已是第 53 届。从第 17 届起，世界标准日祝词开始被赋予主题，以突出当年世界标准日的宣传重点。在第 23 届世界标准日以前，均是由 ISO 和 IEC 主席联合发出祝词，从第 24 届开始，ITU 也参加了世界标准日的纪念活动，由 ISO 和 IEC 主席及 ITU 秘书长联合发出祝词。

每年的世界标准日都有国际主题（图 1-19）和国家主题（图 1-20）。近 5 年的标准日国际主题如下：

图 1-19　2022 年世界标准日国际海报　　　图 1-20　2022 年世界标准日中国海报

2018年第49届标准日主题：国际标准和第四次工业革命；
2019年第50届标准日主题：视频标准创造全球舞台；
2020年第51届标准日主题：标准保护地球；
2021年第52届标准日主题：标准促进可持续发展，共建更加美好的世界；
2022年第53届标准日主题：美好世界的共同愿景。

世界标准日的目的是提高人们对国际标准化在世界经济活动中重要性的认识，以促进国际标准化工作适应世界范围内的商业、工业、政府和消费者的需要。这个国际节日是献给全世界成千上万从事标准化工作的志愿者的礼物。

 延伸阅读

2022年世界标准日国际祝词
美好世界的共同愿景

IEC主席　舒印彪

ISO主席　乌尔丽卡·弗兰克

ITU秘书长　赵厚麟

实现联合国2030可持续发展目标，减少社会发展不平衡，推动经济可持续发展，减缓气候变化，是一项宏大的工程。要实现这一美好目标，需要众多伙伴（公共部门和私营部门）的合作，需要利用一切可以利用的工具，包括发挥好国际标准和合格评定的重要作用。

人类与全球持续蔓延的疫情进行的激烈斗争，充分表明我们必须以包容的方式，推动实现联合国可持续发展目标，让人类社会朝着更具韧性、更加公平，从而更加强大的方向发展。今天，让我们携起手来，共同加入这一伟大事业，秉承可持续发展目标助力重建美好世界的共识，进一步推动标准发挥更加重要的作用。

我们以共商共建为基础，构建了完善的国际标准体系，充分证明了团结协作的作用，更加坚定了合作使我们变得强大的信心。让我们共同努力，为人类社会提供切实可行的解决方案，更好地用标准去应对实现可持续发展目标所面临的挑战。

多年来，正是这种精神激励着我们，让我们通过组织和参与世界标准日活动，向全球展示国际标准为实现可持续发展目标作出的巨大贡献。

让我们团结一致，共同努力，共促实现联合国2030可持续发展议程，共筑支撑可持续发展的国际标准体系，共建更加美好的世界。

2022年世界标准日中国祝词
数字时代的标准化

国家标准化管理委员会

全球数字化发展不断提速，数字化转型不断演进，数字技术持续创新，加速向传统产业融合渗透。数字经济对全球经济增长的拉动作用越发明显，成为重组全球要素资源、重塑全球经济结构、改变全球竞争格局的关键力量，是新一轮科技革命和产业变革新机遇的战略选择。近年来，中国数字经济蓬勃发展，新型基础设施建设提速，数字产业化深入推进，关键技术加快攻关，产业规模持续快速增长，成为推动经济发展的主要引擎之一。2021年，我国数字经济规模已增至45.5万亿元，占国内生产总值的39.8%。

互联网、大数据、云计算、人工智能、区块链……数字化技术发展的速度之快、辐射范围之广、影响程度之深前所未有。数字时代的标准化正在发挥不可替代的基础作用。

——标准让数字时代的信息更安全。我们加大信息安全标准制修订力度，个人信息、数据算法、系统安全防护等标准体系日益完善，以标准促进数据的采集、储存、交互、使用更加安全。

——标准让数字时代的联通更高效。我们开展物联网、生物识别、脑机接口等标准化工作，以标准推动数据跨界流动，为万物智能互联提供有力技术支持。

——标准让数字时代的质量更可靠。我们聚焦智慧农业、智能制造、数字商贸等产业数字化应用场景，以标准赋能传统产业转型提档，实现产品和服务迭代升级，增强大众的质量获得感。

——标准让数字时代的发展环境更优化。我们与各国一道共建网络空间国际标准，以标准完善数字治理规则，规范数据资源流通交易，推动数字国际合作，优化发展环境。

数字化是时代趋势，标准化要顺应数字时代潮流。我们要加快标准数字化进程，努力发展机器可读标准、开源标准，完善数字基础设施标准，服务数字社会、数字政府、数字治理、数字经济发展，全面支撑数字中国建设，让标准化向数字化、网络化、智能化的方向迈进，以更全、更好、更高的标准，支撑建设更便捷、更高效、更普惠的数字时代。

资料来源：国家标准化管理委员会关于开展2022年世界标准日宣传活动的通知（国标委发〔2022〕36号），http://www.gov.cn/zhengce/zhengceku/2022-10/11/content_5717383.htm

六、中国参与国际标准化活动

随着经济全球化的日益加快，标准走向国际化的步伐也在加快，一方面是由于国际贸易的发展，符合全球需要的商品和服务不仅要保持质量上的一致性，还要保证贸易方法、计量、运输、结算、信用、环保、资源和能源节约利用等所有方面的一致性，这就需要制定和应用大量符合国际通行规则的产品标准、方法标准、管理标准和服务标准；另一方面，随着人类科学技术的进步和创新，技术标准不仅成为企业间争夺市场份额的重要支撑，也成为国家间竞争国际市场的贸易壁垒。根据WTO的相关规定，国际标准已成为各国制定相关技术法规和标准的基础，越来越多的国家把国际标准作为国际贸易和市场准入的必要条件和国际贸易仲裁的重要依据。

全球标准化的领域越来越宽广，从最初进入国际化的电信和材料工业领域，发展到后来的整个工业、农业、交通运输乃至社会事业、环保等领域。质量管理的标准、环境保护的标准、信息化的标准、现代服务的标准、人体健康的标准、物联网的标准、安全和应急响应的标准、企业社会责任的标准不断创新，全球的标准化工作者正在大力研究和推广应用低碳和温室气体减排的标准……标准已成为世界"通用语言"，世界需要标准协同发展，标准促进世界互联互通。我国已与55个国家、区域标准化机构和国际组织签署了98份标准化双多边合作协议。

国际标准是全球治理体系和经贸合作发展的重要技术基础,因此,世界各国把标准的国际化提到了前所未有的战略高度来对待。国际标准化战略制高点是:承担重要国际技术委员会秘书处、制定重要国际标准、承担国际组织主席/副主席职位。以往,国际标准化活动是由西方发达国家主导的,通过国际规则的制定和运用,他们在全球治理中占据了主动地位。随着综合国力提升以及日益融入全球经贸活动,中国加强了对国际标准化工作的重视,近年来积极参与国际标准化活动并取得长足进步。2008年10月,中国成功当选ISO常任理事国。2011年10月,中国成功当选IEC常任理事国。2015—2017年,中国人同时担任三大国际标准组织领导人。2018年12月,舒印彪当选为IEC第36届主席,任期为2020—2022年。这是该组织成立112年来,首次由我国专家担任最高领导职务。

目前,我国专家担任ISO、IEC技术机构主席、副主席77人次,承担ISO、IEC秘书处79个,参与和主导制定国际标准数量达到年度国际标准制修订总数的50%,在国际标准化活动中正在发挥越来越重要的作用。据《中国质量报》2022年1月14日报道,我国专家新担任实验室设计、电力机器人等12个ISO、IEC技术机构领导职务。我国制定国家标准采用国际标准工作指南,转化国际标准880项,提出人工智能、第三方支付、疫情防控等领域国际标准提案278项,牵头制定生物技术、航空航天、物联网、半导体器件、可再生能源等国际标准168项。2021年,我国持续深化与多国的标准化合作机制,在机器可读标准、智能网联汽车、能源和营商环境等领域开展务实合作。

图1-21为与中国标准化机构对口的国际标准化组织和欧洲标准化组织的标志。

范围	所有领域 除电气电子和 通信工程以外	电气工程 电子工程	信息通信
国际	ISO	IEC	ITU
欧洲	CEN	CENELEC	ETSI
中国	SAC	SAC	ITU·中国 连通世界·共建信息社会

图1-21 与中国标准化机构对口的国际标准化组织和欧洲标准化组织的标志

党的二十大报告提出,稳步扩大规则、规制、管理、标准等制度型开放。标准是全球治理体系和经贸合作发展的重要基石,是我国企业走向国际的"通行证"。贯彻落实党的二十大精神,要充分发挥标准的联通作用,实施好标准国际化跃升工程,助力构建新发展格局;要积极参与国际标准组织(ISO、IEC)组织治理和战略实施,组织中国专家积极参加前沿领域、可持续发展等领域国际标准的研制,助力国际贸易便利化;要加快转化先进适用的国际标准,推动国内国际标准体系兼容,促进国内国际双循环;要加强标准化国际合作交流,深化与欧洲以及美国、日本、韩国等发达地区和国家标准化机构的合作与交流,增进互信,共同推动国际标准制定,发展互利共赢合作伙伴关系;要加强与"一带一路"共建国家的标准信息交流,加大国家间标准互换互认力度、不断提升标准互联互通水平,高质量推进"一带一路"建设。

第四节　标准的分类

一、按法律约束性分类

（一）强制性标准

强制性标准是指在一定范围内,国家运用行政的和法律的手段强制实施的标准。《中华人民共和国标准化法》（以下简称《标准化法》）规定:"对保障人身健康和生命财产安全、国家安全、生态环境安全以及满足经济社会管理基本需要的技术要求,应当制定强制性国家标准。"而且"不符合强制性标准的产品、服务,不得生产、销售、进口或者提供"。

以下技术要求均为强制性标准：
(1) 有关国家安全的技术要求；
(2) 保障人体健康和人身、财产安全的要求；
(3) 产品及产品生产、储运和使用中的安全、卫生、环境保护要求及国家需要控制的产品其他要求；
(4) 工程建设的质量、安全、卫生、环境保护按要求及国家需要控制的工程建设的其他要求；
(5) 污染物排放限值和环境质量要求；
(6) 保护动植物生命安全和健康要求；
(7) 防止欺骗、保护消费者利益的要求；
(8) 国家需要控制的重要产品的技术要求。

（二）推荐性标准

推荐性标准又称为非强制性标准或自愿性标准,是指在生产、交换、使用等方面,通过经济手段或市场调节而自愿采用的一类标准。任何单位均有权决定是否采用推荐性标准,违反这类标准,不构成经济或法律方面的责任。不过,推荐性标准一经接受并采用,或各方商定同意纳入经济合同中,就成为各方必须共同遵守的技术依据,具有法律上的约束性。《标准化法》指出:"对满足基础通用、与强制性国家标准配套、对各有关行业起引领作用等需要的技术要求,可以制定推荐性国家标准。""推荐性国家标准、行业标准、地方标准、团体标准、企业标准的技术要求不得低于强制性国家标准的相关技术要求。""国家鼓励采用推荐性标准。"

（三）标准化指导性技术文件

标准化指导性技术文件是为仍处于技术发展过程中(如变化较快的技术领域)的标准化工作提供指南或信息,供科研、设计、生产、使用和管理等有关人员参考使用而制定的标准文件。符合下述情况之一的项目，可制定国家标准化指导性技术文件：

（1）技术尚在发展中，需要有相应的标准文件引导其发展或具有标准化价值，尚不能制定为标准的项目；

（2）采用国际标准化组织、国际电工委员会及其他国际组织（包括区域性国际组织）的技术报告的项目。

国家标准化指导性技术文件在实施后3年内必须进行复审，复审的结果可能是再延长3年、转为国家标准或撤销。

二、按标准适用范围分类

（一）国际标准

国际标准是指 ISO、IEC 和 ITU 制定的标准，以及国际标准化组织确认并公布的其他国际组织制定的标准。国际标准在世界范围内统一使用。

都有哪些不同类型的标准？——按适用范围分类

不同级别的标准如何编号

ISO 和 IEC 出版的规范性文件（Deliverables）除国际标准（International Standards）外，还包括技术规范（Technical Specification，TS）、技术报告（Technical Report，TR）、指南（Guide）和可公开提供的技术规范（Publicly Available Specification，PAS）。

1. 技术规范（TS）

TS 指 ISO 和 IEC 出版的未来有可能形成一致意见并上升为国际标准的文件。但是，鉴于以下原因其目前还不能成为国际标准：

（1）未能获得成为国际标准所必需的支持；

（2）是否能够通过协商达成一致还不一定；

（3）所涉及的内容还处于技术发展阶段；

（4）另有原因使其不能作为国际标准马上出版。

2. 技术报告（TR）

TR 指 ISO 和 IEC 出版的从通常作为国际标准出版的资料中收集的各种数据及最新信息文件。从本质上讲，该文件完全是信息性的，且没有规范性的内容。

3. 指南（Guide）

指南指 ISO 和 IEC 出版，提供与国际标准化相关的规则、定向、建议或推荐类的文件。

4. 可公开提供的技术规范（PAS）

PAS 指 ISO 和 IEC 为满足市场急需而出版的文件，它可以由 ISO 或 IEC 以外的组织协商一致制定，也可以由工作组的专家协商一致制定。

ISO、IEC 规范文件的编号由国际标准代号、标准发布顺序号和标准发布年号组成，如下：

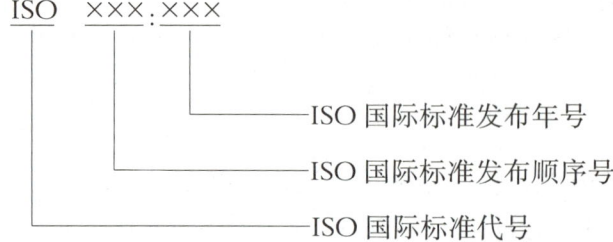

例如：

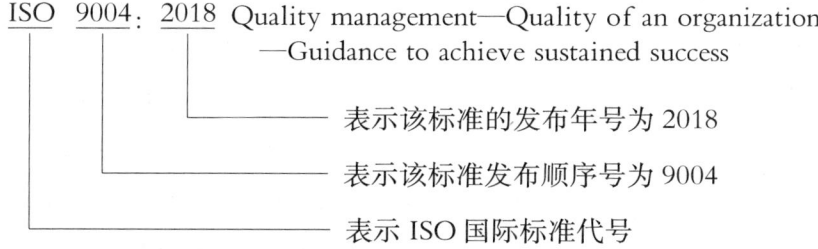

此外，其他规范性文件编号的表示方法如下：

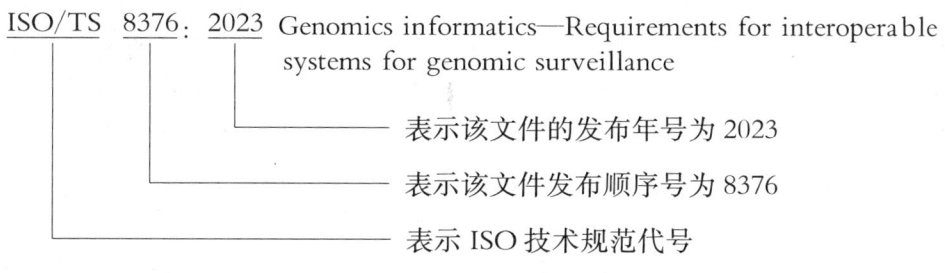

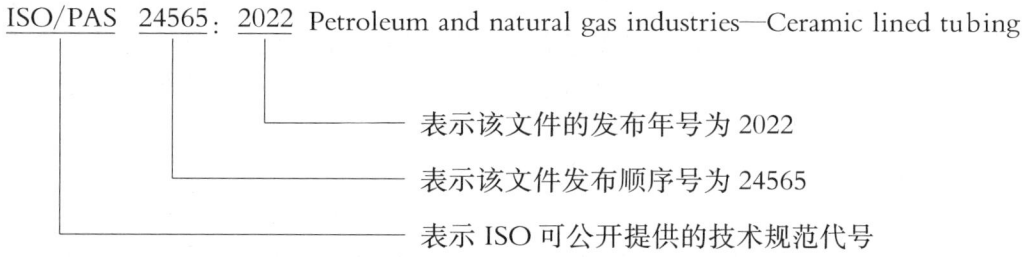

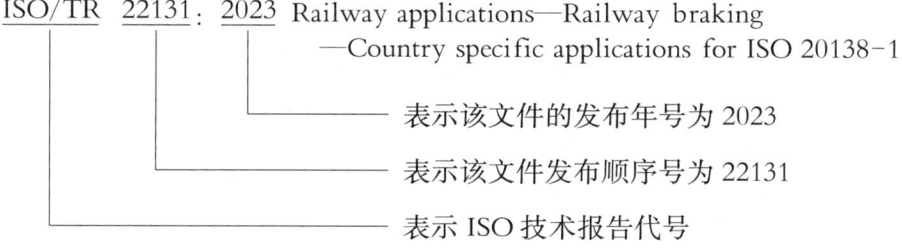

（二）区域标准

区域标准又称为地区标准，泛指由一个地理区域的标准化团体组织、制定并在本区域内统一和使用的标准。常见区域标准如欧洲标准化委员会（Comité Européen de Normalisation，CEN）、亚洲标准咨询委员会（Asian Standards Advisory Committee，ASAC）、泛美标准委员会（Pan American Standards Commission，COPANT）所制定的标准等。区域标准是该区域进行贸易的基本准则和基本要求。部分区域标准代号见表1-1。

表 1-1　区域标准代号

序号	代号	含义	负责机构
1	ARS	非洲地区标准	非洲地区标准化组织(ARSO)
2	ASMO	阿拉伯标准	阿拉伯标准化与计量组织(ASMO)
3	EN	欧洲标准	欧洲标准化委员会(CEN)
4	ETS	欧洲电信标准	欧洲电信标准学会(ETSI)
5	PAS	泛美标准	泛美标准委员会(COPANT)

（三）国家标准

国家标准是指由国家标准化机构通过并公开发布的标准。国际上具有影响力的国家标准大多由公认的国家标准化机构(非权力机关)发布，如英国标准学会发布的英国标准(BS)、德国标准化学会发布的德国标准(DIN)、法国标准协会发布的法国标准(NF)、美国国家标准学会发布的美国国家标准(ANSI)、加拿大标准理事会发布的加拿大标准(CAN)、日本工业标准调查会发布的日本工业标准(JIS)、印度标准局发布的印度标准(IS)等。

我国国家标准是指中华人民共和国国家标准，是由国务院标准化主管部门制定的需要在全国范围内统一的技术要求。国家标准由国务院标准化行政主管部门编制计划和组织草拟，并统一审批、编号和发布。对需要在全国范围内统一的技术和管理要求，应当制定国家标准。我国国家标准包括强制性国家标准和推荐性国家标准，另有指导性技术文件，同样由国务院标准化行政管理部门统一负责管理。国家标准的编号由国家标准代号、标准发布顺序号和标准发布年号组成。

1. 强制性国家标准

强制性国家标准是对保障人身健康和生命财产安全、国家安全、生态环境安全以及满足经济社会管理基本需要的技术要求，代号为"GB"。强制性国家标准的编号如下所示：

例：GB 8537—2018　食品安全国家标准　饮用天然矿泉水

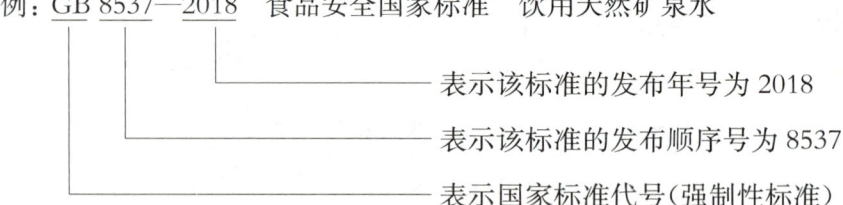

2. 推荐性国家标准

推荐性国家标准是满足基础通用、与强制性国家标准配套、对各有关行业起引领作用等需要的技术要求，代号为"GB/T"。推荐性国家标准的编号如下所示：

例：GB/T 9851.1—2008　印刷技术术语　第 1 部分：基本术语

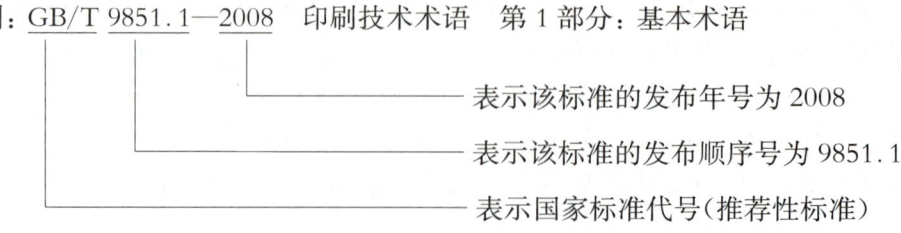

3. 指导性技术文件

指导性技术文件是为仍处于技术发展过程中（如变化快的技术领域）的标准化工作提供指南或信息，供科研、设计、生产、使用和管理等有关人员参考使用而制定的标准文件，代号为"GB/Z"。指导性技术文件的编号如下所示。

例：GB/Z 42773—2023 女性创业 关键定义和通用准则

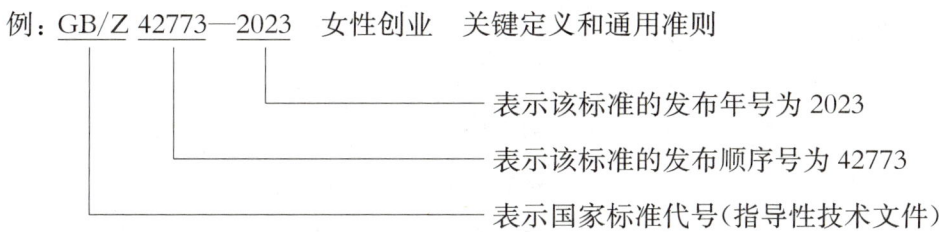

国家标准在全国范围内适用，其他各级标准不得与国家标准相抵触。国家标准一经发布，与其重复的行业标准、地方标准相应废止，国家标准是标准体系中的主体。

（四）行业标准

行业标准是指没有推荐性国家标准又需要在全国某个行业范围内统一的技术要求，是对国家标准的补充。行业标准在相应国家标准实施后，应自行废止。过去行业标准也有强制性标准与推荐性标准之分，在最新通过的《标准化法》（2018年1月1日生效）中已经去除了强制性行业标准。

行业标准的编号由行业标准代号、标准发布顺序号和标准发布年号组成。行业标准的编号如下所示。

例：CY/T 131—2015 绿色印刷 产品抽样方法及测试部位确定原则

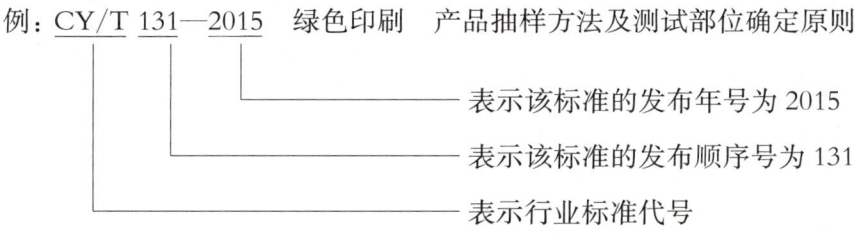

目前，国务院标准化行政主管部门已批准发布了73个行业的标准代号，见表1-2。

表1-2 行业标准代号

代号	含义	代号	含义	代号	含义
QB	轻工	HB	航空	RB	认证认可
LD	劳动和劳动安全	SF	司法	TD	土地管理
LY	林业	MT	煤炭	JT	交通
EJ	核工业	TB	铁路	YC	烟草
WW	文物保护	YZ	邮政	AQ	安全生产
YD	通信	BB	包装	GA	公共安全
HS	海关	SC	水产	WM	外经贸
HG	化工	WB	物资管理	NB	能源

(续表)

代号	含义	代号	含义	代号	含义
WS	卫生	LB	旅游	YJ	减灾救灾与综合性应急管理
DY	电影	SJ	电子	QC	汽车
GC	国家物资储备	JY	教育	MZ	民政
JR	金融	CJ	城镇建设	JG	建筑工程
TY	体育	YY	医药	ZY	中医药
FZ	纺织	YS	有色金属	LS	粮食
DB	地震	XB	稀土	JB	机械
QX	气象	QJ	航天	GM	国密
JC	建材	SH	石油化工	SL	水利
WJ	兵工民品	SY	石油天然气	CY	新闻出版
HJ	环境保护	GY	广播电影电视	SB	国内贸易
DL	电力	SW	税务	SN	出入境检验检疫
MH	民用航空	GH	供销合作	CH	测绘
CB	船舶	YB	黑色冶金	DA	档案
NY	农业	WH	文化	XF	消防救援
DZ	地质矿产	HY	海洋	JS	机关事务
MR	市场监管				

（五）地方标准

地方标准是指由省、自治区、直辖市人民政府标准化行政主管部门编制计划，组织草拟，统一审批、编号、发布，并报国务院标准化行政主管部门和国务院有关行政主管部门备案的标准。地方标准是在没有国家标准和行业标准，而又需要为满足地方自然条件、风俗习惯等特殊技术要求的情况下制定的。地方标准为推荐性标准，在本行政区域内适用。在相应的国家标准或行业标准实施后，地方标准应自行废止。

地方标准的编号由地方标准代号、标准发布顺序号和标准发布年号组成，其中代号由"DB"与地方行政区域代码（表1-3）前两位再加上"/T"构成。地方标准的编号如下所示。

例：DB 44/T 702—2022　普通高等学校安全技术防范要求

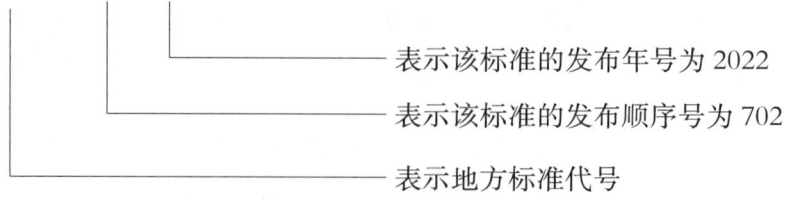

表1-3 我国各省、自治区、直辖市行政区域代码(港、澳、台除外)

地名	地区代码中前两位	地名	地区代码中前两位	地名	地区代码中前两位
北京市	11	安徽省	34	重庆市	50
天津市	12	福建省	35	四川省	51
河北省	13	江西省	36	贵州省	52
山西省	14	山东省	37	云南省	53
内蒙古自治区	15	河南省	41	西藏自治区	54
辽宁省	21	湖北省	42	陕西省	61
吉林省	22	湖南省	43	甘肃省	62
黑龙江省	23	广东省	44	青海省	63
上海市	31	广西壮族自治区	45	宁夏回族自治区	64
江苏省	32	海南省	46	新疆维吾尔自治区	65
浙江省	33				

(六) 团体标准

团体标准是指具有法人资格，且具备相应专业技术能力、标准化工作能力和组织管理能力的学会、协会、商会、联合会和产业技术联盟等社会团体，按照团体确立的标准制定程序自主制定发布，由社会自愿采用的标准。社会团体可在没有国家标准、行业标准和地方标准的情况下，制定团体标准，以快速响应创新和市场对标准的需求。

团体标准的编号由团体标准代号、社会团体代号、标准发布顺序号和标准发布年号组成。其中代号由"T"表示。团体标准的编号如下所示。

例：T/ CECS 1025—2022 建筑工程复合防水技术规程

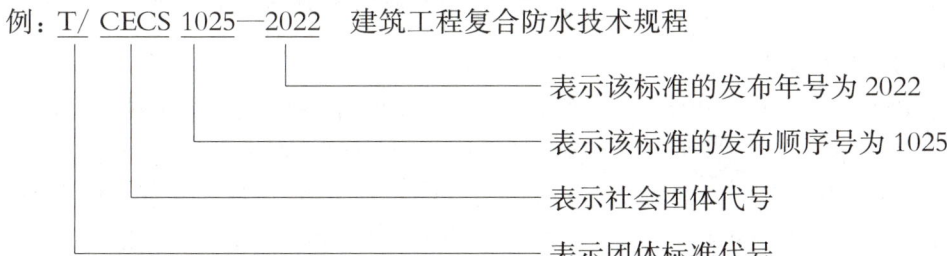

(七) 企业标准

企业标准是指因企业生产的产品没有国家标准、行业标准和地方标准作相关要求，由企业制定的企业范围内需要协调、统一的技术要求、管理要求和工作要求，以此作为组织生产、经营活动的依据。国家鼓励企业自行制定严于国家标准或者行业标准的企业标准。企业标准由企业制定，由企业法人代表或法人代表授权的主管领导批准、发布。

企业标准的编号由企业标准代号、企业隶属行政区域代码、企业代号、标准发布顺序号和标准发布年号组成。其中代号由"Q"表示。企业标准的编号如下所示。

例：Q/GZ YZY 001—2022 头皮精华液

- 表示该标准的发布年号为2022
- 表示该标准的发布顺序号为001
- 表示该标准的企业（广州英姿源生物科技有限公司）代号为YZY
- 表示企业隶属行政区域代码
- 表示企业标准代号

从影响力来看，我国现行的标准的影响力从高到低分别为：国家标准、行业标准、地方标准、团体标准、企业标准。从技术要求来看，我国现行的标准的技术要求从高到低分别为：企业标准、团体标准、地方标准、行业标准、国家标准。

三、按标准性质分类

（一）技术标准

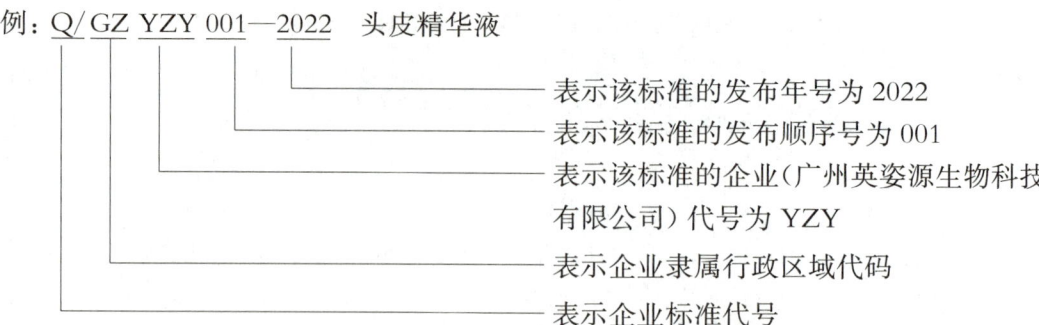

都有哪些不同类型的标准？——按标准性质分类

技术标准是指针对标准化领域中需要协调统一的技术事项所制定的标准，是根据不同时期的科学技术水平和实践经验，针对具有普遍性和重复出现的技术问题，提出的最佳解决方案。它的对象既可以是物质的（如产品、材料、工具），也可以是非物质的（如概念、程序、方法、符号）。技术标准一般分为基础技术标准、产品标准、方法标准、工艺标准、检测试验方法标准等。技术标准是从事科研、设计、工艺、检验等技术工作以及在商品流通中共同遵守的技术依据，是大量存在的、具有重要意义和广泛影响力的标准。

例如：《食品包装评价技术通则》（GB/T 40001—2021），该标准规定了食品包装评价的术语和定义、评价原则及评价要求，其适用于食品包装的评价。《环境标志产品技术要求 印刷 第一部分：平版印刷》（HJ 2503—2011），该标准为环境保护部（现生态环境部）于2011年发布，对平版印刷原辅材料、印刷过程和印刷产品的环境控制作出了规定。

（二）管理标准

管理标准是指针对标准化领域中需要协调统一的科学管理方法和管理技术所制定的标准。制定管理标准的目的，是保证技术标准的贯彻执行，保证产品质量，提高经济效益，合理地组织、指挥生产和正确处理生产、交换、分配之间的相互关系，使各项管理工作合理化、规范化、制度化和高效化。管理标准主要包括技术管理标准、生产安全管理标准、质量管理标准、设备能源管理规范和劳动组织管理标准等。

关于管理标准，使用最为普遍的是《质量管理体系 要求》（GB/T 19001—2016），该标准等同采用了ISO 9001标准，它适用于不同类型、不同规模、生产不同产品的组织，各类企业运用此标准构建产品或服务的质量保障机制，实现产品或服务的质量的稳定与提高。

（三）服务标准

服务标准是指规定服务应满足的要求以确保其适用性的标准。服务标准可以在诸如酒店、运输、汽车维护、远程通信、保险、银行、贸易等领域内编制。按服务标准的内容和性质主要可分为服务提供标准和质量控制标准。

例如:《农业社会化服务　农业废弃物综合利用通用要求》(GB/T 34805—2023),该标准规定了农业废弃物综合利用服务的服务组织、服务合同、服务内容、服务质量、服务评价与改进要求,适用于农业废弃物综合利用服务。

四、按标准化对象分类

(一)产品标准

产品标准是指规定一个产品或一类产品应满足的要求以确保其适用性的标准。它是产品生产、检验、验收、使用、维修和贸易洽谈的技术依据。例如:《食品安全国家标准　食品接触用纸和纸板材料及制品》(GB 4806.8—2016),该标准规定了食品接触用纸和纸板材料及制品的原材料要求、感观要求、理化指标要求、标识要求及检测方法等。

(二)基础标准

基础标准是指具有广泛的适用范围或包含一个特定领域的通用条款的标准。基础标准在一定的范围内可以直接应用,也可以作为其他标准的依据和基础,具有普遍的指导意义。基础标准主要包括:

(1)技术通则类,如"包装用复合膜、袋通则""设计文件编制规则"等;

(2)通用技术语言类,如制图规则、术语、符号、代号、代码等;

(3)结构要素和互换互连类,如公差配合、标准尺寸、接口标准等;

(4)参数系列类,如产品参数、系列型谱等。

(三)方法标准

方法标准是指以测量、试验、检查、分析、抽样、统计、设计或操作等方法为对象所制定的标准。制定方法标准的目的在于使这些方法优化、严密化和统一化,以便在应用这些方法标准时,所得到的结果有可比性。方法标准中大部分是试验标准,它们常常附有与测试有关的其他条款,诸如抽样、统计方法的应用以及试验步骤等。例如:《进出口茶叶包装检验规程》(SN/T 0912—2000),该标准规定了进出口包装茶叶的检验方法。

(四)安全、卫生、环境标准

安全标准是指以保护人和生态的安全为目的而制定的标准。安全标准有两种形式,一种是独立制定的安全标准,另一种是在产品标准或其他标准中列出有关安全的要求和指标。其内容包括安全标志、劳动保护、安全规程等。

卫生标准是指为保护人的健康,对食品、药品、化妆品等提出卫生要求而制定的标准。其范围包括食品卫生标准、药物卫生标准、放射性卫生标准、劳动卫生标准、环境卫生标准等。

环境标准是为保护人类的发展和维护生态平衡,以人类生产和发展的各种自然因素的总体为对象制定的标准。环境标准是根据国家的环境政策和有关法令,在综合分析自然环境特征、控制环境污染的技术水平、经济条件和社会要求的基础上,规定环境中污染物的容许量和污染源排放污染物的数量与浓度等的技术要求。

五、按标准内容的功能分类

(一)术语标准

术语标准是界定特定领域或学科中使用的概念的指称及其定义的标准。例如:《标准化

工作指南　第1部分：标准化和相关活动的通用术语》(GB/T 20000.1—2014)。

（二）符号标准

符号标准是界定特定领域或学科中使用的符号的表现形式及其含义或名称的标准。例如:《公共信息图形符号　第1部分：通用符号》(GB/T 10001.1—2012)。

（三）分类标准

分类标准是基于诸如来源、构成、性能或用途等相似特性对产品、过程或服务进行有规律的划分、排列或者确立分类体系的标准。例如:《数字印刷的分类》(GB/T 30324—2013)。

（四）试验标准

试验标准是在适合指定目的的精密度范围内和给定环境下，全面描述试验活动以及得出结论的方式的标准。例如:《塑料　吸水性的测定》(GB/T 1034—2008)。

（五）规范标准

规范标准是为产品、过程或服务规定需要满足的要求并且描述用于判定该要求是否得到满足的证实方法的标准。例如:《卡丁车场建设规范》(GB 19197—2003)。

（六）规程标准

规程标准是为活动的过程规定明确的程序并且描述用于判定该程序是否得到履行的追溯/证实方法的标准。例如:《水泥生产防尘技术规程》(GB/T 16911—2008)。

（七）指南标准

指南标准是以适当的背景知识提供某主题的普遍性、原则性、方向性的指导，或者同时给出相关建议或信息的标准。例如:《图形符号　基于消费者需求的技术指南》(GB/T 7291—2008)。

第五节　标准的构成与解读

如何解读一份标准?

一、标准化对象

标准是一种规范性文件，标准编写的体裁格式、章、条编号、文字结构与表达等方面都有统一规定。这方面的详细介绍见专题十。

任何一项标准都有特定的标准化对象，标准化对象决定了标准的名称、范围以及标准技术要素的选择。在国民经济的各个领域中，凡可以重复使用和需要制定标准的具体产品，各种定额、规划、要求、方法、概念等，都可成为标准化对象。从标准的名称上可以看出标准化的对象，例如：

《电子烟》(GB 41700—2022)，标准化对象为电子烟。

《汽车行驶记录仪》(GB/T 19056—2021)，标准化对象为汽车行驶记录仪。

《信息安全技术　术语》(GB/T 25069—2022)，标准化对象为信息安全技术涉及的术语。

《儿童口罩技术规范》(GB/T 38880—2020)，标准化对象为儿童口罩相关技术。

二、标准的要素

一项标准无论涉及的标准化对象是什么,范围如何、叙述内容多少,都是由各种要素构成的。按版面排版的顺序,一份标准的构成要素主要有封面、目次、前言、引言、正文、附录、参考文献。要素是相对独立的功能单元,将它们按需要有选择地结合在一起就组成了标准文件的内容。从不同的维度,可以将要素分为不同的类别。

(一)按要素所起的作用分类

1. 规范性要素

规范性要素是指"声明符合标准而应遵守的条款的要素"。即要声明某一产品、过程或服务符合某一项标准,并不是要符合标准中所有的内容,而只要符合标准中的规范性要素的条款即可。要遵守这一标准,就要遵守该标准中的所有规范性要素中所规定的内容。

2. 资料性要素

资料性要素是指"标识标准、介绍标准、提供标准的附加资料的要素"。即在声明符合标准时无须遵守的要素。这些要素在标准中存在的目的,并不是让标准使用者遵照执行,而只是提供一些附加资料。

(二)按要素存在的状态分类

1. 必备要素

必备要素是指文件中必不可少的要素。

2. 可选要素

可选要素是指在文件中存在与否取决于起草特定文件的具体需要的要素。

图 1-22 为标准的各种要素及其分类方式。

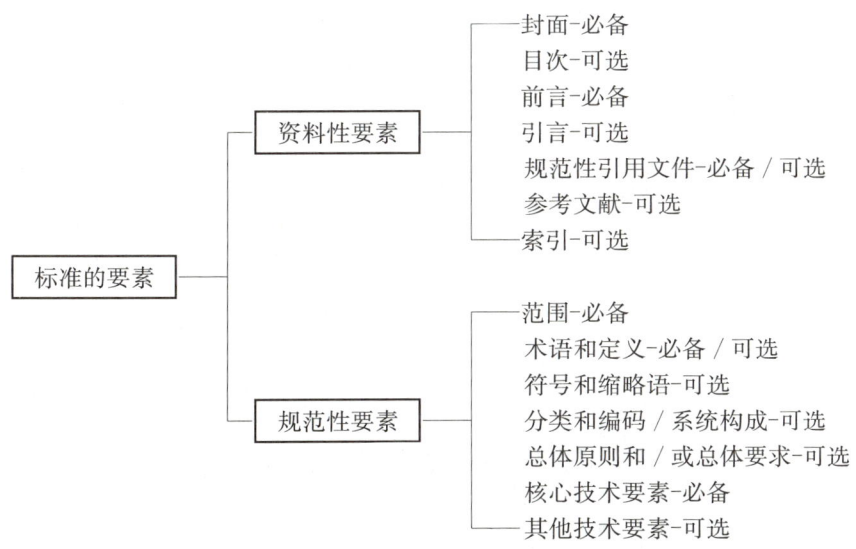

图 1-22 标准的各种要素及其分类方式

上述要素不是任何一项标准都需要全部包括的,具体一项标准究竟应包括其中哪些要素，需根据该项标准的对象特征及制定该项标准的目的而确定。制定标准就是将各种要素按需组合。

三、标准解读

下面以《人员密集场所消防安全管理》(GB/T 40248—2021)为例来进行标准解读。

（一）封面

每项标准都有封面，GB/T 40248—2021 的封面如图 1-23 所示。封面分为上部、中部和下部三部分，由两条横线分隔开。

图 1-23　GB/T 40248—2021

上部包含：

(1) ICS 号（国际标准分类号）：GB/T 40248—2021 的国际标准分类号为 13.220.01。

(2) CCS 号（中国标准文献分类号）：GB/T 40248—2021 的中国标准文献分类号为 C 80。

(3) 标准类型：右上角的"GB"和下面的文字"中华人民共和国国家标准"，表示 GB/T 40248—2021 为国家标准。

(4) 标准编号：GB/T 40248—2021 为标准编号，其中"GB/T"为标准代号，是推荐性国家标准；"40248"为标准发布顺序号；"2021"为标准发布年号。

中部包含：

(1) 标准的中英文名称：GB/T 40248—2021 的中英文名称分别为人员密集场所消防安全管理，Fire safety management of assembly occupancies。

(2) 标准发布日期：GB/T 40248—2021 的发布日期为 2021 年 5 月 21 日。

(3) 标准实施日期：GB/T 40248—2021 的实施日期为 2021 年 12 月 1 日。

从标准名称中还可以看出标准化对象的属性，是技术标准、管理标准或服务标准。

下部包含：

标准发布单位：国家标准的发布单位为国家市场监督管理总局、国家标准化管理委员会。

从封面的下部可以获知标准的发布机构。

(二) 目次

目次是为了方便阅读而设立的，目次有助于了解标准的结构框架，实现引导阅读、方便检索、快速定位。正文内容不多的标准可以没有目次。GB/T 40248—2021 篇幅较长，设有目次。其目次的框架如图 1-24 所示。

```
                                                      GB/T 40248—2021
                          目    次

前言 ······················································································· Ⅲ
引言 ······················································································· Ⅳ
1  范围 ···················································································· 1
2  规范性引用文件 ····································································· 1
3  术语和定义 ··········································································· 1
4  总则 ···················································································· 2
5  消防安全责任 ······································································· 3
6  消防组织 ············································································· 5
7  消防安全制度和管理 ······························································ 5
8  消防安全措施 ······································································ 12
9  灭火和应急疏散预案编制和演练 ············································ 15
10 火灾事故处置与善后 ·························································· 17
附录 A（资料性）  防火巡查记录表格 ·········································· 18
附录 B（资料性）  防火检查记录表格 ·········································· 19
参考文献 ················································································ 20
```

图 1-24　GB/T 40248—2021 目次

(三) 前言

每项标准均有前言,前言用于给出诸如标准起草依据的其他文件,标准的提出部门、归口部门和起草单位、主要起草人,代替标准的历次版本发布情况,专利的说明以及与其他标准的关系。GB/T 40248—2021 的前言如图 1-25 所示。

> GB/T 40248—2021
>
> **前　言**
>
> 本文件按照 GB/T 1.1—2020《标准化工作导则　第 1 部分:标准化文件的结构和起草规则》的规定起草。
> 本文件由中华人民共和国应急管理部提出。
> 本文件由全国消防标准化技术委员会(SAC/TC 113)归口。
> 请注意本标准的某些内容可能涉及专利。本标准的发布机构不承担识别专利的责任。
> 本文件起草单位:应急管理部天津消防研究所、应急管理部消防救援局、海南省消防救援总队、北京市消防救援总队、广东省消防救援总队、湖北省消防救援总队、山西省消防救援总队。
> 本文件主要起草人:倪照鹏、刘激扬、王宗存、鲁云龙、胡锐、阚强、韩子忠、李云浩、吴和俊、朱惠军、朱江。

图 1-25　GB/T 40248—2021 前言

(四) 引言

引言主要回答"为什么",包括为什么制定该标准,该标准的技术背景、意义与作用,有关标准技术内容的特殊信息或说明等。如果标准内容涉及专利,则应在引言中给出有关专利的说明。引言为可选要素,标准可以没有引言。GB/T 40248—2021 的引言如图 1-26 所示。

> GB/T 40248—2021
>
> **引　言**
>
> 为切实吸取火灾事故教训,规范人员密集场所的消防安全管理,遏制群死群伤火灾事故的发生,依据《中华人民共和国消防法》、《机关、团体、企业、事业单位消防安全管理规定》等相关法律法规,制定本标准。人员密集场所可以通过采用本标准,规范自身消防安全管理行为,建立消防安全自查、火灾隐患自除、消防责任自负的自我管理与约束机制,实现防止火灾发生、减少火灾危害,保障人身和财产安全的目标。

图 1-26　GB/T 40248—2021 引言

(五) 范围

每项标准均有范围。范围用于简要说明一项标准的对象和涉及的相关方面、适用范围和领域,必要时可指出标准不适用的界限。即它交代了标准中"有什么",表明标准的对象和所涉及的各个方面;同时交代了"干什么用",指明了标准或其特定部分的适用界限。范围对一个标准来说非常重要,一个标准是否适用,一定要看该标准的范围。如《食品安全国家标准　包装饮用水》(GB 19298—2014),看这个标准名称,可能会误认为市场上买的瓶装矿泉水应该都要遵循此标准,但在这个标准的"范围"里写的是:"本标准适用于直接饮用的包装饮用水。本标准不适用于饮用天然矿泉水。"即瓶装的天然矿泉水不遵循该标准,而遵循另外的标准。GB/T 40248—2021 的范围如图 1-27 所示。

---

1 范围

本文件提出了人员密集场所的消防安全管理要求和措施,包括总则、消防安全责任、消防组织、消防安全制度和管理、消防安全措施、灭火和应急疏散预案编制和演练、火灾事故处置与善后。

本文件适用于具有一定规模的人员密集场所及其所在建筑的消防安全管理。

图 1-27　GB/T 40248—2021 范围

(六) 规范性引用文件

规范性引用文件既可为必备要素也可为可选要素,用于列出标准中规范性引用的文件。所谓规范性引用,是指标准中引用了某文件或文件的条款后,这些文件或其中的条款即构成了标准整体不可分割的组成部分,即所引用的文件或条款与标准文本中规范性要素具有同等的效力。引用的文件名称后面不注日期,表示引用的是完整标准或标准的某个部分,将来其发生变化(如被修订),变化后的标准也作用于本标准;引用的文件名称后面注日期(年份),表示引用的是文件中特定的章、条、表或图。GB/T 40248—2021 的规范性引用文件如图 1-28 所示。

---

2 规范性引用文件

下列文件中的内容通过文中的规范性引用而构成本文件必不可少的条款。其中,注日期的引用文件,仅该日期对应的版本适用于本文件;不注日期的引用文件,其最新版本(包括所有的修改单)适用于本文件。

GB/T 5907(所有部分)　消防词汇
GB 25201　建筑消防设施的维护管理
GB 25506　消防控制室通用技术要求
GB 35181　重大火灾隐患判定方法
GB/T 38315　社会单位灭火和应急疏散预案编制及实施导则
GB 50016　建筑设计防火规范
GB 50084　自动喷水灭火系统设计规范
GB 50116　火灾自动报警系统设计规范
GB 50140　建筑灭火器配置设计规范
GB 50222　建筑内部装修设计防火规范
GB 51251　建筑防烟排烟系统技术标准
GB 51309　消防应急照明和疏散指示系统技术标准
XF 703　住宿与生产储存经营合用场所消防安全技术要求
XF/T 1245　多产权建筑消防安全管理
JGJ 48　商店建筑设计规范

图 1-28　GB/T 40248—2021 规范性引用文件

（七）术语和定义

术语和定义既可为必备要素也可为可选要素，用于理解因语境不同或需使用特定含义而解释有区别的术语。图1-29列举了GB/T 40248—2021的术语和定义。

3　术语和定义

GB/T 5907、GB 25201、GB 25506、GB 35181、GB/T 38315、GB 50016、GB 50084、GB 50116、GB 50140、GB 50222、GB 51251、GB 51309、XF 703、XF/T 1245、JGJ 48界定的以及下列术语和定义适用于本文件。

3.1

公共娱乐场所　public entertainment occupancy

具有文化娱乐、健身休闲功能并向公众开放的室内场所，包括影剧院、录像厅、礼堂等演出、放映场所，舞厅、卡拉OK厅等歌舞娱乐场所，具有娱乐功能的夜总会、音乐茶座、酒吧和餐饮场所，游艺、游乐场所和保龄球馆、旱冰场、桑拿等娱乐、健身、休闲场所和互联网上网服务营业场所。

3.2

公众聚集场所　public assembly occupancy

面对公众开放，具有商业经营性质的室内场所，包括宾馆、饭店、商场、集贸市场、客运车站候车室、客运码头候船厅、民用机场航站楼、体育场馆、会堂以及公共娱乐场所等。

3.3

人员密集场所　assembly occupancy

人员密集的室内场所，包括公众聚集场所，医院的门诊楼、病房楼，学校的教学楼、图书馆、食堂和集体宿舍，养老院、福利院，托儿所、幼儿园，公共图书馆的阅览室，公共展览馆、博物馆的展示厅，劳动密集型企业的生产加工车间和员工集体宿舍，旅游、宗教活动场所等。

图1-29　GB/T 40248—2021术语和定义（3.1—3.3）

（八）核心技术要素

这一要素所表述的内容和形式是不固定的。根据编写标准的目的，内容可以表达结果，即"是什么"，也可以表达过程，即"怎么做"；使用的条款可以是陈述型（阐述事实或表达信息）、要求型（如："应……"或"不应……"），也可以是推荐型（如："宜……"或"不宜……"）。形式可以是条文、图或表。核心技术要素中的定量要求是重点，可以明确制定标准的目的以及声明符合标准而应遵守的条款。

在GB/T 40248—2021中，这部分的内容构成如图1-30所示。

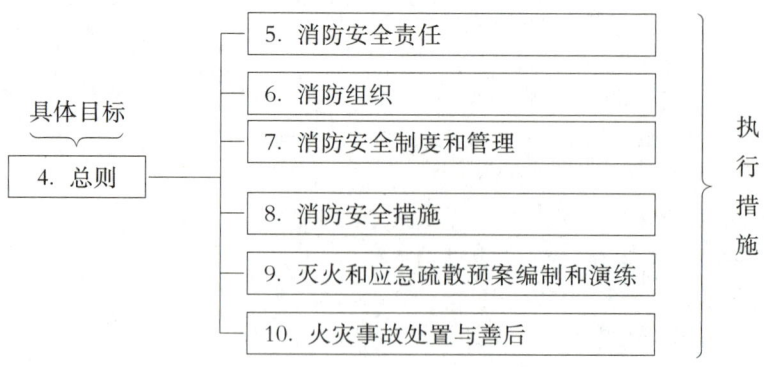

图1-30　GB/T 40248—2021核心技术要素

在这部分内容中,第 4 章"总则"提出了目标或要取得的结果(图 1-31),而接下来的第 5 章、第 6 章、第 7 章、第 8 章、第 9 章、第 10 章则表达了"怎么做"的措施。

> **4 总则**
>
> 4.1 人员密集场所的消防安全管理应以防止火灾发生、减少火灾危害,保障人身和财产安全为目标,通过采取有效的管理措施和先进的技术手段,提高预防和控制火灾的能力。
>
> 4.2 人员密集场所的消防安全管理应遵守消防法律、法规、规章(以下统称"消防法律法规"),贯彻"预防为主、防消结合"的消防工作方针,履行消防安全职责,保障消防安全。
>
> 4.3 人员密集场所应结合本场所的特点建立完善的消防安全管理体系和机制,自行开展或委托消防技术服务机构定期开展消防设施维护保养检测、消防安全评估,并宜采用先进的消防技术、产品和方法,保证建筑具备消防安全条件。
>
> 4.4 人员密集场所应逐级落实消防安全责任制,明确各级、各岗位消防安全职责,确定相应的消防安全责任人员。
>
> 4.5 实行承包、租赁或者委托经营、管理时,人员密集场所的产权方应提供符合消防安全要求的建筑物、场所;当事人在订立相关租赁或承包合同时,应依照有关规定明确各方的消防安全责任。
>
> 4.6 消防车通道(市政道路除外)、消防车登高操作场地、涉及公共消防安全的疏散设施和其他建筑消防设施,应由人员密集场所产权方或者委托统一管理单位管理。承包、承租或者受委托经营、管理者,应在其使用、管理范围内履行消防安全职责。
>
> 4.7 对于有两个或两个以上产权者和使用者的人员密集场所,除依法履行自身消防管理职责外,对消防车通道、涉及公共消防安全的疏散设施和其他建筑消防设施应明确统一管理的责任者,并应符合 XF/T 1245 的规定。

图 1-31 GB/T 40248—2021 总则

(九)附录

附录分为两种类型:规范性附录和资料性附录。规范性附录是规范性技术要素之一,是标准文本中规范性技术"要求"的一部分,只是因为描述的文字或图表较长而被置于附录,与标准文本中的规范性要素具有同等的效力。资料性附录是资料性补充要素之一,对理解或使用标准起辅助作用。看附录时一定要看清楚附录编号下面一行括号中的文字,该文字注明了附录的类型,如果是规范性附录,则执行标准时该附录也得一并执行。图 1-32 是 GB/T 40248—2021 的附录 A,为资料性附录。

(十)参考文献

为了便于查询,需要将标准中资料性引用的文件列出时,可设置这一要素。图 1-33 是 GB/T 40248—2021 的参考文献。

参考文献最后的横线为标准的终结线。编写标准时,在标准的最后一个要素之后,应有终结线,以示标准完结。

附 录 A
（资料性）
防火巡查记录表格

防火巡查记录表示例见表 A.1。

表 A.1 防火巡查记录表示例

巡查人员：

序号	部位*	时间	存在问题	备注
1				
2				
3				
4				
5				
6				
7				
8				
9				
10				

＊防火巡查至少包括下列内容：
a) 用火、用电有无违章情况；
b) 安全出口、疏散通道是否畅通，有无锁闭；安全疏散指示标志、应急照明是否完好；
c) 常闭式防火门是否保持常闭状态，防火卷帘下是否堆放物品；
d) 消防设施、器材是否在位、完整有效。消防安全标志是否完好清晰；
e) 消防安全重点部位的人员在岗情况；
f) 消防车通道是否畅通；
g) 其他消防安全情况。

图 1-32 GB/T 40248—2021 附录 A

参 考 文 献

[1] GB 50028—2006（2020 年版） 城镇燃气设计规范
[2] GB 50058—2014 爆炸危险环境电力装置设计规范
[3] GB 50098—2009 人民防空工程设计防火规范
[4] GB 50156—2012（2014 年版） 汽车加油加气站设计与施工规范
[5] GB 50160—2008（2018 年版） 石油化工企业设计防火标准
[6] GB 50166—2019 火灾自动报警系统施工及验收规范
[7] 中华人民共和国消防法（2019 年 4 月 23 日第十三届全国人民代表大会常务委员会第十次会议修正）
[8] 公共娱乐场所消防安全管理规定（公安部令第 39 号，1999 年）
[9] 机关、团体、企业、事业单位消防安全管理规定（公安部令第 61 号，2001 年）
[10] 消防监督检查规定（公安部令第 120 号，2012 年）

图 1-33 GB/T 40248—2021 参考文献

四、标准文献查阅途径

（一）国内标准

1. 除食品安全、环境保护、工程建设方面外的标准

全国标准信息公共服务平台（网址为 http：//std.samr.gov.cn/）是由国家标准技术审评中心具体承担建设的公益类国家级标准信息公共服务平台，旨在成为中国用户查询获取国家标准、行业标准、地方标准、企业标准、团体标准、国际标准和国外标准等标准信息及资讯的第一平台。全国标准信息公共服务平台自2017年12月上线，平台公开了国家市场监督管理总局、国家标准委员会2017年1月1日前已批准发布的所有国家标准，以及2017年1月1日后新发布的、在《国家标准批准发布公告》发布后20个工作日公开的国家标准文本，食品安全、环境保护和工程建设方面的国家标准未被纳入。平台上的国内标准可免费阅览全文，部分标准可下载，国际标准和国外标准因版权政策需购买。该平台除了查阅标准外，还提供标准化活动信息和行业标准化技术委员会信息。

微信公众号"中国标准信息服务网"与全国标准信息公共服务平台同步，利用该公众号可以在手机端查找全国标准信息公共服务平台中收录的标准，还可以免费学习公众号里的标准课程、了解最新标准化要闻或动态。

2. 食品安全标准

国家食品安全标准查询（国家食品安全风险评估中心）网址为 https：//www.cfsa.net.cn，操作步骤为：食品安全标准→食品安全国家标准和地方标准检索平台→查阅需要的国家标准。

食品安全标准也可以从食品伙伴网上查询，其网址为 http：//www.foodmate.net/。

3. 环境保护标准

环境保护标准查询网址为 https：//www.mee.gov.cn/ywgz/fgbz/bz/bzwb/，操作步骤为中华人民共和国生态环境部→业务工作→法规标准→标准。

4. 工程建设标准

工程保护标准查询（工程建设标准化信息网）网址为 www.ccsn.org.cn。

5. 与标准化相关的信息资料

常用的与标准化相关的信息资料查询平台包括：

（1）企业标准化良好行为服务平台：http：//www.gspchina.org.cn/。

（2）自愿性可持续标准中国国家平台：http：//cpvss.org.cn/。

（3）国家标准化管理委员会（SAC）：http：//www.sac.gov.cn/。

（4）国家标准化协会（CAS）：http：//www.china-cas.org/。

（5）中国标准化研究院（CNIS）：http：//www.cnis.gov.cn/。

（二）国际标准

ISO、IEC 和 ITU 是国际上三大标准化组织（详见本专题第三节第五点的介绍），它们的标准可通过其官方网站进行查询。ISO 网址为 https：//www.iso.org/home.html。IEC 网址为 https：//webstore.iec.ch/。ITU 网址为 https：//www.itu.int/en/。

知识点考核

一、单选题

1. 标准是为了在一定范围内获得最佳（　　），经协商一致制定并由公认机构批准，共同使用和重复使用的一种规范性文件。
   A. 效益　　　　　B. 秩序　　　　　C. 效果　　　　　D. 效率

2. 行业标准是对（　　）的补充，是专业性、技术性较强的标准。
   A. 地方标准　　　　　　　　　　　B. 出口产品标准
   C. 国家标准　　　　　　　　　　　D. 企业标准

3. 强制性国家标准的代号是（　　）。
   A. GB　　　　　B. GB/T　　　　　C. GB-T　　　　　D. DB/T

4. 世界标准日是每年的（　　）。
   A. 10月4日　　B. 9月4日　　C. 9月14日　　D. 10月14日

5. 根据新修订的《中华人民共和国标准化法》，对保障人身健康和生命财产安全、国家安全、生态环境安全以及满足经济社会管理基本需要的技术要求，应当制定（　　）。
   A. 推荐性国家标准　　　　　　　　B. 强制性国家标准
   C. 强制性行业标准　　　　　　　　D. 推荐性行业标准

6. 《中华人民共和国标准化法》规定：强制性标准必须执行。不符合强制性标准的产品，禁止生产、销售和（　　）。
   A. 进口　　　　B. 出口　　　　C. 流通　　　　D. 使用

7. 标准编号为 GB/T 22431—2021 的是（　　）标准。
   A. 国际　　　　B. 国家　　　　C. 行业　　　　D. 地方
   E. 企业　　　　F. 团体

8. 中国古代标准化最著名的倡导者应该首推（　　）。
   A. 康熙　　　　B. 乾隆　　　　C. 汉武帝　　　　D. 秦始皇

二、多选题

1. 按照法律约束性，标准分为（　　）。
   A. 推荐性标准　　　　　　　　　　B. 强制性标准
   C. 工作标准　　　　　　　　　　　D. 标准化指导性技术文件

2. 国家支持在重要行业、战略性新兴产业、关键共性技术等领域利用自主创新技术制定（　　）。
   A. 国家标准　　　B. 行业标准　　　C. 团体标准　　　D. 企业标准

3. 国际标准组织机构有（　　）。
   A. 国际标准化组织（ISO）　　　　　B. 国际电工委员会（IEC）
   C. 国际电信联盟（ITU）　　　　　　D. 世界卫生组织（WHO）

4. 现代标准化具有的特征有（　　）。
   A. 系统性　　　B. 国际性　　　C. 动态性　　　D. 超前性和经济性

三、判断题

1. 国家鼓励学会、协会、商会、联合会、产业技术联盟等社会团体协调相关市场主体共同制定满足市场和创新需要的团体标准,由本团体成员约定采用或者按照本团体的规定供社会自愿采用。（   ）
2. 新修订的《中华人民共和国标准法》规定:国家标准分为强制性标准、推荐性标准,行业标准、地方标准是推荐性标准。（   ）
3. 标准化活动是从近代开始的,古代没有标准,也没有标准化活动。（   ）

专题二

标准化与社会发展

知识目标

1. 了解标准与技术之间的关系。
2. 了解标准化与科学管理之间的关系。
3. 了解标准化对国际贸易的积极效应和消极效应。
4. 掌握标准对国家、对社会、对经济发展的重要意义。
5. 掌握我国标准化发展战略。

技能目标

1. 能利用标准化进行技术创新。
2. 能运用标准化进行管理创新。
3. 能利用标准化知识分析国际贸易关系。
4. 能运用标准化思维分析生活中出现的现象。

素质目标

1. 培养创新精神。
2. 树立国家自信。
3. 坚定承担科技强国的时代重任。
4. 增强质量强国、标准强国的使命感。

第一节 标准与技术的关系

一、标准推动技术进步

标准作为一种规范性文件,本身就是技术资料,体现了科学、技术发展和实践经验积累的综合成果。如中医穴位针灸法、春秋战国时期孙阳(伯乐)写的《相马经》、北宋李诫编写的建筑规范《营造法式》、毕昇发明的活字印刷术等,这些不仅是前人经验技术的总结,也是标准。

标准是推动技术进步的杠杆。标准化是技术研发活动的一部分,技术规范化的过程实际上就是标准化的过程,标准化过程也是技术创新的过程。为满足各种需求,技术和实践经验通过科技研发转化为技术标准,技术标准的实施推动了技术的发展。在此过程中,应用反馈将反作用于科技研发,从而促进技术标准的修订改进,保证标准跟上技术发展的步伐。图2-1描述了上述过程。

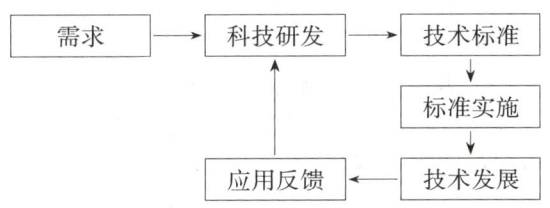

图 2-1 标准与技术发展

以印刷为例,彩色印刷是用黄、品红、青三原色通过不同比例的墨量组合来调制原稿上成千上万种颜色的,那么印刷色彩的效果该如何检查呢?在没有统一的标准之前,检查是主观的,靠的是人眼的判断,业内称之为"追色"。但是由于主观判断因人而异,所以不管是生产中看样还是最终产品验收,印刷色彩的一致性均难以得到保障,生产商与客户也常常因为色差问题产生争论,导致生产效率降低,生产成本增加。后来,国际标准化专家通过科技研发,制定出了 ISO 12647 系列标准,对印刷过程中的各种参数进行了规定,包括印前要求、纸张类别、油墨颜色标准值、颜色允差值、标准印刷条件、阶调复印范围、套印精度、阶调增加值偏差与中间调扩展等,通过对这些物理量做定量分析,可有效地保证生产过程质量,提高工作效率,保障色彩再现的稳定性。目前,国际上很多大宗印刷品采购商都要求接单的印刷厂通过认证,达到满足 ISO 12647 过程要求的条件。可以说,ISO 12647 使印刷生产从人工控制转变为数据控制,促进了印刷技术的发展。

企业通过制定技术标准,将经验知识按照一定的方法以图样、技术文件等方式呈现,使隐性知识显性化,零散混乱的知识系统化,然后加以推广和重复使用,实现企业内部的知识充分共享与交流,使技术创新有了立足点和坚实的基础,提高知识的运用效率,避免重复性开发工作,避免了一切从头摸索和从零起步,提高了技术创新的效率。

二、标准促进技术的推广和传承

标准化是企业推广技术、产品和服务的法宝。例如我国的标准语言——普通话，有利于汉语言的推广与传承。例如麦当劳和肯德基，之所以能在全世界开这么多分店，就是因为二者生产经营的标准化。

标准化支撑着技术创新和产品创新。我国许多科创型企业、科研院所拥有良好的技术样品，而最终未能实现市场价值变现，关键原因之一就是缺乏与技术相匹配的标准化体系，导致实验室先进样品无法有效转化成规范化、规模化、均质化和批量化的工业产品。要使科研成果实现工业化生产并将其推广使用，标准化是重要条件之一。以北斗卫星导航系统为例，北斗卫星导航系统是我国自主研发的卫星导航系统，与美国的 GPS 系统、俄罗斯的格洛纳斯系统、欧盟的伽利略系统并称世界四大卫星导航系统。目前，北斗卫星导航系统已可以向全球大部分地区提供连续无源定位、导航、授时等服务。北斗卫星导航系统能否打破美国 GPS 系统的垄断地位，能否成功推广应用的关键是需要针对北斗卫星导航系统制定导航产品、信息交换、系统应用与运营服务等领域的标准。导航产品标准包括各种用户终端、芯片模块、板卡、天线、软件等产品性能规范和试验、测试、检测方法，以及电子地图、电子海图标绘与格式要求等。信息交换标准指进行数据信息传输、交换等活动时应共同遵守的技术约定，主要包括接口标准、数据格式、信息传输协议等。系统应用与运营服务标准包括基于北斗卫星导航系统构建的服务系统在提供导航定位、通信和位置服务等增值信息服务过程中所涉及的室内外位置服务、区域增强服务、授时服务、测绘测量、用户入网和授权等标准。无论是从信息传输上还是从运行使用上，我国都做出了紧密合理的标准化规定，在这一系列标准化的体系下，北斗卫星导航系统正逐步走向成熟，这对其后期发展具有重要意义。

三、标准代表技术创新优势

"一流的企业做标准、二流的企业做品牌、三流的企业做产品、四流的企业卖苦力"，能制定标准的企业说明其技术水平在行业内居于领先地位。例如在 2022 年 10 月 17—28 日举行的国际电信联盟第 16 研究组（ITU-T SG16）全体会议上，由华为云区块链团队牵头的 3 个区块链国际标准（基于区块链技术的数据资产服务架构、许可区块链跨链互操作技术要求、许可区块链分片技术架构）顺利立项。立项的 3 个国际标准分别对应华为云区块链服务的线上能力、数字资产链、跨链服务及区块链自研链。截至目前，华为云区块链已经在国际标准化和国内信息、金融、政务等领域多家单位组织的标准工作中牵头制定 20 余项核心技术类标准。华为不仅在云区块链技术方面领先世界，而且在 5G 技术、基带、通信设备等方面都有自己的核心技术。

自 20 世纪 90 年代末起，发达国家就把标准定位为提高自主创新能力和核心竞争力的战略手段之一，并竭力将本国标准确定为国际标准，以争夺国际贸易主导权、占领国际竞争制高点。可以说谁把握住了标准，谁就占领了行业的制高点，也就赢得了技术研发和市场开拓的主动权。标准之争被经济学家称作"赢者通吃"，因此各国高度重视标准主导权，积极扶持和推进本国标准成为国际标准或事实上的国际标准，主导和影响产业及技术发展。例如美国实施"再工业化"战略，德国实施"工业 4.0"战略，都把标准化作为支撑战略的重要手段。

改革开放以来,我国经济社会发展取得了举世瞩目的成就,目前我国已经成为世界第二大经济体和第一货物贸易大国、第一出口大国、第一制造业大国。标准作为生产的依据、贸易的语言、市场的规则和合作的桥梁纽带,在国家建设特别是对外开放过程中发挥了重要作用。

2022年3月27日,央视《中国经济大讲堂》栏目邀请曾经担任ISO主席的张晓刚就标准化与高质量发展进行了专业解读。张晓刚在讲话中提到:"1981年之前,中国从来没有主导过一项国际标准,直到1981年,中国主持了第1项机械工程方面的国际标准。1990年,中国又主持了第2项国际标准。随着中国的技术实力和经济实力的提升,中国主持的国际标准的数量变化非常快,从2015年到2020年,中国主持的国际标准数量超过了800项。中国在过去30年,在国际标准化领域取得突飞猛进的进步。"党的二十大提出,要加快实施创新驱动发展战略,提高科技成果转化和产业化水平,强化企业科技创新主体地位。标准是重要的战略性创新资源,是科技创新成果产业化、市场化的重要载体。要推动市场主体的创新发展,就要充分发挥标准的引领作用。

四、标准实现专利经济利益最大化

标准是经过协商一致制定的,其目的是实现一定范围内的最大公共利益,具有公共标准性质。专利是指专利人对发明创造享有的专利权,具有排他性、区域性和时间性的特点。就此来说,标准和专利是一对矛与盾。不过,标准与专利都以技术为主题,在促进技术创新、推动创新成果的传播和应用方面,二者又是相辅相成的。

从标准和专利二者表述的内容来看,技术标准表现为一系列性能指标的描述,是对一个或几个生产技术设立的必须符合要求的条件,技术标准侧重于效果(或结果),往往表达一种愿望或需求,包括可以用来度量这些愿望和需求是否得到满足的量化指标。而专利体现的是一个完整的技术方案,侧重于产品结构的改进变化或者制造方法步骤的过程。

鉴于技术标准对产业发展和贸易的影响越来越大,专利权人可通过标准来最大限度地实现在专利技术上的经济利益,有时还能主导相关技术的发展方向并获取极大的竞争优势。技术专利化、专利标准化、标准国际化已成为企业追求的目标。

与此相关的是标准必要专利。标准必要专利是指包含在国际标准、国家标准和行业标准中,且在实施标准时必须使用的专利,即标准化组织在制定某些标准时,部分或全部标准草案由于技术上或者商业上没有其他可替代方案,无可避免要涉及的专利或专利申请。简单来说,标准必要专利是指从技术方面来说对于实施标准必不可少的专利,或为实施某一技术标准而必须使用的专利。

标准必要专利作为一类特殊的专利,随着标准的实施推广,实际上具有了一定的强制性,与专利的独占权利相结合,具有对相关市场的控制力,也就拥有了破坏正常的市场竞争秩序的能力。因此标准组织需要在二者间权衡:既要鼓励创新技术进入标准,使贡献者得到适当回报,也要保护标准实施者的权益,维护市场的竞争秩序。

一般来说,标准组织都会对标准必要专利权人的权利做出一些限制,典型的如要求专利权人对于标准必要专利的信息披露义务,以及对专利实施人的公平、合理、无歧视(Fair, Reasonable and Non-Discriminatory,FRAND)许可承诺。标准必要专利实施人应按FRAND

原则向专利权人支付专利许可费。

"技术专利化—专利标准化—标准国际化"已经成为高科技领域特别是通信电子领域专利权人一种新的专利技术转移模式。例如：5G全球通信标准。2022年，在5G标准必要专利的全球激烈角逐中，华为以6 583项5G标准必要专利排名全球第一。作为5G标准制定的核心成员，华为是贡献最大的成员之一，拥有最多的5G标准必要专利。其次为高通、三星、LG、中兴通讯、诺基亚、爱立信、大唐、OPPO和夏普。

在此之前，美国作为全球移动互联网的发源地，拥有着最高的话语权，在2G、3G、4G网络时代，美国高通、英特尔等企业几乎垄断了全球移动互联网市场，使用者都要向这些美企支付相关的专利费用。得益于对技术创新的投入和相关专利积累，华为终于在5G网络时代取得了突破，凭借着几千项的5G核心技术专利，一举打破了国外的垄断，成为国际5G市场上的第一名。虽然遭到美国的无端打压和制裁，但华为并未倒下，根据Dell'Oro发布的数据，华为2022年在全球移动核心网市场又一次取得世界第一。这就是自主知识产权赋予企业的竞争力。

不过，在标准必要专利之争中，我国企业在与国际巨头的博弈时常处于劣势。主要原因是大多数技术领域的标准必要专利都掌握在工业发达国家及其跨国公司手中，尤其是在高科技领域，我国企业专利积累相对较少。我国需要更多像华为一样的企业，努力研发更多的高价值专利，参与更多领域的标准制定，让中国标准引领世界进步与创新。

然而，要获得标准必要专利并不容易。首先需要通过科技创新促进技术更迭；其次需要就该技术提交专利申请，获得专利授权；再次需要参与国际标准制定工作，提交技术提案并逐步推进；最后经国家成员体投票通过，技术提案才可以被纳入标准成为标准必要专利。为此，众多中国企业正在密切关注欧美相关判例和国内司法解释在判决中的应用，以便在国际标准和知识产权政策的修改讨论中发出自己的声音。拥有标准必要专利的国内企业，在反垄断法的视阈下，正积极引导业界认识标准必要专利的价值。没有标准必要专利的企业，正增强自身创新实力，积极寻找契机建立新的标准架构，并将其专利写入标准，或通过自身专利能力建设与标准必要专利方相互制衡。

当前，新一轮科技革命和产业变革正在重构全球创新版图，标准化与科技创新的关系愈发紧密。《国家标准化发展纲要》提出建立重大科技项目与标准化工作联动机制，将标准作为科技计划的重要产出指标，及时将先进适用科技创新成果融入标准。在技术创新之初将标准化融入关键规划要素，在创新过程之中将标准化列入核心中枢要素，在成果转化之时将标准作为必要产出要素。

总之，标准与技术不可分割，互为因果，互为促进。

第二节　标准化与科学管理的关系

科学管理是管理者遵循事物的发展规律，运用科学手段，采用科学的方法、程序，通过计划、组织、指挥、协调、控制，使管理客体发挥整体效能，达到预期目标的过程。科学管理最初由美国古典管理学家由泰勒提出，泰勒的《科学管理原理》一书出版，标志着管理理论的诞生,同时书中第一次提出了"标准化"这一概念,故泰勒被称为"科学管理之父",也被称为"现代标准化之父"。当代许多重要的管理理论和标准化理论都是在泰勒的科学管理理论的基础上继承和发展而来。

泰勒的科学管理思想深深地扎根在一系列科学实验和标准化基础上,泰勒的科学管理实验对管理实践的启示为:(1)管理的中心问题是提高劳动生产率;(2)对工作定额,以挖掘工人的劳动生产率;(3)能力与工作相匹配,让每个员工能尽其所长,同时还要对他们进行培训;(4)标准化,对员工的操作方法和工作环境标准化便于管理;(5)差别计件工资制,激励员工工作;(6)计划和执行相分离,计划部门专门研究和制定公司的计划,执行部门专门执行计划。总之,泰勒的科学管理实验的核心是管理的科学化和标准化。标准化与科学管理之间的关系具体如下所述。

一、标准化是实现科学管理的基础

泰勒曾经断言:"使所有专业工具、设备及工人做各种工作时的每一个操作都达到标准化是实现科学管理的基本原理和基础。"

科学管理要求工人在工作时采用标准的操作方法,工人所使用的工具、机器、材料和工作现场环境等都实现标准化。标准化把企业管理过程中的各个要素和环节有机、合理地组织起来,使每个活动和过程达到规范化、程序化,并实现专业化、规模化生产,提高劳动生产率,稳定和提高产品质量,减少资源消耗和浪费,增加经济效益。因此,标准化是科学管理的基础。

以麦当劳公司为例,麦当劳公司对制作汉堡、炸薯条、招待顾客和清理餐桌等工作都事先进行翔实的动作研究,找到各项工作开展的最佳方式,实现标准化,然后再编成书面的规定并分发,用以指导各分店管理人员和一般员工的行为。例如它改进了快餐店饮料供给方式,设置多个饮料出口,保证定量饮料流入杯中,这个改进节省了工作人员"看护、等待"饮料的时间,提高了员工服务速度。麦当劳正是对每一工序、每一环节都做了标准化管理,从而奠定了科学管理的基础,实现了全球各分店的统一化、专业化和高效率。

二、标准是科学管理的重要组成部分

科学管理就依据生产技术的发展规律和客观经济规律,综合管理科学方面的研究成果和大量实践经验而建立计划管理、生产管理、质量管理等一整套科学管理制度的过程。标准是这些管理制度的重要组成部分。

泰勒的三大科学管理实验——搬运铁块的实验、铁锹实验和金属切削实验,既是实验又是标准化活动,为达到最佳效率,通过观察、实验、统计、总结,得出标准时间、标准工具、标准操作方法、标准作业环境等标准。然后再基于这些标准实现效率更高、成本更低的管理。这些标准既是科学管理的基础,又是科学管理的组成部分。

现代社会建立在高度分工的基础之上,高度分工把内部原本连续的工作过程切断了,而标准能把各环节衔接起来,使上工序满足下工序的要求,使零件满足整机的要求。此外,管理的其他基础工作也同标准化有着密切关系。例如,计量工作中使用的标准器具和检定规程等,本质上也是标准;测试和化验分析工作不仅以标准为判断的依据,而且测试和分析方法通常也是标准化的,从这些方面来说,标准是管理的重要组成部分。管理标准中,最典型的就是质量管理标准体系 ISO 9000 和环境管理标准体系 ISO 14000,这些都是现代企业科学管理的重要组成部分。

综上所述,如果没有标准和标准化,就不可能实现科学管理。标准化是科学管理的基础,同时也是科学管理的重要组成部分。但是实现科学管理除了标准化外,还要精细化和制度化。

延伸阅读

泰勒的三个科学管理实验

1. 搬运铁块的实验

1898 年,泰勒从伯利恒钢铁厂开始他的实验。这个工厂的原材料是由一组计日工搬运的,工人每天挣 1.15 美元(这在当时是标准工资),每天搬运的铁块重量为 12~13 吨。工厂对工人奖励和惩罚的方法就是找工人谈话或者开除,有时也可以选拔一些较好的工人到车间里做等级工,并且给其略高的工资。后来泰勒观察研究了 75 名工人,仔细研究各种工作因素对工人生产效率的影响。例如,工人有时弯腰搬运,有时又直腰搬运;有时走得快,有时走得慢;各人持握材料的位置也不同。泰勒经过长时间的观察实验,总结出一套效率最高的搬运方法,并把劳动时间和休息时间很好地搭配起来,发现工人每天的工作量可以提高到 47 吨,同时并不会感到太疲劳。他从 75 名工人中挑出一个叫施密特的人,要求这个人按新要求工作,每天给他 1.85 美元的报酬。他还采用了计件工资制,工人每天搬运量达到 47 吨后,工资也升到 1.85 美元。这样施密特开始工作后,第一天很早就搬完了 47.5 吨,拿到了 1.85 美元的工资。于是其他工人也渐渐按照这种方法来搬运,劳动生产率提高了很多。

泰勒把这项试验的成功归结为四个核心点:

(1) 精心挑选工人。

(2) 让工人了解到这样做的好处,让他们接受新方法。

(3) 对他们进行训练并提供帮助,使他们获得足够的技能。

(4) 按科学的方法工作会节省体力。

泰勒相信,即使是搬运铁块这样的工作也是一门科学,可以用科学的方法来管理。

2. 铁锹实验

1898 年,泰勒在匹斯连钢铁公司发现以下现象:①不管铲取铁矿石还是搬运煤炭,都使用铁锹进行人工搬运,雇佣的搬运工动不动达五六百名。工人干活是自己带铲子。铲煤时,每一锹的重量是 3.5 磅,而用同样的铁锹去铲铁矿石,每一锹的负载量则为 3.8 磅。②一个基层干部要管理五六十名搬运工,且所涉及的作业范围相当广泛。为了获得一天最大的搬运量,泰勒开始着手研究每一锹最合理的铲取量。泰勒找了两名优秀的搬运工用不同大小的铁锹做实验,每次都使用秒表记录时间。泰勒通过实验发现,平均每铲荷载 21 磅时,才能达到最大的日工作量。根据这一结果,公司提供 8~10 种规格不同的铁锹,并使铁锹的形状、性能可以适应装载不同物料的需要,以保证平均每铲可以达到21磅的要求。此外,泰勒还开展生产计划,以改善基层管理干部的管理范围。他还进一步设定了一天的标准工作量,对超过标准的员工给予薪资以外的补贴,达不到标准的员工则要进行作业分析,指导他们的作业方式,使他们也能达到标准。

铁锹试验的结果是,堆料场的工人从400~600人减少到三年后的140人,每人每天的操作量从16吨提高到59吨,每吨的操作成本从7.2美分下降到3.3美分,工人的日工资从1.15美元上升到1.88美元,同时材料浪费也大大减少。

泰勒因这项实验提出了新的构想:
(1)将实验的手段引进经营管理领域。
(2)计划和执行分离。
(3)标准化管理。
(4)人尽其才,物尽其用,这是提高效率的最好办法。

3. 金属切削实验

在米德维尔公司,为了解决工人的怠工问题,泰勒进行了金属切削实验。他自己具备一些金属切削的作业知识,于是他对车床的效率问题进行了研究,开始了预期6个月的实验。在用车床、钻床、刨床等工作时,要决定用什么样的刀具、多大的速度等来获得最佳的加工效率。这项实验非常复杂和困难,原来预定为6个月实际却用了26年,花费了巨额资金,耗费了80多万吨钢材。最后在巴斯和怀特等十几名专家的帮助下,实验取得了重大的进展。1906年,他向美国机械师协会递交了题为《金属切割艺术》的论文,这是他进行了26年实验的结果。他的实验用工具将重达80万吨的钢和生铁切割成片,实验纪录大约为3万~5万次,写出报告300余份。这项实验还获得了一个重要的副产品——高速钢的发明,并取得了专利。

泰勒的这三个试验可以说都取得了很大的成功。正是这些科学试验为他的科学管理思想奠定了坚实的基础,使管理成了一门真正的科学,这对以后管理学理论的成熟和发展起到了非常大的推动作用。

第三节　标准对国际贸易的影响

标准如何影响国际贸易

一、标准对国际贸易的积极影响

在国际贸易十分发达的今天,标准具有重要地位,被广泛应用。标准有助于确保各国的技术兼容,使交易双方获得透明、必需的信息,防止不公平的市场排斥,避免贸易纠纷。

另外,标准也可以成为各国的贸易保护措施,形成技术性贸易壁垒。技术性贸易壁垒(Technical Barrier to Trade,TBT)是指进口国为了保护本国市场,制定各种技术法规、技术标准、技术规范和认证制度等,对外国商品进入设置贸易障碍。技术性贸易壁垒出现的最根本原因是为了维护本国的利益,包括保护本国人民的身体健康和安全及生态环境,保护本国的经济秩序,维持本国的可持续发展。

标准为交易双方提供了统一协调的规范。交易双方的选择范围既包括了国际标准,又包括了各国国内标准,同时还有国内外的强制性标准和国际贸易法规。交易双方可就已有的规范性文件在选择上达成一致,然后各自按照标准进行生产、检验等活动。在标准的作用下,交易双方协商便利,卖方为买方提供质量合格的产品和服务,这样能够长久地维系双方的贸易关系,推动国际贸易的进行与发展。

以对外出口为例,我国产品如果要出口到欧盟国家,必须符合欧盟标准 EN,取得并加贴欧盟安全认证标志 CE 标志,才可以清关和在欧盟市场内销售,这是欧盟法律对进口产品提出的一种强制性要求。进入欧盟国家的任何商品都要以英寸或磅为计量单位,即使是带有双重计量单位标记的商品也不得进入。欧盟非常重视进口产品的环保问题,进入欧盟国家的产品要求从来料到制造、销售、使用以及最后的处理阶段都要符合国际环境管理标准 ISO 14000 的规定。欧洲标准一旦变为欧盟指令,那么这项标准在所有欧盟国家中就成了强制性的标准。CEN 与 ISO 不同,它要求所有批准欧洲标准的国家在将其发布为该国的国家标准的不得做任何修改。

我国产品如果要出口到美国市场,也必须遵守相应的标准或技术法规,并通过相应的产品质量认证。常见的美国产品认证有以下 3 种:DOT 认证(机动车和零部件产品);FCC/UL 认证(大多数电子、电器产品);FDA 认证(食品、药品、化妆品和医疗器具)。

2020 年暴发的新冠疫情期间,中国的防疫物资在全球疫情防控中发挥着重要作用,世界各国对中国的防疫用品需求量也随之增大。这些产品大部分是医疗器械产品,进入欧盟的相关产品需要满足 CE 标志制度的要求,进入美国的相关产品需要取得 FDA 的注册。企业如果不了解情况,贸然生产出口产品,就会蒙受损失。曾有一家企业购进了 4 台 KN95 口罩生产机器,日产口罩 28 万只,准备出口欧美,却因没有办理各种认证而不能将产品出口。对此,国家市场监管总局高度重视,积极采取措施,编制了一份口罩等防疫产品出口到欧盟和美国的认证信息指南,其中包括欧盟 CE 标志、美国 FDA 注册等相关要求,为企业产品顺利进入欧洲、美国等市场提供便利。同时,还提醒出口企业:一定要了解出口市场准入要求;一定要按照我国和出口市场的规定开展生产经营活动,加强产品质量管理。

对于进口到中国的产品,中国国家监督检验检疫总局(现国家市场监督管理总局)和国家认证认可监督管理委员会于 2009 年 7 月 3 日发布了《强制性产品认证管理规定》(2022 年 9 月 29 日修订),对列入产品目录的产品实行"统一目录、统一标准与评定程序、统一标志和统一收费"的强制性认证管理。"中国强制性产品认证"英文名称为 China Compulsory Certification,其英文缩写为"CCC",故又简称"3C"认证。这是中国政府按照世界贸易组织(World Trade Organization,WTO)有关协议和国际通行规则,为保护广大消费者人身和动植物生命安全,保护环境、保护国家安全,依照法律法规实施的一种产品合格评定制度。

正是各种标准所发挥的把关作用,确保了国际进出口市场中的商品具有安全性和通用性,促进了贸易活动的规模化发展。经济合作与发展组织(Organization for Economic Co-operation and Development,OECD)和美国商务部的研究表明,标准和合格评定影响了 80%

的世界贸易。

总而言之,标准对国际贸易的积极影响表现在:

(1) 标准是规范国际贸易的基本工具。

(2) 标准的一致性有利于消除国家之间的技术性贸易壁垒,进而产生贸易促进效应。

(3) 采用国际标准比采用国家标准的贸易促进效应更为显著。

二、标准对国际贸易的消极影响

然而,标准在促进国际贸易的同时,也存在着阻碍作用。这是因为在经济全球化和国际贸易发展的今天,世界范围内仍存在着贸易保护主义。标准为贸易保护提供了借口和"保护伞"。标准的"把关"既可以保障商品的质量和安全性,也可能成为"拦路虎"。部分国家通过制定并要求进口产品必须执行的严苛标准,达到为国外产品制造壁垒,减少进口,保护本国产品与企业的目的。"标准壁垒"或非关税壁垒无疑为国际的自由贸易带来了巨大挑战。

【案例一】 2008年8月,距离中秋节只有大约一个月时间。以往每年中秋前夕,中山"欣菜"食品厂的冯老板都会忙得不可开交,但今年,一切都变了。工厂的库房里堆满了装满月饼的纸箱,如果不赶快运出去,就要过期了。

为何原本畅销海外的月饼今年突然"销不动"了呢?其实,并不是因为月饼的质量不过关,而是因为很多国家在中秋来临之际,突然对中国的月饼提出了更高的质量和生产要求,面对近乎苛刻的各国进口标准,很多中国企业措手不及。

美国规定,蛋黄必须是月饼中唯一的动物成分,不能有其他肉的成分。而且,对蛋黄和月饼的焙烤温度和时间也有严格的要求。欧盟对含有干果的月饼中黄曲霉素B1的要求十分苛刻,远高于我国标准要求。日本对甜味剂、漂白剂、防腐剂等比往年有了更高的要求。澳大利亚的规定最为严格,严禁含有蛋、肉馅的月饼入境,否则将面临220澳元的当场罚款,如被起诉,罚金将超过6 000澳元,并受10年监禁。

冯老板的工厂生产的月饼由于不符合那些国家新的进口标准,就只能被这些"标准壁垒"挡在门外。

标准与知识产权相结合,有可能成为企业垄断市场,提高进入门槛,获得高额利润的工具。标准的制定者往往把具有独占权利的知识产权(如专利)加入标准,并使之成为标准的核心技术。其他标准实施者必须从知识产权拥有者那里获得相应的许可并支付相应的许可费用。

【案例二】 中国温州出口的打火机,由于质量保障、价格低廉(不到4欧元),所以备受消费者欢迎,一度占有80%的欧洲市场。为了抢回市场,欧洲商人利用专利优势,促使欧盟通过一项产品安全条例,规定进口价格在2欧元以下的打火机,必须要有保护儿童的安全装置"安全锁",而这一装置的专利技术多为欧洲国家控制,结果造成中国生产商要么购买专利,要么就退出市场。如此一来,中国生产商不得不放弃欧洲,转向其他市场。

【案例三】 日本于2006年颁布了《食品中残留农业化学品肯定列表制度》(简称《肯定

列表制度》),这是为加强食品和食用农产品中农业化学品残留管理而制定的一项制度。《肯定列表制度》的主要内容是"两个限量"即暂定标准和一律标准。暂定标准即对当前通用农药、兽药和饲料添加剂都设定了新的残留限量标准;一律标准即对尚不能确定"暂定标准"的农药、兽药及饲料添加剂都设定为 0.01 ppm 的统一标准。毫无疑问,《肯定列表制度》保护了日本人民和生态安全。同时,这个制度也让日本的农产品进口量大幅度下降,很好地保护了本国的农业和畜牧业。但是它的实施全面提高了中国对日本出口农产品的门槛,对中国出口日本的农产品贸易影响巨大。在该制度出台前,日本是中国农产品第一大出口市场,中国也是日本农产品的第二大进口来源国。这个制度的实施大大降低了我国对日本的食品和农产品的出口量。

可见,技术性贸易壁垒在国际贸易中占有重要的地位。而技术性贸易壁垒的主要形式就是标准,具体包括技术法规、技术标准、认证制度、绿色环保要求、计量单位等。

总而言之,标准对国际贸易的消极影响表现在:

(1) 标准作为一种战略工具被有意用来限制竞争对手,导致标准的好处不能在国际贸易间同等共享。

(2) 标准造成产品多样性的减少,限制了消费者选择,进而不利于贸易的发展。

(3) 标准过于严苛,妨碍贸易交流。

 延伸阅读

技术性贸易壁垒

技术性贸易壁垒具有以下 6 个特点。

(1) 广泛性。从产品角度看,包括初级产品、中间产品和工业制成品;从过程角度看,包括研究开发、生产、加工、包装、运输、销售和消费的产品的整个生命周期;从领域看,包括有形商品、金融、信息、服务、投资、知识产权和环境保护等各个领域。

(2) 系统性。技术性贸易壁垒是一个系统,包括《技术性贸易壁垒协议》《服务贸易总协定》《与贸易有关的知识产权协定》等协议、技术法规、技术标准、认证制度等。

(3) 合法性。通过标准、技术法规、认证制度等,为技术性贸易壁垒提供法律支持,从而穿上了"合法"的外衣。

(4) 双重性。正常技术性贸易壁垒是合法合理地采取技术性措施以达到保护人类健康和安全及生态环境的目的。但一些发达国家或地区凭借技术和经济优势,制定比国际标准更为苛刻的技术标准,以技术性贸易壁垒之名,行贸易保护主义之实。

(5) 隐蔽性和灵活性。技术性贸易壁垒与其他非关税壁垒如进口配额、许可证等相比,隐蔽地回避了分配不合理、歧视性等分歧。而且技术性贸易壁垒措施具有不确定性和可塑性,在具体实施和操作时,进口国可以针对出口国产品制定相应的技术标准,所以它具有实施灵活的特点。

(6) 争议性。由于技术性贸易壁垒涉及面非常广泛,有些还相当复杂,加上形式上的合法性和实施过程中的隐蔽性,容易引起争议,解决争议的时间也较长。

第四节　标准的必要性

我们的生活为什么需要标准?

一、标准的作用

(一) 标准使生活规范有序

"不以规矩,不能成方圆",出自《孟子》的这句名言精练地概括了标准的作用。规矩是人们立身处世和治国安邦的前提与基础,人们必须要遵守一定的准则和法度,社会和个人才能更好地发展与进步。因为人们活动的动机和目标往往不同,如果没有一个规矩来约束,各行其是,社会就会陷入无秩序的混乱。一个繁忙的十字路口,如果没有规矩引导交通,很快就会成为拥堵中心,有了规矩,交通就井然有序。标准的首要作用就是使日常生活规范有序。这个生活不仅包含衣、食、住、行、玩,还包含就医、学习、工作、交流等与生活有关的各个方面。

(二) 标准为生活保驾护航

从个人层面来讲,标准保护着个人的人身安全和财产安全。我们除了依据主观因素选择产品外,还会依据客观因素。客观因素最主要的就是产品质量,而产品质量又由产品标准来决定。标准是消费者维护自身权益的依据。因为标准是"契约"中的重要组成部分,当某商品在标签上标注了执行的标准,那么就表示该商品完全符合该标准,以及符合隐含的强制性标准。如果消费者发现商品不符合标准的其中某一项,则可依据标准行使消费者权利,维护消费者权益。

从企业层面来讲,标准是企业生产、经营、检验产品的行为准则,是企业生存、发展的重要技术基础,也是开放市场中不同资源之间合作的基础。标准也是推动技术进步的杠杆,是产品不被淘汰的保证,是企业抢占市场竞争制高点的手段。"得标准者得天下",标准决定着市场的控制权。谁的技术成为标准,谁制定的标准为世界所认同,谁就会获得巨大的市场和经济利益。以海尔为例,海尔自成立时就非常重视产品的标准,各项产品标准均高于国家标准,其中很多指标也优于世界先进国家标准,如冰箱外观,国家标准要求 1.5 m 以内看不出划痕,而海尔要求在 0.5 m 以内。海尔的成功证明标准是企业赢得市场竞争的法宝。企业只有遵循良好的标准进行生产经营活动,并不断推动标准化,其管理水平、技术水平、产品质量、竞争力才能提升,才能为员工提供结实、稳定、发展的工作空间,才能为购买者提供更优更强的产品或服务。

从国家和社会层面来讲,标准事关社会市场经济发展全局,是全面贯彻落实社会科学发展观的重要保障。科学发展的基本要求是全面、协调、可持续。要实现可持续发展,核心的问题是实现经济社会和人口、资源、环境的协调发展。只有执行严格的资源利用和环境保护标准,才能从源头促使企业节约资源、能源,减少和预防环境污染,实现经济持续健康发展,为社会全体人员提供和谐、绿色、可持续发展的社会生活。

从国际层面来讲,标准是世界沟通的桥梁,是走向国际市场的"通行证"。目前,世界上大约有 230 个国家和地区,人口总数近 80 亿。如果没有标准,人与人之间、国家与国家之间的沟通就会变得非常困难,无法构建人类命运共同体。正是因为有了标准,社会化大生产和全球贸易往来才成为可能,不同肤色的人们才可以共享全世界的产品和服务。当前,标准已经从工业领域逐步延伸到农业、服务业和社会事业等领域,特别是国际标准已向可持续发展、气候变化、碳足迹和水足迹、公共安全和反恐、反欺诈、反贿赂等领域发展,对全球经济、社会、技术、贸易产生着深刻影响,日益成为构建可靠、互信的世界的有效工具。

1947 年,ISO 正式成立,其宗旨就是促进商品和服务的国际交换。目前,ISO 已经拥有 167 个成员,其经济总量占全世界的 98%。ISO、IEC、ITU 等国际组织已经成为世界各国高度关注、积极参与的"技术联合国"。随着国际贸易的发展,WTO 通过签署 TBT 协定等方式,使技术标准成为各成员国的共同行为准则。今天,以标准统一市场规则、促进公平竞争,已经成为普遍共识。

以 ISO 标准为例,其对象涵盖了与人类活动息息相关的方方面面,包括产品制造、流程管理、服务或材料的提供等。从穿的鞋子到将人类无形地连在一起的 Wi-Fi 网络,都可以找到与之相关的 ISO 标准,可以说,ISO 标准是描述最佳做事方法的公式,它们为优化管理、保证产品安全、提高服务质量、降低生产和交易的成本提供了重要的技术基础和技术规则。

下面介绍 4 个在世界上广泛使用的 ISO 标准。

1. 《质量管理体系　要求》(ISO 9001:2015)(Quality management systems — Requirements)

这类标准可以被任何组织采用,无论大小,无论其活动领域如何。当今世界上,有 170 多个国家的 100 多万家公司和组织通过了 ISO 9001 认证。

2. 《书写纸和某些类别印刷品　裁切尺寸 A 和 B 系列以及机器方向指示》(ISO 216:2007)(Writing paper and certain classes of printed matter — Trimmed sizes — A and B series, and indication of machine direction)

这项标准定义的裁切尺寸被统称为 A4(图 2-2)、B5 等,大量用于成品纸张、书刊幅面、卡片、信封的规格上。在世界范围内使用统一的纸张尺寸大大提高了生产和生活的便利性。

3. 《国家及其分支机构名称表示代码　第 1 部分:国家代码》(ISO 3166—1:2020)(Codes for the representation of names of countries and their subdivisions — Part 1: Country code)

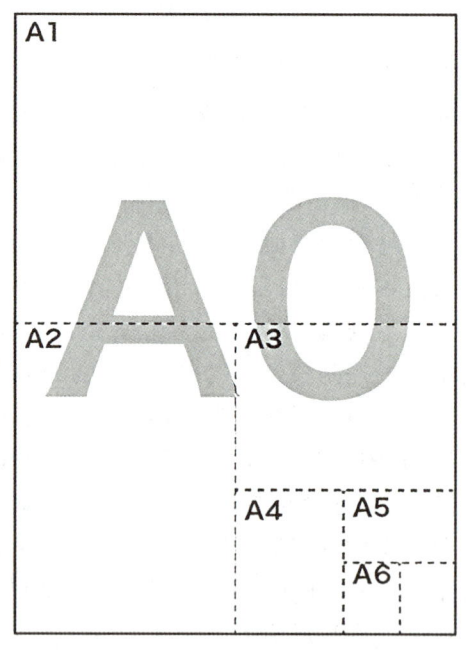

图 2-2　A 号纸对折示意图

这项标准定义了用于代表国家和境外领土的地理代码(表 2-1)。代码是由字母或数字组成的短字串,方便用于数据处理和通信。

表 2-1 部分国家代码一览表

国家	缩写	数字代码	国家	缩写	数字代码
中国	CN	86	俄罗斯	RU	7
法国	FR	33	英国	GB	44
日本	JP	81	美国	US	1

4.《系列 1 货运集装箱　分类、尺寸和额定值》(ISO 668：2020)(Series 1 freight containers — Classification, dimensions and ratings)

这项标准确定了用于洲际运输的集装箱的分类、等级和尺寸，为有效地开展国际集装箱多式联运提供了技术支撑。

二、标准化的作用

(一) 标准化促成最初人类社会秩序的建立

从远古开始，人类在社会实践中逐渐建立和采用了一些约定俗成的规范，这些处于原始萌芽状态的标准化活动促成了人类社会秩序的建立，加快了生产力水平的提高。

(二) 标准化为科学管理和现代化管理奠定了基础

科学管理的创始人泰勒认为标准化是实现科学管理的基础，他把"使所有专用工具、设备以及工人做各种工作时的每一个操作都达到标准化"列为科学管理四大原理的首要原理。科学管理同标准化的关系始终密不可分。标准为管理提供目标和依据，通过开展管理标准化，使管理工作规范化、程序化、科学化和自动化。标准化使企业管理系统与企业外部约束条件相协调，不仅有利于企业解决原材料、配套产品、外购件等的供应问题，而且可以使企业具有适应市场变化的应变能力，并为企业创造了横向联合的条件。

(三) 标准化促进经济全面发展

标准化应用于科学研究，可以避免在研究上的重复劳动；应用于产品设计，可以缩短设计周期；应用于生产，可使生产在科学、有秩序的基础上进行；应用于管理，能够促使管理工作高效化、计划化和现代化。行业组织(如行业协会、学会等)的主要职能之一就是协调各企业之间的技术标准和管理标准，使零配件、产品彼此通用。行业组织的标准化能力越强，其制定的标准影响力也就越强，越容易形成行业外部市场优势，并给行业内企业带来共同利益。

(四) 标准化是科研、生产、使用三者之间的桥梁

科技成果转化成有市场竞争力的商品，须经过标准化过程。当科技成果转化为批量生产所涉及的原材料、零部件的尺寸规格特性、装配工艺、制造程序、检测指标和方法、检测仪器等标准化文件，各个生产环节的工作人员才能按标准和程序批量生产出与科技成果一样的产品。因此，把科技成果转化为生产力，并将产品推向消费者，是通过一系列的标准化活动完成和实现的，标准化是将科技优势转化成市场竞争力优势的桥梁和纽带。一项科研成果一旦纳入相应标准，就能迅速得到推广和应用，通过标准化促进技术进步。

（五）标准化为组织现代化生产创造了前提条件

随着科学技术的发展，生产社会化程度越来越高，生产规模越来越大，技术要求越来越复杂，分工越来越精细，生产协作越来越广泛，这就必须通过制定和使用标准，来保证各生产部门的活动在技术上保持高度统一和协调，以使生产正常进行。供应链上下游企业间的合作体现在生产层面上的原材料、零配件的流动或交换，使交换成为可能的基础是标准的一致性。

（六）标准化促进社会和谐和可持续发展

在激烈的市场竞争中，要赢得顾客的满意，靠的是产品质量，企业只有以产品标准为依据，通过标准化不断地推出新产品、降低成本、将产品更新换代，才能使自身始终处于可持续发展的良好状态。在各行各业推行标准化，可提高整体质量水平，保证经济的健康发展。同时，标准化还在行政管理、资源节约和综合利用、维护社会秩序、保障社会公平正义等方面不可或缺。国家通过标准化使企业和个人合理利用自然资源，保持生态平衡，从而维护人类社会当前和长远的利益。

（七）标准化维护消费者权益及其身体健康、生命安全

通过标准化生产的产品，质量安全可控制、有保障、能溯源，经得起消费者的检验，对得起消费者的信赖。大量的环保标准、卫生标准和安全标准由国家强制力保证实施，这对保障人民的身体健康和生命财产安全具有重大作用。

我们的生活为什么需要标准？习近平主席在致第39届国际标准化组织大会的贺信中对标准的阐述很好地回答了这个问题：标准是人类文明进步的成果；标准助推创新发展，标准引领时代进步，标准已成为世界"通用语言"。习近平主席还提出："中国将积极实施标准化战略，以标准助力创新发展、协调发展、绿色发展、开放发展、共享发展。"这意味着在未来的发展中，标准和标准化将更加有效推进国家综合竞争力提升，促进经济社会高质量发展，在构建新发展格局中发挥更大作用。

知识点考核

一、单选题

1. 市场行为的客体是商品，主要靠（　　）来规范。
   A. 技术标准　　　　B. 服务标准　　　　C. 产品质量　　　　D. 市场行为
2. 技术性贸易壁垒的主要表现形式有技术法规、（　　）和合格评定程序。
   A. 强制性标准　　　B. 推荐性标准　　　C. 标准　　　　　　D. 产品标准
3. 被人们称为"科学管理之父"的是（　　）。
   A. 英国的布拉马　　　　　　　　　B. 美国的泰勒
   C. 美国的福特　　　　　　　　　　D. 美国的惠特尼

二、多选题

1. 标准化的作用有（　　）。
   A. 组织现代化大生产的必要条件　　B. 科学管理的基础

  C. 扩大市场的必要手段   D. 推动贸易发展的桥梁和纽带
2. 标准与技术之间的关系（　　）。
  A. 标准推动技术进步   B. 标准促进技术的推广和传承
  C. 标准代表技术创新优势   D. 标准在一定程度上限制了技术创新
3. 标准对国际贸易的消极影响表现在（　　）。
  A. 标准是规范国际贸易的基本工具
  B. 标准的一致性有利于消除国家之间的贸易壁垒，进而产生贸易促进效应
  C. 标准作为一种战略工具被有意用来限制竞争对手，从而使得标准的好处不能在国际贸易间同等共享
  D. 标准造成产品多样性的减少，限制了消费者选择，进而不利于贸易的发展
4. 到 2035 年我国标准化发展的目标是（　　）。
  A. 结构优化、先进合理、国际兼容的标准体系更加健全
  B. 具有中国特色的标准化管理体制更加完善
  C. 市场驱动、政府引导、企业为主、社会参与、开放融合的标准化工作格局全面形成
  D. 深化标准化国际交流合作，强化贸易便利化标准支撑，推动国内国际标准化协同发展

三、判断题

1. 标准是公开、透明、协调一致的，涉及的技术是无偿使用的。（　　）
2. ISO 强制各成员国实施 ISO 标准，以推动全球贸易。（　　）
3. 现代化大生产的两个显著特点是以先进的科学技术为基础和生产的高度社会化。（　　）
4. 标准化在推进国家治理体系和治理能力现代化中发挥着基础性、引领性作用。（　　）
5. 标准化是科研、生产、使用三者之间的桥梁。（　　）

专题三

标准化与饮食

知识目标

1. 了解我国食品安全标准体系。
2. 掌握预包装食品标签标准的主要内容。
3. 掌握食品营养标签的标准的主要内容。
4. 掌握查看食品标签和营养标签的方法。
5. 了解食品添加剂的使用标准规定。
6. 了解食品包装标准的主要作用。

技能目标

1. 能解读预包装食品包装标签和营养标签。
2. 能解读食品包装标签配料表。
3. 能在选购食品时查看食品包装材料。
4. 能将标准知识运用到生活中。

素质目标

1. 树立安全意识。
2. 利用标准提高生活技能,提高生活品质。
3. 培养遵纪守法合标准的习惯。

第一节　食品安全和标准

一、食品安全问题

党的二十大报告明确提出,要"推进健康中国建设",坚决践行"人民至上、生命至上"的发展思想,最大限度保护人民生命安全和身体健康。而食品安全是保护人民生命安全和身体健康的最基本条件,为筑牢食品安全防线,须标准先行。

《中华人民共和国食品安全法》第十章附则第一百五十条规定:"本法下列用语的含义:食品,指各种供人食用或者饮用的成品和原料以及按照传统既是食品又是中药材的物品,但是不包括以治疗为目的的物品。食品安全,指食品无毒、无害,符合应当有的营养要求,对人体健康不造成任何急性、亚急性或者慢性危害。"

食品安全涉及多个环节,以农产品为例,影响其安全的环节包括种植环节(含农田种植和农产品生产)、加工环节和流通环节,经过这些环节的食品最后才被送到餐桌,其中任何一个环节出了问题,都会造成食品安全事故,如图 3-1 所示。

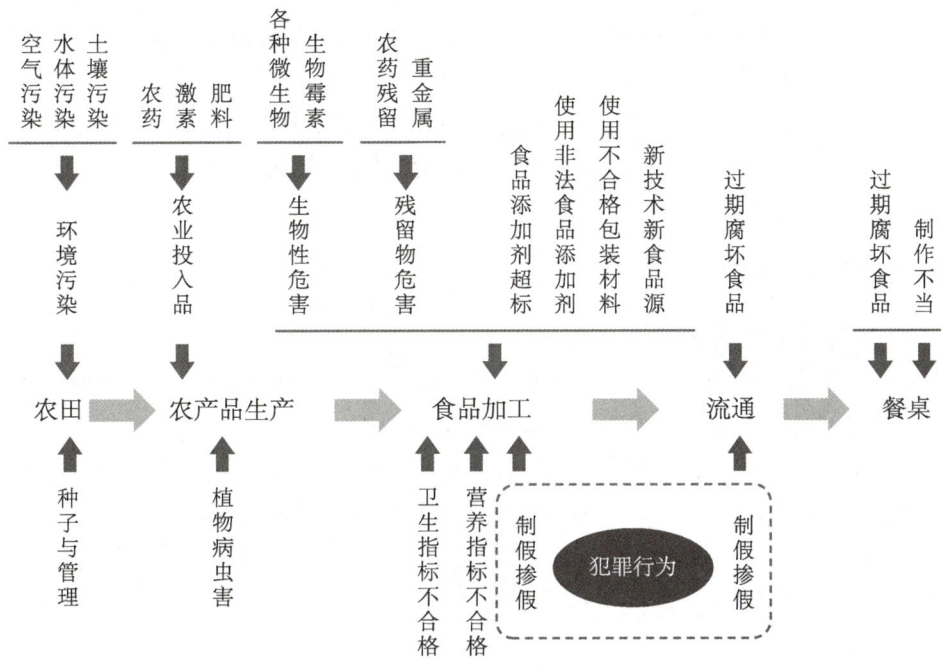

图 3-1　农产品安全问题产生的原因

食品安全关系到人民群众的切身利益。近年来,我国出现了一些食品安全事故,例如:2023 年,安徽一家米业往本地普通大米里添加各种香精,冒充泰国香米销往市场;2023 年 3 月 15 日,大连金普新区管理委员会通报,大连中科海产品加工的"黄金鲍"被检测出了硼酸成分;2022 年,江西南昌双汇食品有限公司被曝出公司生产车间里,工作服发黑发臭,消毒环节形同虚设；2021年，河北省青县一些养殖户在养羊的过程中，违规在饲料中添加了瘦肉精，这些问题羊肉，被偷偷销往全国各地……每年央视的"3·15"晚会总会曝光许多食品安全问题，引起人们一次又一次对食品安全的高度关注。

2022年3月15日，为多家知名企业代加工酸菜制品的湖南省华容县插旗菜业，被曝光用于内销的号称"老坛工艺、足时发酵"的酸菜，是从村子里收来的"土坑酸菜"，还被工人吐痰、扔烟头、用脚踩，接受这种酸菜供应的企业包括方便面行业的两大龙头：统一和康师傅。

这个事件暴露出令人难以置信的现象：食品生产环节肮脏龌龊，"老坛"变"土坑"，发酵变"赤足"，落地直接装袋，超标的防腐剂……简直触目惊心。更令消费者感到不满的是，酸菜生产标准也有严重"双标"，加工出口产品的酸菜是在标准化腌制池里腌制的，符合相关卫生标准；而老坛酸菜包里的酸菜则是从外面收购来的"土坑酸菜"，并未经过卫生检测。"土坑酸菜"坑害的不仅是消费者的利益，还打击了消费者的信心。

总结起来，问题出在以下3个方面：一是监管力度不够。据媒体报道，湖南华容县当地酸菜行业年产值高达50亿元。这么重要的支柱行业，有关部门对食品安全和环保的监管流于形式。每个土坑宽2 m左右，长5~7 m，数量如此之多的土坑，只要监管"走心"，应该是不难发现的。二是违法成本过低。据知情人士透露，酸菜加工企业之所以对出口产品和内销产品采用不同的制作工艺，是因为国外对食品安全问题的处罚力度很大，罚款动辄数十万，而国内的惩处力度顶多几千元了事。面对巨大的利益诱惑和轻描淡写的处罚，部分企业选择铤而走险。三是企业漠视产品质量。缺乏对产品品质慎终如始的把控，没有对国内外消费群体一视同仁，不拼质量拼产量，放弃良心牟暴利。

"土坑酸菜"警示我们，责任缺失必会质量失守。"食品安全大于天"，各方面要齐抓共管、形成合力，严格执行相关食品安全法律法规和食品安全标准，不断筑牢食品安全防线，才能守护"舌尖上的安全"。

二、食品安全标准

（一）我国食品安全标准

食品安全标准是我国唯一强制执行的食品标准，是保障食品安全、促进行业发展和保障公平贸易的重要手段，是食品安全监管重要的技术依据。

国家卫生健康委员会按照《中华人民共和国食品安全法》赋予的法定职能，依法管理食品安全国家标准的工作。截至2022年，我国共发布了食品安全国家标准1 419项，包括通用标准、产品标准、生产经营规范和检验方法四大类标准，这四类标准有机衔接、相辅相成，从不同角度管控不同的食品安全风险，能够涵盖我国居民消费的主要食品类别和主要的健康危害因素。

根据《中华人民共和国食品安全法》第二十六条规定，食品安全标准应当包括下列内容：

（1）食品、食品添加剂、食品相关产品中的致病性微生物，农药残留、兽药残留、生物毒素、重金属等污染物质以及其他危害人体健康物质的限量规定；

（2）食品添加剂的品种、使用范围、用量；

（3）专供婴幼儿和其他特定人群的主辅食品的营养成分要求；

（4）对与卫生、营养等食品安全要求有关的标签、标志、说明书的要求；

(5) 食品生产经营过程的卫生要求；

(6) 与食品安全有关的质量要求；

(7) 与食品安全有关的食品检验方法与规程；

(8) 其他需要制定为食品安全标准的内容。

(二) 食品安全国家标准分类

1. 通用标准

通用标准对具有一般性和普遍性的食品安全危害和措施进行了规定，涉及的食品类别多、范围广，标准的通用性较强。通用标准包括食品中致病性微生物、农药残留、兽药残留、重金属、污染物、真菌毒素等的限量规定，食品添加剂、食品相关产品添加剂的使用标准，以及标签标识等的规定。以下列举几项食品通用标准：

(1)《食品安全国家标准　食品添加剂使用标准》(GB 2760—2014)；

(2)《食品安全国家标准　食品中真菌毒素限量》(GB 2761—2017)；

(3)《食品安全国家标准　食品中污染物限量》(GB 2762—2017)；

(4)《食品安全国家标准　食品中农药最大残留限量》(GB 2763—2021)；

(5)《食品安全国家标准　预包装食品标签通则》(GB 7718—2011)；

(6)《食品安全国家标准　食品营养强化剂使用标准》(GB 14880—2012)；

(7)《食品安全国家标准　预包装食品营养标签通则》(GB 28050—2011)；

(8)《食品安全国家标准　预包装食品中致病菌限量》(GB 29921—2021)。

2. 产品标准

产品标准包括乳制品、肉制品、水产品、饮料等食品的产品标准，各种食品添加剂质量规格标准以及各类食品包装材料、洗涤剂和消毒剂标准。若这些标准涉及通用标准已经规定的内容，就引用通用标准。由于部分产品有其特殊性，可能存在其他风险，就须在相应产品标准中制定相应的指标、限量（或措施）和其他必要的技术要求等。以下列举几项食品产品标准：

(1)《食品安全国家标准　熟肉制品》(GB 2726—2016)；

(2)《食品安全国家标准　鲜、冻动物性水产品》(GB 2733—2015)；

(3)《食品安全国家标准　饼干》(GB 7100—2015)；

(4)《食品安全国家标准　饮料》(GB 7101—2022)；

(5)《食品安全国家标准　发酵乳》(GB 19302—2010)。

3. 生产经营规范

生产经营规范对食品生产和经营过程中的卫生和食品安全内容进行规定，主要包括企业的设计与设施的卫生要求、机构与人员要求、生产过程管理以及产品的追溯和召回要求等。以下列举几项食品生产经营规范：

(1)《食品安全国家标准　乳制品良好生产规范》(GB 12693—2010)；

(2)《食品安全国家标准　食品生产通用卫生规范》(GB 14881—2013)；

(3)《食品安全国家标准　速冻食品生产和经营卫生规范》(GB 31646—2018)；

(4)《食品安全国家标准　膨化食品生产卫生规范》(GB 17404—2016)。

4. 检验方法

检验方法规定了理化检验、微生物学检验和毒理学检验规程的内容,其中理化检验方法和微生物学检验方法主要与通用标准、产品标准的各项指标相配套,服务于食品安全监管和食品生产经营者的自我管理需要。检验方法一般规定各项限量指标检验所使用的方法及其基本原理、仪器和设备以及相应的规格要求、操作步骤、结果判定和报告内容等。以下列举几项食品检验方法:

(1)《食品安全国家标准　食品微生物学检验　菌落总数测定》(GB 4789.2—2022);

(2)《食品安全国家标准　食品微生物学检验　大肠菌群计数》(GB 4789.3—2016);

(3)《食品安全国家标准　食品微生物学检验　霉菌和酵母计数》(GB 4789.15—2016);

(4)《食品安全国家标准　食品微生物学检验　商业无菌检验》(GB 4789.26—2013)。

食品安全关系重大,食品生产经营者应当依照法律法规和食品安全标准从事生产经营活动,建立健全食品安全管理制度,采取有效管理措施,保证食品安全。食品生产经营者要承担社会责任,对其生产经营的食品安全负责,对社会和公众负责。

(三)国际食品法典标准

国际食品法典委员会(Codex Alimentarius Commission,CAC)是联合国粮食及农业组织(Food and Agriculture Organization of the United Nations,FAO)和世界卫生组织(World Health Organization,WHO)为推动食品标准计划,于1963年设立的政府间国际机构,已有逾170个成员国家和地区加入该机构,其宗旨是推动各国政府和非政府机构间食品标准化领域的合作。

国际食品法典标准(CAC食品标准)是一套食品质量安全的国际标准、食品加工规范和准则,旨在保护消费者的健康并消除国际贸易中的不平等行为。CAC食品标准汇集了国际上已采用的全部食品标准,包括向消费者销售的加工、半加工食品或食品原料的标准,食品卫生、食品添加剂、残留、污染物、标签及说明、采样与分析方法等方面的通用条款及准则以及食品加工的卫生规范和其他推荐性措施等指导性条款。

CAC食品标准分为通用标准和商品标准两大部分,关于食品卫生安全的内容主要在通用标准部分,包括食品添加剂的使用、污染物限量、食品卫生(食品的微生物污染及其控制)、食品的农药与兽药残留、食品进出口检验和出证系统以及食品标签。而CAC商品标准准则主要规定了食品非安全性的质量要求。全部CAC食品标准构成CAC食品标准体系,又称CAC农产品加工标准体系。

CAC食品标准是供各成员国制定食品相关国家标准时参考或采纳的国际标准,也是在发生食品国际贸易纠纷时供相关国家或国际组织进行协商和仲裁的国际标准。由于CAC作为联合国政府间组织的特殊地位,以及CAC食品标准在世界贸易组织事务中所具有的特殊作用,采用CAC标准显得更为重要。CAC食品标准的采用不仅是一个提高我国相关标准科学性、先进性的问题,还涉及我国如何行使和履行WTO成员有关权利与义务,加速我国食品卫生标准建设的复杂问题。

我国食品安全标准体系与CAC食品标准体系相比还存在一定差距,但通过不断完善,现在正在与国际接轨。以食品中污染物限量标准为例,我国食品标准与 CAC 食品标准项目和指标值的符合率超过 70%。总体上讲,我国正按照《中华人民共和国食品安全法》要求,逐步完善食品标准,形成统一的食品安全标准体系,以使其更符合 CAC 食品标准。

(四) 出口、内销双重标准

"土坑酸菜"事件中,出口和内销的酸菜卫生标准不一致,引起消费者的极大关注,难道真的是"出口产品标准高,内销就是随便搞"或者"我国食品安全标准内外有别,国内标准比国外标准宽松"? 其实,这种说法既不全面也不准确。插旗菜业的行为并不是标准的指标问题,而是标准的执行问题,以及执法惩处力度不够的问题。

【案例一】 酱油"双标"。

2022 年 9 月中旬,某网红博主发布了一个视频,在其中展示了使用多种食品添加剂自制酱油的过程。视频发布后不久,有网友发现海天旗下酱油品牌配料表中含有视频中提到的添加剂,一时间海天酱油被推上风口浪尖。接着又有网友爆料称,海天酱油在国外的产品配料表中只有水、大豆、小麦、食盐等天然原料,并没有食品添加剂,而在国内售卖的产品中却含有多种食品添加剂,被质疑国内外"双标"。

【案例二】 冰淇淋"双标"。

2021 年 8 月,国外知名冰淇淋品牌——梦龙上了热搜。事由是某网友发微博称梦龙冰淇淋"双标",梦龙在欧洲市场销售的冰淇淋产品主要原料是牛奶,而国内产品的主要原料却是水及少量的奶粉。对比梦龙中国和欧洲产品的配料表发现,排除不同地区标注成分的差异性,如果按照中国的法规对梦龙欧洲产品成分进行标注,从含量高低来看,椰子油的排名在浓缩脱脂乳之后,而梦龙中国产品中的奶粉则排在植物油即椰子油之后。也就是说,国内版梦龙冰淇淋的主要原料为水和植物油,而欧洲版的主要原料是牛奶。另外,专家表示,植脂的价格相对乳脂更便宜。

食品安全是国际上普遍关注的问题。为保护消费者健康,各国根据食品安全风险评估结果、食品消费及膳食结构的不同和生产经营实际情况,制定了具体的食品安全标准。企业根据市场竞争或为了树立企业形象,可以制定严于国家标准的企业标准和管理制度,国家鼓励企业进行这方面的行动。因此,各国(或地区、企业)食品安全标准限值不同是客观存在并将长期存在的。

不同国家或地区的食品安全标准会受技术、政策等多方因素的影响,在指标种类和数值上各有侧重,例如,在国外允许使用的莱克多巴胺、过氧化苯甲酰等物质,在我国属于禁止使用品种,而有些在国内允许使用的物质,在国外就禁止使用。

以蓝莓为例,其食品安全风险主要在于农药残留,我国执行的是《食品安全国家标准 食品中农药最大残留量》(GB 2763—2021),该标准与 CAC 食品标准、欧盟食品标准存在诸多不同。

首先是农药残留限量的总数不同。CAC 食品标准中规定了蓝莓中残留限量的农药总数有 20 种、欧盟食品标准中规定了蓝莓中残留限量的农药总数有 441 种,我国国标中规定了蓝莓中残留限量的农药有 81 种。

其次是农药残留的限量值有差异。我国国标规定了草莓中，最高残留量比 CAC 食品标准更严格的农药有 1 种，其余均相近或一致；比欧盟食品标准更严格的农药有 10 种，更宽松的农药有 37 种，一致的农药有 15 种。

总体来说，我国关于蓝莓的国家标准比 CAC 食品标准严格，但与欧盟食品标准相比，无论是农药数量还是每种残留农药的限量值上，国家标准都不够严格。因此，执行国家标准的蓝莓可以顺利出口到执行 CAC 食品标准的国家与地区，但企业需按照欧盟食品标准升级生产技术才能打入欧洲市场。

再以出口月饼为例，美国规定蛋黄必须是月饼中唯一的动物成分，不能有其他肉的成分，而澳大利亚规定月饼中不能含有蛋、肉馅，这显然与国内销售的月饼标准要求不同，如果出口企业想顺利进入美国、澳大利亚，就不得不按照目的国的标准要求执行。

国内标准要求低于国外标准的情况，也为我国国内处理质量事件带来了难题。例如，2012 年 4 月，绿色和平组织（Greenpeace）发布了《2012 年"立顿"茶叶农药调查报告》，报告中称，立顿品牌公司在中国销售的红茶、绿茶、茉莉花茶和铁观音袋泡茶，被检出 17 种农药残留。报告显示，农药残留量虽然符合中国国家标准，但其中 7 种未被欧盟批准使用，1 种超过欧盟食品标准限值。然而，联合利华方面回应称："我们生产的立顿茶系列饮品完全符合中国国家标准中关于农药残留的规定，是安全和合格的产品。"

为了推动出口和内销标准统一，2016 年，国家质量监督检验检疫总局（现国家市场监督管理总局）、国家认证认可监督委员会率先在出口食品企业启动了内外销产品的"三同"工程，"三同"指"同线同标同质"。

"同线"指出口和内销食品农产品在同一生产链条，即经过相同的种植基地或养殖基地和相同的食品加工线生产加工。

"同标"指出口企业的质量安全管理体系和生产加工过程的法规和标准遵循"就高不就低"的原则。

"同质"指供应国内市场和供应国际市场的产品达到相同的质量水准。

国家质量监督检验检疫总局（现国家市场监督管理总局）、国家认证认可监督委员会还上线了公共信息服务平台，号召符合条件的企业积极参与，提高国内消费品的供给质量。

第二节 食 品 标 签

一、食品标签的内容

食品标签是指预包装食品容器上的文字、图形、符号及一切说明物。预包装食品是指预先定量包装或者制作在包装材料和容器中的食品，例如白酒、奶粉、盒装酸奶、袋装大米等。

食品标签上，品名、配料表、净含量和规格、厂商名称、地址和联系方式、生产日期和保质期、贮存条件、产品标准号、食品生产许可证及编号、营养标签等都是国家标准强制要求标示的内容，如图 3-2 所示。

图 3-2 食品标签

食品标签的所有内容,不得以错误的、引起误解的或欺骗性的方式描述或介绍食品,也不得使用直接或暗示性的语言、图形、符号误导消费者将食品或食品的某一性质与另一产品混淆。此外,根据规定,食品标签不得与包装容器分开;食品标签的一切内容不得在流通环节中变得模糊甚至脱落,食品标签的所有内容必须通俗易懂、准确、科学。食品关系着消费者食用安全和身体健康,食品标签是向消费者传递正确信息和依法保护消费者合法权益的重要途径。

二、预包装食品标签通则

《食品安全国家标准 预包装食品标签通则》(GB 7718—2011)对于食品标签的基本要求如下。

(一)应符合法律、法规的规定,并符合相应食品安全的规定。

(二)应清晰、醒目、持久,应使消费者购买时易于辨认和识读。

(三)应通俗易懂、有科学依据,不得标示封建迷信、色情、贬低其他食品或违背营养科学常识的内容。

(四)应真实、准确,不得以虚假、夸大、使消费者误解或欺骗性的文字、图形等方式介绍食品,也不得利用字号大小或色差误导消费者。

(五)不应直接或以暗示性的语言、图形、符号,误导消费者将购买的食品或食品的某一性质与另一产品混淆。

(六)不应标注或者暗示具有预防、治疗疾病作用的内容,非保健食品不得明示或者暗示具有保健作用。

(七)不应与食品或者其包装物(容器)分离。

(八)应使用规范的汉字(商标除外)。具有装饰作用的各种艺术字,应书写正确,易于辨认。

1. 可以同时使用拼音或少数民族文字，拼音不得大于相应汉字。

2. 可以同时使用外文，但应与中文有对应关系（商标、进口食品的制造者和地址、国外经销者的名称和地址、网址除外）。所有外文不得大于相应的汉字（商标除外）。

（九）预包装食品包装物或包装容器最大表面面积大于 35 cm² 时，强制标示内容的文字、符号、数字的高度不得小于 1.8 mm。

（十）一个销售单元的包装中含有不同品种、多个独立包装可单独销售的食品，每件独立包装的食品标识应当分别标注。

（十一）若外包装易于开启识别或透过外包装物能清晰地识别内包装物（容器）上的所有强制标示内容或部分强制标示内容，可不在外包装物上重复标示相应的内容；否则应在外包装物上按要求标示所有强制标示内容。

对于进口的预包装食品，其标签必须体现的信息包括食品名称、配料表、配料的定量标示、净含量和规格、日期标示、贮存条件、原产国国名或地区区名以及在中国依法登记注册的代理商、进口商或经销商的名称、地址和联系方式，某进口红葡萄酒的食品标签如图 3-3 所示。进口的食品、食品添加剂应当符合中国食品安全国家标准。凡是进口的食品、食品添加剂须由出入境检验检疫机构，依照中国的食品安全国家标准进行检验。

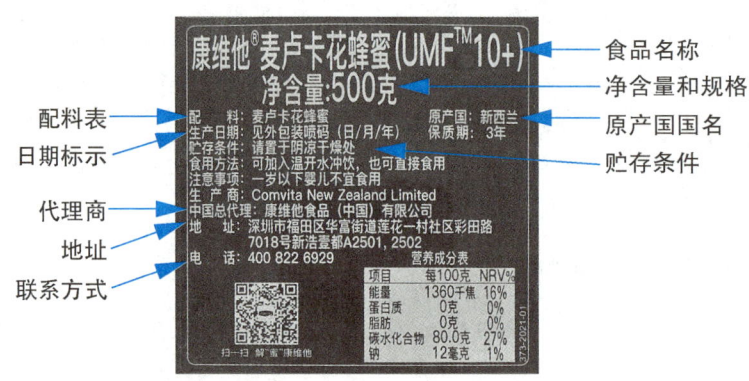

图 3-3 进口食品标签

三、预包装食品营养标签通则

营养标签是指预包装食品标签上向消费者提供食品营养信息和特性的说明，包括营养成分表、营养声称和营养成分功能声称。营养标签是预包装食品标签的一部分。

《食品安全国家标准 预包装食品营养标签通则》（GB 28050—2011）对营养标签的基本要求如下。

（一）预包装食品营养标签标示的任何营养信息，应真实、客观，不得标示虚假信息，不得夸大产品的营养作用或其他作用。

（二）预包装食品营养标签应使用中文。如同时使用外文标示的，其内容应当与中文相对应，外文字号不得大于中文字号。

(三)营养成分表应以一个"方框表"的形式表示(特殊情况除外),方框可为任意尺寸,并与包装的基线垂直,表题为"营养成分表"。

(四)食品营养成分含量应以具体数值标示,数值可通过原料计算或产品检测获得。各营养成分的营养素参考值(NRV)见附录 A.1(注:即图 3-4)。

(五)营养标签的格式见附录 B(注:即图 3-5),食品企业可根据食品的营养特性、包装面积的大小和形状等因素选择使用其中的一种格式。

(六)营养标签应标在向消费者提供的最小销售单元的包装上。

GB 28050—2011 附录 A.1 中列出了规定的能量和 32 种营养成分参考数值,如图 3-4 所示。

A.1 食品标签营养素参考值(NRV)

规定的能量和 32 种营养成分参考数值如表 A.1 所示。

表 A.1 营养素参考值(NRV)

营养成分	NRV	营养成分	NRV
能量[a]	8 400 kJ	叶酸	400 μg DFE
蛋白质	60 g	泛酸	5 mg
脂肪	≤60 g	生物素	30 μg
饱和脂肪酸	≤20 g	胆碱	450 mg
胆固醇	≤300 mg	钙	800 mg
碳水化合物	300 g	磷	700 mg
膳食纤维	25 g	钾	2 000 mg
维生素 A	800 μg RE	钠	2 000 mg
维生素 D	5 μg	镁	300 mg
维生素 E	14 mg α-TE	铁	15 mg
维生素 K	80 μg	锌	15 mg
维生素 B_1	1.4 mg	碘	150 μg
维生素 B_2	1.4 mg	硒	50 μg
维生素 B_6	1.4 mg	铜	1.5 mg
维生素 B_{12}	2.4 μg	氟	1 mg
维生素 C	100 mg	锰	3 mg
烟酸	14 mg		

[a] 能量相当于 2 000 kcal;蛋白质、脂肪、碳水化合物供能分别占总能量的 13%、27% 与 60%。

图 3-4 GB 28050—2011 附录 A.1 营养素参考值表

GB 28050—2011 附录 B 列出了 6 种营养标签的格式,使用时可选其一,如图 3-5 所示。

示例 1：

营养成分表

项目	每 100 克(g)或 100 毫升(mL)或每份	营养素参考值%或 NRV%	项目	每 100 克(g)或 100 毫升(mL)或每份	营养素参考值%或 NRV%
能量	千焦(kJ)	%	碳水化合物	克(g)	%
蛋白质	克(g)	%	钠	毫克(mg)	%
脂肪	克(g)	%			

示例 2：

营养成分表

项目	每 100 克(g)或 100 毫升(mL)或每份	营养素参考值%或 NRV%	项目	每 100 克(g)或 100 毫升(mL)或每份	营养素参考值%或 NRV%
能量	千焦(kJ)	%	——糖	克(g)	
蛋白质	克(g)	%	膳食纤维	克(g)	%
脂肪	克(g)	%	钠	毫克(mg)	%
——饱和脂肪	克(g)	%	维生素 A	微克视黄醇当量(μg RE)	%
胆固醇	毫克(mg)	%	钙	毫克(mg)	%
碳水化合物	克(g)	%			

注：核心营养素应采取适当形式使其醒目。

示例 3：

营养成分表 nutrition information

项目/Items	每 100 克(g)或 100 毫升(mL)或每份 per 100 g/100 mL or per serving	营养素参考值%或 NRV%	项目	每 100 克(g)或 100 毫升(mL)或每份	营养素参考值%或 NRV%
能量/energy	千焦(kJ)	%	碳水化合物/carbohydrate	克(g)	%
蛋白质/protein	克(g)	%	钠/sodium	毫克(mg)	%
脂肪/fat	克(g)	%			

示例 4：

营养成分表

项目	每 100 克(g)/毫升(mL)或每份	营养素参考值%或 NRV%	项目	每 100 克(g)/毫升(mL)或每份	营养素参考值%或 NRV%
能量	千焦(kJ)	%	蛋白质	克(g)	%
碳水化合物	克(g)	%	脂肪	克(g)	%
钠	毫克(mg)	%	—		%

注：根据包装特点，可将营养成分从左到右横向排开，分为两列或两列以上进行标示。

示例 5：

营养成分/100 g：能量××kJ,蛋白质××g,脂肪××g,碳水化合物××g,钠××mg。

示例 6：

营养成分表

项目	每 100 克(g)或 100 毫升(mL)或每份	营养素参考值%或 NRV%	项目	每 100 克(g)或 100 毫升(mL)或每份	营养素参考值%或 NRV%
能量	千焦(kJ)	%	碳水化合物	克(g)	%
蛋白质	克(g)	%	钠	毫克(mg)	%
脂肪	克(g)	%			

图 3-5　GB 28050—2011 附录 B 营养标签格式

四、认识食品标签

你会看食品标签吗？

（一）查看食品标签的方法

食品标签上有许多信息，对于具体的食品商品，我们在查看标签时，应注意以下几点：

(1) 食品名称应清晰地标示反映食品真实属性的专用名称，例如绿豆糕；
(2) 各种配料是按照配料加入量的递减顺序进行排列的；
(3) 生产日期、保质期以及保质条件，其标示不得另外加贴、补印或篡改；
(4) 营养成分通过营养成分表显示；
(5) 经销商/生产商名称、电话号码及地址；
(6) 净含量和规格；
(7) "QS"标志或"企业食品生产许可证编号"。

图 3-6 给出了对食品商品标签的解读。

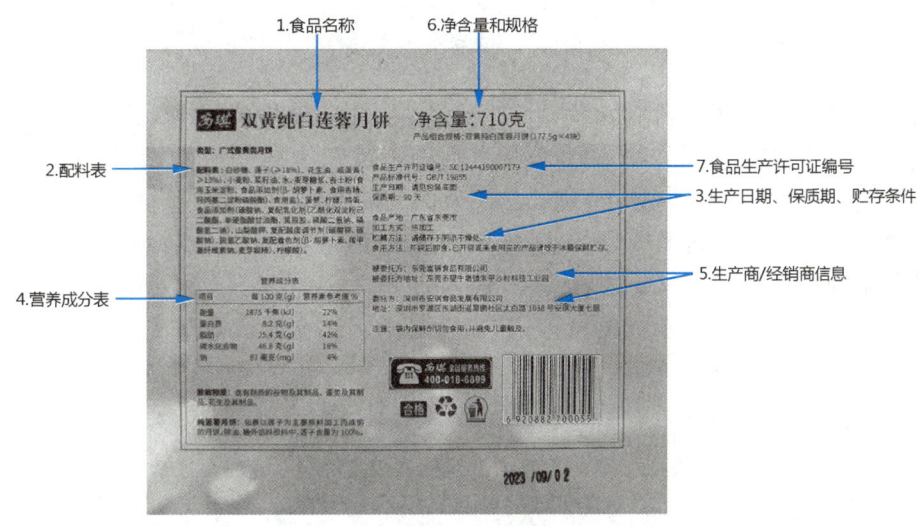

图 3-6　食品商品的标签解读示例

（二）查看营养标签的方法

你会看营养标签吗？

营养标签是食品标签的一部分，主要作用是向消费者提供食品营养信息和特性的说明。它包括 3 个部分：营养成分表、营养声称和营养成分功能声称。示例如图 3-7 所示。

营养声称是对食品营养特性的描述和声明，如能量水平、蛋白质含量水平。营养声称包括含量声称和比较声称。含量声称是描述食品中能量或营养成分含量水平的声称。含量声称用语包括"含有""高""低"或"无"等。如图 3-7 中第一行"×××牌高钙饼干"即为含量声称。含量声称中的"高"或"低"不是与同类产品该营养成分所含比例的比较，而是与标准值的比较。如图 3-7 中的"高钙"营养声称，标准规定含钙量达到 30% NRV 才可以这么标示。比较声称是与消费者熟知的同类食品的营养成分含量或能量值进行比较以后的声称。比较声称用语包括"增加"或"减少"等。

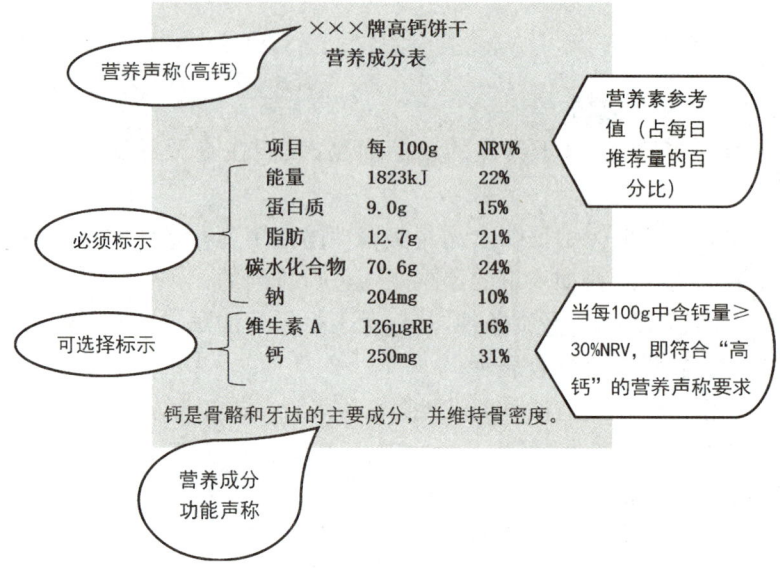

图 3-7 营养标签示例

营养成分功能声称是某营养成分可以维持人体正常生长、发育和正常生理功能等作用的声称。如图 3-9 中的最后一行"钙是骨骼牙齿的主要成分,并维持骨密度。"就是营养成分功能声称,它是对"高钙饼干"营养声称的功能方面的注解。

强制或自愿执行营养标签管理的国家或地区,把营养素分为必须标示和可选择标示两种。为强调必须标示营养素的重要性,将其命名为"核心营养素"。一般来说,核心营养素应该是对本国最具有公共卫生意义的营养素,也就是对国民健康影响最大的营养素。例如美国规定了"1+14",澳大利亚规定了"1+6",而我国规定"1+4"。所谓"1"是指能量,"1+?"即能量加上核心营养素的种类。核心营养素标示见表 3-1。

表 3-1 国际及部分国家或地区标准规定的核心营养素标示

国际及部分国家或地区/核心营养素	能量	核心营养素
国际食品法典委员会/1+6	(1)能量	(6)蛋白质、可利用碳水化合物、脂肪、饱和脂肪、钠、总糖
中国/1+4	(1)能量	(4)蛋白质、脂肪、碳水化合物、钠
美国/1+14	(1)能量	(14)由脂肪提供的能量百分比、脂肪、饱和脂肪、胆固醇、总碳水化合物、糖、膳食纤维、蛋白质、维生素 A、维生素 C、钠、钙、铁、反式脂肪酸
澳大利亚/1+6	(1)能量	(6)蛋白质、脂肪、饱和脂肪、碳水化合物、糖、钠
日本/1+4	(1)能量	(4)蛋白质、脂肪、碳水化合物、钠
中国台湾地区/1+6	(1)能量	(6)蛋白质、脂肪、饱和脂肪、反式脂肪、碳水化合物、钠
中国香港特别行政区/1+7	(1)能量	(7)蛋白质、碳水化合物、总脂肪、饱和脂肪、反式脂肪、糖、钠

营养成分表是营养标签的核心。下面以某品牌饼干的营养成分表(表 3-2)为例来说明

如何解读营养标签。

表 3-2　某饼干的营养成分表

项目	每 100 克(g)含量	营养素参考值（NRV）
能量	2 031 千焦(kJ)	24%
蛋白质	8.0 克(g)	13%
脂肪	21.6 克(g)	36%
碳水化合物	62.9 克(g)	21%
钠	518 毫克(mg)	26%

第 1 列展示主要营养成分的名称。我国食品标签强制标示 4 种核心营养素（蛋白质、脂肪、碳水化合物、钠）以及能量，简称"1＋4"。

第 2 列展示每 100 g（或 100 mL）食品中所含各营养成分的量。上述标签中，"每 100 克(g)含量"一项标注的是该食品中能量和营养素的绝对含量。即每 100 g 该种饼干提供能量 2 031 kJ、蛋白质 8.0 g、脂肪 21.6 g、碳水化合物 62.9 g 和钠 518 mg。

需要注意的是，有些产品营养成分的绝对含量不是以每 100 g（或 100 mL）计算的，而是以"每袋""每罐""每粒"或"每 15 g"计算。

第 3 列展示每 100 g（或 100 mL）食品中，所含的营养素占人体一天所需营养素的百分比。上述标签中，"营养素参考值%（NRV%）"一项标注的是该食品中能量和营养素的相对含量，即它们达到"营养素参考值（NRV）"的百分比。

GB 28050—2011 中推荐的每天摄取的营养素参考值（NRV）见表 3-3。

表 3-3　GB 28050—2011 推荐每天摄取的营养素参考值（NRV）

营养成分	NRV/天
能量	8 400 千焦(kJ)或 2 000 千卡(kcal)
蛋白质	60 克(g)
脂肪	≤60 克(g)
饱和脂肪酸	≤20 克(g)
胆固醇	≤300 毫克(mg)
总碳水化合物	300 克(g)
膳食纤维	25 克(g)

例如，表 3-2 中的饼干每 100 g 提供能量 2 031 kJ，它达到推荐日摄入能量 NRV（8 400 kJ）的 24%（2 031÷8 400×100%≈24%），其他营养素的相对含量（NRV%）也用同样的方法计算。

能量与蛋白质对比可衡量出食品的营养价值，所有营养成分表中的数据传达着关键的营养信息。以上述饼干产品营养成分表为例，首先看能量，100 g 该种饼干含有能量

2 031 kJ，它达到了能量参考值的 24%，大约是 1/4。一般来说，能量占比达到 1/4 属于高能量食品，孕妇不宜过多食用。

其次看蛋白质，100 g 该饼干含有蛋白质 8.0 g，达到蛋白质参考值的 13%，大约是 1/8。某种包装食品的营养价值是高还是低，通常用该食品蛋白质的 NRV% 与能量的 NRV% 比值判断，如果比值大于或等于 1，则是高蛋白食品，营养价值较高；如果小于 1，则该食品蛋白质含量不多，营养价值较低。该饼干的比值计算结果为 0.54，是典型的高能量低蛋白食品，营养价值偏低，不宜多食。

再次看脂肪，100 g 该饼干含有脂肪 21.6 g，达到脂肪参考值的 36%，即超过每日脂肪合理摄入量的 1/3，可见该饼干的脂肪含量是相当高的，而且这些脂肪基本上都是人工添加进来的。

然后看碳水化合物，100 g 该饼干含有碳水化合物 62.9 g，达到碳水化合物参考值的 21%。这一数值与大多数主食类（高碳水化合物）食物相仿，说明该饼干可作为主食食用。

最后看钠，100 g 该饼干含有钠 518 mg，相当于 1.3 g 食盐（食盐中钠含量约为 40%）。达到钠参考值的 26%，超过每日钠合理摄入量的 1/4，也超过该饼干能量的 NRV%（24%），属于高钠食品。

通过认真查看营养标签中的信息，消费者可以清楚自己食用了该食品后各种营养素的摄入量，还可通过与参考值对比提醒自己是否营养过剩。

并不是所有的预包装食品标签都要标示营养标签，有些预包装食品可以不用标示营养标签。例如下列这些食品，按标准规定可不用标示营养标签：

(1) 生鲜食品，如包装的生肉、生鱼、生果蔬、禽蛋等；
(2) 乙醇含量≥0.5% 的饮料酒类；
(3) 包装总表面积≤100 cm^2 或最大表面面积≤20 cm^2 的食品；
(4) 现制现售的食品；
(5) 包装饮用水。

五、食品标签常见问题

（一）文字表现形式的不规范

此类错误主要为：文字、符号、数字的字号、字体、字高不规范，出现错别字、多字、漏字、繁体字，或者外文翻译不准确以及外文字号、字高大于中文等。

例如：

(1) "营养成分"被标注为"营养成份"。
(2) "蛋白质"被标注为"蛋白质"。
(3) 《食品安全国家标准预包装食品标签通则》"GB 7718—2011"被标注为"GB 7718/2011"。
(4) "净含量：2 千克"字符高度不够 6 mm；或只"2 千克"字高度够 6 mm，"净含量"3 个字高度不够 6 mm。

（二）净含量标示不规范

净含量标识不规范情况主要有：

(1) 单位大小写错误。例如规范书写是"净含量：××kg"，在实际情况中标识为KG。

(2) 净含量单位不规范。例如"净含量：1 000克或1 000毫升"，规范格式是"净含量：1千克或1升"。

(3) 净含量未标识固形物含量。例如笋罐头，内容物是固液两项混合的，笋是主要可食部分，此情况应标明"固形物含量：不低于50%"等。

（三）配料表标示不规范

配料表标示主要不合格主要有：

(1) 普通食品不能用原料做配料引导词，应当用"配料"或"配料表"做引导词，只有当加工过程中所用的原料已改变为其他成分时可以用"原料"或"原料与辅料"，如经过发酵等工艺加工后的商品，如葡萄酒、酱油等。

(2) 配料中的标识顺序未按由多到少的顺序排列，当添加量超过2%时，配料顺序必须按照由多到少的顺序。例如某冰糖雪梨饮料，配料标注为雪梨、冰糖、水，正确顺序应当为水、雪梨、冰糖。

(3) 配料未全部展开标示，不能用"等"字代替其余配料。应按实际添加原辅料全部标识，包括可以食用的包装物，如天然肠衣、糯米纸等应在配料中标明。例如某蛋糕中明确看到有添加芝麻，但实际配料表中没有标示芝麻。

(4) 未对配料的定量进行标示。例如某红酒标签上声称只添加了"微量二氧化硫"，而实际未标二氧化硫的含量。根据《食品安全国家标准　预包装食品标签通则》(GB 7718—2011)和《食品安全国家标准　发酵酒及其配制酒》(GB 2758—2012)及其实施时间的规定，允许使用了食品添加剂二氧化硫的葡萄酒在2013年8月1日前在标签中标示为二氧化硫或微量二氧化硫；2013年8月1日以后生产、进口的使用食品添加剂二氧化硫的葡萄酒，应当标示为二氧化硫，或标示为微量二氧化硫及含量。

(5) 配料中食品原料名称不规范。例如某产品配料标示为"糖、油、面"等。应标示为更为规范的不引起误解的名称，即白砂糖或绵白糖、植物油或精炼植物油、小麦粉。

(6) 使用转基因或辐照食品做配料时未标明或进行转基因或辐照说明。例如实际生产中配料中添加了转基因大豆油，但配料中未标明转基因，在标签其他位置也未做转基因说明。应在配料中标明转基因大豆；香辛料使用辐照过的做配料应对香辛料经辐照进行说明。

（四）营养成分表标示不规范

营养成分表标示不规范主要有：

(1) 营养成分标示顺序随意。例如营养成分表中成分项目标示为"蛋白质、脂肪、能量、钠、碳水化合物"，此顺序是错的。应该是："能量、蛋白质、脂肪、碳水化合物、钠"，这5项营养素的先后顺序是固定的，其顺序不能改变。

(2) 计量单位标识错误。例如将能量单位标成"卡"或"KJ"，应该标为"千焦(kJ)"。

(3) 各营养素的含量值和NRV%的修约间隔错误。例如食品标签营养成分表中标注"能量935.2千焦、蛋白质4.12克、饱和脂肪酸14克、钠34.5毫克"。按照《食品安全国家标准　预包装食品营养标签通则》(GB 28050—2011)规定，能量、蛋白质、饱和脂肪酸、钠的修约间隔分别为1、0.1、0.1、1。应标注为：能量935千焦、蛋白质4.1克、饱和脂肪酸14.0

克、钠 35 毫克。

（4）标签上强调与营养标签上信息不一致。例如在营养标签上标注了"具有低脂肪、高纤维的特点"，但营养成分表上标的"能量 190 kJ/100 g，蛋白质 0.8 g/100 g，脂肪 17.1 g/100 g"，不符合《食品安全国家标准　预包装食品营养标签通则》(GB 28050—2011)附录 C 关于"低脂肪"和"高纤维"的规定。"低脂肪"指脂肪含量 3 g/100 g(固体)或≤1.5 g/100 mL(液体)；"高纤维"指膳食纤维≥6 g/100 g(固体)，或≥3 g/100 mL(液体)，或≥3 g/420 kJ。

（五）其他标示上的不规范

其他标示上的不规范有：

（1）产品标准中有质量等级划分，但食品标签上未标明质量等级。例如某大米产品未标示质量等级。标准 GB/T 1354—2018 中明确规定大米分 3 个等级，按标准要求应在大米标签上标明质量等级为一级、二级或三级。

（2）食品标签上出现功能宣传。例如普通食品标签上出现抗衰老、美容养颜、治疗胃病等保健宣传。按照 GB 7718—2011 标准要求，食品不属于保健食品，不属于药品，不能宣传预防治疗疾病，不得明示或暗示其具有保健作用。

（3）食品生产许可证编号和产品标准代号标示不规范。例如某食品标签上的生产许可证编号标示为"SC 12411111410311"，产品标准代号标示为"GB/T1355—2021"。标准规定应标明现行有效的食品生产许可证编号和产品标准代号，食品生产许可证编号格式和书写参照食品生产许可证中编号，由字母 SC 和 14 位数字组成，字母与数字中间无空格。上面例子中食品生产许可证编号应标为"SC12411111410311"。产品标准代号格式参照产品的执行标准标示方法，产品标准代号由字母＋标准顺序代号＋年代号组成，通常可不写年代号，没有年代号的标准以最新有效的标准为参考依据，通常字母和标准代号之间一个空格，上面例子中的产品标准代号应标为"GB/T 1355"或"GB/T 1355—2021"。

第三节　食品添加剂

你会拒绝食品添加剂吗？

一、食品添加剂的作用

根据《食品安全国家标准　食品添加剂使用标准》(GB 2760—2014)，食品添加剂的定义是："为改善食品品质和色、香、味，以及为防腐、保鲜和加工工艺的需要而加入食品中的人工合成或者天然物质。食品用香料、胶基糖果中基础剂物质、食品工业用加工助剂也包括在内。"

食品工业用加工助剂的定义是："保证食品加工能顺利进行的各种物质，与食品本身无关。如助滤、澄清、吸附、脱模、脱色、脱皮、提取溶剂、发酵用营养物质等"。

食品添加剂具有以下特征：食品添加剂是加入食品中的物质，因此一般不单独作为食品来食用；食品添加剂既包括人工合成的物质，也包括天然物质。

其实，人类使用食品添加剂的历史十分久远。例如做豆腐用的卤水，现在叫凝固剂；做馒头放的面碱，现在叫膨松剂，这些都是食品添加剂。现在对食品添加剂不仅有了统一的名称,而且还有规范的管理。

按照我国对食品添加剂管理范畴,目前允许使用的食品添加剂品种有2 300余种,其中香料占多数,将近1 800多种。食品添加剂按功能分为23个类别,日常生活中最熟悉的可能是防腐剂、着色剂、香精香料等,另外还有不太熟悉的例如食品加工过程中要用的酶制剂、萃取剂、脱模剂、澄清剂等,这些物质也属于食品添加剂。

食品添加剂中的防腐剂防止了由于微生物的肆意蔓延引起的食物变质,大大延长了食品的保质期;抗氧化剂可以推迟食品氧化变质,使得食品的稳定性和耐藏性得到提高;其他食品添加剂还改善了食品的色香味。总之,使用食品添加剂主要有以下目的:

(1) 提高食品的营养价值,例如高钙饼干、高铁酱油里的营养强化剂;
(2) 作为特殊食品的配料或成分,例如婴幼儿配方食品中的酸碱平衡剂;
(3) 提高食品的质量和稳定性,例如食用油中的抗氧化剂;
(4) 改进食品感官特性,例如冰激凌中的乳化剂、增稠剂;
(5) 便于生产、加工、包装、运输或者贮藏,例如防腐剂。

现代食品加工业离不开食品添加剂。食品添加剂不等于违法添加物,凡是不在《食品安全国家标准 食品添加剂使用标准》(GB 2760—2014)和国家卫生健康委员会公告允许使用品种范围内的,都是不被允许使用的食品添加剂,例如常见的苏丹红、三聚氰胺等。为了保证"舌尖上的安全",我国已制定并发布了600多项食品添加剂食品安全国家标准,基本能够满足目前的监管和行业需求。

按标准规定,食品添加剂使用时应符合以下基本要求:
(1) 不应对人体产生任何健康危害;
(2) 不应掩盖食品腐败变质;
(3) 不应掩盖食品本身或加工过程中的质量缺陷或以掺杂、掺假、伪造为目的;
(4) 不应降低食品本身的营养价值;
(5) 在达到预期效果的前提下尽可能降低在食品中的使用量。

二、"零添加"或"不添加"

在食品标签上常常可以看到"不含×××"或"零添加""不添加×××"等字样,虽然某些消费者觉得此类产品更安全,但实际上这绝大多数是商家的营销噱头。

其实几乎不存在"零添加"或"不添加"食品添加剂的食品,即使在食品加工时没有添加食品添加剂,但在制作食品的原材料时也大概率使用了食品添加剂。还有些人认为在家炒菜做饭就能远离食品添加剂,其实炒菜做饭使用的各种调料也不乏食品添加剂的身影,例如酱油含有焦糖色、山梨酸钾、苯甲酸钠等食品添加剂,食盐中加的抗结剂、食用油中加入的抗氧化剂等都是食品添加剂。这就是如今食用油放久了也没有"哈喇味",食盐在夏天也不容易结块的原因。

如果"不含"(或"零添加""不添加")的物质指的是某种食品添加剂,例如色素、香精、防腐剂等,且相应国家标准(GB 2760—2014)未批准这种食品添加剂应用于该类食品,那么标示"不添加"就属于误导消费者,例如"油炸锅巴不含防腐剂"。我国对食品添加剂的管理是"申请报批制度",批准的基础是安全性和工艺必要性。不批准主要原因包括有安全性问题和没有人申请。因此"不允许使用的"食品添加剂并不等于就是不安全的。油炸锅巴因工艺原因不需要防腐剂,因此没有人会申请将防腐剂用于锅巴,标注"不含"防腐剂就是误导,构成了对其他合法产品的不正当竞争(其他锅巴也不含防腐剂)。

如果是指"未添加"(或"零添加""不添加")不合法的添加剂,例如咸鸭蛋包装上写着"未添加苏丹红",此类添加剂本就不应该出现在产品里,更不应该出现在包装上。产品里不含非法添加剂是厂家的责任与义务。

另外,食品"不添加"食品添加剂往往就会通过添加大量的天然防腐剂——盐和糖来实现延长保质期,而摄入过量的盐和糖,会增加高血压、高血糖、龋齿和超重等风险。还有一些本身就不需要添加防腐剂的食品,它们没有让腐败微生物繁殖的环境,例如蜂蜜(高糖)、方便面饼(干燥)、腌渍食品(高盐)等。这些食物虽然可能没有添加防腐剂,但是会含有其他食品添加剂,如果标写"零添加"或"不添加",就会对消费者造成误导。

如果国家标准允许某种食品添加剂应用于某类食品,则应当按照《食品安全国家标准 预包装食品标签通则》(GB 7718—2011)的规定,对所有声称涉及的食品添加剂进行定量标示。如果声称"零添加"或者"不添加"的物质指的是营养物质或者营养素,例如糖或盐等,还应符合《食品安全国家标准 预包装食品营养标签通则》(GB 28050—2011)的相关要求。规范这些标签的目的是如实反映产品的真实属性,避免商家信口开河,方便消费者理性选择。

规范使用食品添加剂具有保障安全的作用,"零添加"并不会在食品安全性上有更多优势。

三、防止食品添加剂的过度使用

《食品安全国家标准 食品添加剂使用标准》(GB 2760—2014)中规定了食品添加剂的允许使用品种、使用范围以及最大食用量或残留量,如果违规使用,就会对人体造成伤害,因此使用时必须严格控制使用剂量。以下是一些食品添加剂过度使用后将造成的危害。

(一)甜味剂、防腐剂

过度添加到蜜饯果脯茶饮料碳酸饮料中,人长期食用后会对肝脏及神经系统有影响,对代谢排毒能力较弱的老人、孕妇、小孩的危害更为明显。

(二)色素

过度添加到酱卤类制品和灌肠类制品中,人长期食用后会对主要脏器造成损害,尤其对儿童的健康发育会有一定的危害。以日落黄为例,其毒素会沉积于肾脏,对人体的头皮组织、毛囊细胞造成损害,首先出现的症状是脱发。我国规定每 1 kg 酱咸菜中日落黄的含量不超过 300 mg。

(三)过氧化苯甲酰

过度添加到面粉中,会使面粉中的营养物质受到破坏,还会产生苯甲酸,苯甲酸需要在肝脏中进行分解,人长期食用后对肝脏功能会有不同程度的损害。

(四)甜蜜素

过度添加到蜜饯、陈皮、话梅、杨梅干、罐头、糕点及各种清凉饮料中,人长期食用后会对肝脏和神经系统造成危害。我国规定每 1 kg 的果蔬汁中含甜蜜素不能超过 0.25 g。

(五) 咸味香精

过度添加到素火腿、素鸡、素鸭、素鱼以及各种肉类罐头、膨化食品、方便面等仿生食品中,人长期食用后会升高血糖,诱发炎症和动脉粥样硬化。

(六) 食品中植脂末(反式脂肪酸)

植脂末又称奶精,是以氢化植物油、酪蛋白为主要原料的新型添加剂。过度添加到各种糕点或奶制品中,人长期食用后会对心血管系统造成损害。

食品添加剂的安全性与用量有关,只要符合标准的要求,食品添加剂的安全性还是有保障的。人们的担忧主要集中在食品添加剂的违规使用上。例如用食品添加剂掩盖食品腐败变质或质量缺陷、超范围或超量使用食品添加剂,以掺杂、掺假、伪造为目的对人体产生健康危害,使用未被我国批准的食品添加剂品种等,都属于违规使用食品添加剂的行为,都是国家明令禁止的。

第四节 食品包装

一、食品包装材料

食品包装是指采用适当的包装材料、容器和包装技术,将食品包裹起来,以使食品在运输和贮藏过程中保持其价值和原有状态的过程。它具有防潮、防热、防冷、防挥发、防污染、保鲜、防易碎、防变形等作用。食品包装又称为"特殊食品添加剂"。作为食品的"贴身衣物",其安全性将直接影响食品质量。

就食品包装的原材料来说,主要有塑料、纸张、金属、玻璃、陶瓷等,各种包装材料为食品包装提供了丰富的选择,但是只有正确使用原材料制作包装产品,才能杜绝产生安全问题的隐患。以下是对 5 种主要包装材料的利弊分析。

(一) 塑料

塑料是最常见的食品包装材料,具有重量轻、强度和韧性好、透明度高、阻隔性良好、耐腐蚀等优点。但是,如果不正确地使用,可能引起的问题有:①塑料原本化学性能稳定,但在聚合合成工艺中会有一些单体残留,如氯乙烯、苯乙烯等。美国食品药物管理局已指出残存于聚氯乙烯(PVC)中的氯乙烯单体(VCM)被人吸入体内后有致癌的可能,因而禁止用 PVC 制品作为食品包装材料。②由于在聚合反应过程中会溶出一些低分子量物质,为了改善聚合物材料的加工和使用性能,需在聚合过程中加入各种添加剂(如增塑剂、稳定剂、着色剂、抗氧化剂、润滑剂等),而添加剂均不同程度地存在一些毒性,如二乙基羟胺(DEHA)增塑剂、酞酸酯类(PAEs)增塑剂、双酚—A(BPA)等,这些物质在较高温度(如 40 ℃)、强光或辐射及一定的时间内就会从聚合物材料中向与其直接接触的食品迁移,从而危害人们的身体健康。

（二）纸张

纸张具有良好的弹性和韧性、不易碎、不易溶、重量极轻易于携带等优点，纯纸是卫生、无毒、无害的，且在自然条件下能够被微生物分解，对环境不产生污染。但是，在使用化学法制浆造纸和用氯漂白时，纸和纸板通常会残留一定的碱液、盐类及氯元素等化学物质，这些残留物溶入食品中就会对食品安全产生影响。

（三）金属

金属包装材料具有高阻隔性和耐高低温性，缺点是化学稳定性差，不耐酸碱性，特别是用其包装高酸性食品时易被腐蚀，同时金属离子易析出，从而影响食品风味。因此，一般需要在金属容器的内、外壁施涂涂料。内壁涂料是涂布在金属罐内壁的有机涂层，可防止内容物与金属直接接触，避免电化学腐蚀，延长食品货架期，但涂层中的化学污染物如双酚A（BPA）、双酚A二缩水甘油醚（BADGE）、酚醛清漆甘油醚（NOGE）及其衍生物也会在罐头的加工和贮藏过程中向内容物迁移造成污染，通过罐头食品进入体内，造成人体内分泌失衡及遗传基因变异；外壁涂料是为防止外壁腐蚀以及起到装饰和广告的作用，其中含苯溶液的涂料及油墨也可能通过渗透而污染食品。

（四）玻璃

通常用作食品包装的玻璃是氧化物玻璃中的钠-钙-硅系列玻璃。玻璃内部离子结合紧密，高温熔炼后大部分形成不溶性盐类物质而具有极好的化学惰性，不与被包装的食品发生作用，具有良好的包装安全性；但是熔炼情况不佳的玻璃制品则可能发生来自玻璃原料的有害物质熔出问题。同时还应注意避免玻璃原料中铅等重金属的超标；对于加色玻璃，应注意着色剂中重金属颗粒熔出的问题。

（五）陶瓷

陶瓷容器能保持食品的风味，常用于包装酒类饮料，愈久愈醇香。陶瓷包装材料的上釉陶瓷表面、釉层中的着色颜料使用含有铅、砷、镉等有毒成分的金属盐类物质。如果烧制质量不佳，彩釉就不能形成不溶性硅酸盐，此时有毒有害的重金属元素铅或镉就易熔出，并溶入食品中，对人体健康造成危害。

另外，食品包装材料离不开印刷，油墨作为印刷耗材，当被用于食品包装时，必须遵循无转移原则，承印厂商必须确保印刷后油墨中的溶剂全部挥发，油墨则要求固化彻底，并达到应用行业的相应标准。推荐使用的环保油墨包括水性油墨、电子束固化油墨、数字印刷油墨。因为包装印刷中如果使用含苯、正己烷、卤代烃等有害溶剂稀释油墨，或采用含苯类物质有机溶剂黏合剂进行覆膜复合时，由于印刷或加工过程中苯类溶剂挥发不完全，可能造成苯类物质在包装材料中残留，渗透到被包装食品里，从而造成食品异臭味，人食用后则可能引起癌症或血液系统疾病。

二、食品包装类别

食品包装要根据食品的种类采用不同的包装材料和形式，从功能上看，主要有防震包装、防湿包装、防锈包装、防霉包装等。按照不同的方式，可以对食品包装进行不同的分类。

（1）按产品经营方式分类：内销产品包装、出口产品包装、特殊产品包装。

（2）按包装在流通过程中的作用分类：单件包装、中包装和外包装等。

（3）按包装制品材料分类：纸制品包装、塑料制品包装、金属包装、竹木器包装、玻璃容器包装和复合材料包装等。

（4）按包装使用次数分类：一次用包装、多次用包装和周转包装等。

（5）按包装容器的软硬程度分类：硬包装、半硬包装和软包装等。

（6）按包装技术分类，可分为以下 6 类。

第一类：无菌包装。无菌包装是指将经过杀菌的食品装在已杀菌的容器中，装罐后保持密封状态，在不加防腐剂、不经冷藏的条件下延长有效期的方法。无菌包装不仅用于包装果汁和果汁饮料，也用于包装牛奶、矿泉水和葡萄酒等。

第二类：绿色包装。绿色包装是指以天然植物和有关矿物质为原料研制成的，对生态环境和人类健康无害，有利于回收利用，易于降解、可持续发展的环保型包装。也就是说，其包装产品从原料选择、产品制造到使用和废弃的整个生命周期，均符合生态环境保护的要求。

第三类：功能包装。功能包装是指一种新型的包装方式。例如将一种紫外线阻隔剂应用在包装物上，可防止包装食品的颜色、气味、味道及营养产生变化；再如采用一种食品防腐纸包装带卤汁的食品，可使食品在 38℃ 高温下保存 3 周不变质。

第四类：智能包装。智能包装一般是采用光电温敏、湿敏、气敏等包装材料复合而成。智能包装显示诸如新鲜度、微生物污染、温度变化、包装完整性等产品信息，向消费者显示食品是否变质，甚至可以控制包装袋内的环境，延长食品的保鲜期。

第五类：方便化包装。方便化包装是指为方便消费者食用，利用光能、化学能及金属氧化原理，使食品在短时间内实现自动加热或自动冷却，满足室外工作者、旅游者、老人及儿童的食用需要。例如美国的自冷式饮料罐，其内部装有压缩二氧化碳的小容器，在开启时二氧化碳体积迅速膨胀，可在 9 s 内使饮料温度下降到 4.4℃；日本利用生石灰与水混合产热的原理，开发了清酒的自热包装，可在 3 min 内将一罐清酒加热到 58℃。我国也有很多自热食品，例如自热火锅。

第六类：个性化包装。个性化包装是指使用外观和视觉的不同，巧妙地运用色彩情感规律，从包装结构和包装视觉上引起消费者高度关注的包装。

食品包装中，了解食品与包装材料之间发生相互作用的程度显然非常重要。任何相互作用都必须很小，否则包装就会失效。例如含水食品不使用未加涂层保护的纸包装，酸性食品不使用没有保护涂层的金属罐。挥发性或非挥发性物质的迁移可以是双向的，即可从包装到食品或从食品到包装，还可能导致食品和包装中的物质相互作用而影响食品的卫生和安全。

三、食品包装引发的食品安全事件

食品包装材料的好坏直接决定了食品的工艺方式、保质期长短及食品安全性。食品生产企业必须选择符合质量安全标准的食品包装材料，才能在国内外进行生产和销售。因食品包装引发的食品安全事件屡见不鲜。

【案例一】 面包外包装材料铅含量超标。

素有"面包界星巴克"之称的新加坡面包品牌"面包新语"于2022年3月因涉嫌采购、使用不符合食品安全标准的食品相关产品的行为,被相关执法部门罚款25万元。其国内关联公司7批次面包外包装材料铅含量超标,检验结果不符合《食品安全国家标准 食品接触用纸和纸板材料及制品》(GB 4806.8—2016)中铅(Pb)≤3.0 mg/kg的标准要求。

【案例二】 美国多家连锁快餐食品包装检出致癌物质PFAS。

2020年8月,国外一份报告称在美国当地麦当劳、汉堡王及温迪汉堡等连锁餐饮店的食品包装中检出致癌物质PFAS(全氟和多氟化合物)。报告称其收集了美国三大汉堡连锁店的汉堡、三明治、鸡块、饼干、炸薯条或其他炸物的快餐包装,对收集的产品样本进行全氟辛烷硫酸或全氟和多氟烷基物质的检测,发现6条产品链的38个食品包装样品中,几乎有一半样品氟含量检测为阳性,表明包装中包含PFAS。其中,麦当劳薯条、巨无霸、曲奇饼干三款快餐纸袋,汉堡王华堡纸盒、鸡块纸袋以及温迪汉堡的曲奇纸袋均被测出产品包装所含的氟含量超标。PFAS是一种化学物质,因其防油、防污、防水等特性被用于食品包装中。PFAS与癌症、肝损伤、甲状腺疾病和发育问题有关。经过PFAS处理的纸质食品包装、包装材料会污染食品,最终进入人体;即使包装被扔进垃圾箱或城市堆肥,从废弃的包装中提取的PFAS依然能通过饮用水、食物和空气进入人体。

【案例三】 网红饮品检出金属化合物。

2021年5月,"奈雪的茶"新品"霸气玉油柑"凭借独特的口感成为网红爆款,但因其旋转瓶盖"析出黑色不明物质"(经店员证实为氧化铝),被消费者投诉称"存在严重安全隐患"。消费者李女士投诉称,其在饮用霸气玉油柑的过程中,在多次旋转该产品瓶盖后,发现瓶盖中析出了黑色不明物质。李女士随即找到"奈雪的茶"店员,并一同另取一瓶未开封的饮料再次实验,再次发现瓶盖旋转后析出了黑色不明物质。店员告知李女士,该黑色不明物质为氧化铝,系因铝合金瓶盖多次旋转后"掉色"导致。

四、食品包装标准

食品包装是食品生产的关键过程,食品包装技术水平直接影响食品包装的质量和效果,影响包装食品的贮运和销售。为了保障食品包装安全,我国发布了一系列与食品包装有关的标准,按照标准的功能来看,可分为以下8类:

(1) 食品包装材料标准,例如《食品包装用复合塑料盖膜》(GB/T 41220—2021);

(2) 食品包装材料试验标准,例如《与食品接触染色纸和纸板色牢度的测定》(GB/T 31479—2015);

(3) 食品包装容器标准,例如《罐头食品金属容器通用技术要求》(GB/T 14251—2017);

(4) 食品包装标签标志标准,例如《食品接触材料及制品标签通则》(GB/T 30643—2014);

(5) 食品包装规程标准,例如《新鲜水果、蔬菜包装和冷链运输通用操作规程》(GB/T 33129—2016);

(6) 食品包装工艺标准,例如《银耳干品包装、标志、运输和贮存》(GB/T 40635—2021);

(7) 食品包装成品标准,例如《包装鸡蛋》(GB/T 39438—2020);

(8) 食品包装质量评价标准,例如《食品包装评价技术通则》(GB/T 40001—2021)。

食品是供人们直接食用的特殊商品,而食品包装的卫生与安全直接影响消费者的健康,因此,食品包装既要符合一般商品包装的标准和法规,更要符合与食品卫生和安全有关的标准和法规。

知识点考核

一、单选题

1. 《食品安全国家标准 预包装食品标签通则》(GB 7718—2011)中的预包装食品指的是(   )。

   A. 预先定量包装的食品

   B. 制作在包装材料的食品

   C. 制作在包装容器中的食品

   D. 预先定量包装的食品,或者制作在包装材料和容器中的食品

2. 《食品安全国家标准 预包装食品营养标签通则》(GB 28050—2011)要求我国的食品营养标签上必须要标示多少种物质?分别是哪些?(   )

   A. 4 种,分别是能量、蛋白质、脂肪、碳水化合物

   B. 5 种,分别是能量、蛋白质、脂肪、碳水化合物、钠

   C. 6 种,分别是能量、蛋白质、脂肪、碳水化合物、钠、糖

   D. 7 种,分别是能量、蛋白质、脂肪、碳水化合物、钠、糖、维生素

3. 下列属于非法添加剂的是(   )。

   A. 苏丹红   B. 甜蜜素   C. 卡拉胶   D. 柠檬酸

二、多选题

1. 《食品安全国家标准 预包装食品标签通则》(GB 7718—2011)规定以下哪些商品不需要标注保质期?(   )

   A. 酒精度≥10%的饮料酒   B. 酱油

   C. 食醋   D. 食用盐

   E. 固态食糖类   F. 味精

2. 下列哪些食品,按标准规定可不用标示营养标签?(   )

   A. 生鲜食品,如包装的生肉、生鱼、生果蔬、禽蛋等

   B. 乙醇含量≥0.5%的饮料酒类

   C. 包装总表面积≤100 cm² 或最大表面面积≤20 cm² 的食品

   D. 现制现售的食品

   E. 包装饮用水

3. 《食品安全国家标准 食品添加剂使用标准》(GB 2760—2014)规定使用食品添加剂时应符合以下哪些基本要求?(   )

   A. 不应对人体产生任何健康危害

B. 不应掩盖食品腐败变质

C. 不应掩盖食品本身或加工过程中的质量缺陷或以掺杂、掺假、伪造为目的

D. 不应降低食品本身的营养价值

E. 在达到预期效果的前提下尽可能降低在食品中的使用量

三、判断题

1. 食品标签上配料表中的配料成分,是按照递增的顺序排列的。（   ）
2. 进口的食品、食品添加剂应当符合进口国的食品安全国家标准。（   ）
3. 食品添加剂的安全性要看用的量和吃的量,所以,只要符合标准的要求,食品添加剂的安全性是有保障的。（   ）
4. 食品包装应符合相应的国家标准。（   ）

专题四

标准化与着装

知识目标

1. 掌握国内合格服装的型号标注方法。
2. 了解服装涉及的安全问题。
3. 掌握纺织品安全技术等级标示方法。
4. 了解国家对纺织品吊牌、标签的标识规定。
5. 掌握查看服装吊牌的方法。

技能目标

1. 能解读服装吊牌。
2. 能运用标准选购服装。
3. 能运用标准洗涤保养服装。
4. 能将标准知识运用到生活中。

素质目标

1. 树立安全意识。
2. 利用标准提高生活技能,提高生活品质。
3. 培养遵纪守法合标准的习惯。

第一节 合身得体

一、服装号型标准

服装号型标准是表示人体外形及服装量度的一系列规格参数,是在人体基本尺寸的基础上,根据不同的款式,加上合适的宽松量而制定的。服装的规格尺寸一旦确定,就是服装制造的依据,也是消费者选择服装时的依据。

目前我国实行的服装号型标准共有3项,皆为推荐性标准:

(1)《服装号型 男子》(GB/T 1335.1—2008);

(2)《服装号型 女子》(GB/T 1335.2—2008);

(3)《服装号型 儿童》(GB/T 1335.3—2009)。

标准以身高、净体胸围、净体腰围以及胸围、腰围之差作为号型命名的依据,对每一个号型列出了制作服装所必须的10个关键控制部位尺寸。

号型定义:"号"指人体的身高,以厘米(cm)为单位,是设计和选购服装长短的依据;"型"指人体的胸围和腰围,以厘米(cm)为单位,是设计和选购服装肥瘦的依据。

体型分类:以人体的胸围与腰围的差数为依据来划分体型,并将体型分为四类,体型分类代号分别为 Y(偏瘦)、A(正常)、B(偏胖)、C(肥胖)。

Y(偏瘦体),胸围与腰围的差数:男 17~22 cm;女 19~24 cm。

A(正常体),胸围与腰围的差数:男 12~16 cm;女 14~18 cm。

B(偏胖体),胸围与腰围的差数:男 7~11 cm;女 9~13 cm。

C(肥胖体),胸围与腰围的差数:男 2~6 cm;女 4~8 cm。

表 4-1 以男身高 170 cm、女身高 160 cm 为例,给出了四类体型测量数据。

表 4-1 四类体型测量数据示例 单位:cm

体型		Y	A	B	C
男子	身高	170	170	170	170
	胸围	88	88	92	96
	腰围	70	74	84	92
女子	身高	160	160	160	160
	胸围	84	84	88	88
	腰围	64	68	78	82

号型标示:号型的表示方法为号与型之间用斜线分开,后接体型分类代号,例如,上装 160/84A,160 为身高,代表号;84 为胸围,代表型;A 代表体型分类。下装 160/68A,160 为身高,代表号;68 为腰围,代表型;A 代表体型分类。表 4-2 和表 4-3 分别列出了男女上装的标准尺码对照表,可作为选择服装时的参考。

表 4-2　男上装标准尺码对照表

上衣尺码	S（小）	M（中）	L（大）	XL（加大）	XXL（2个加大）	XXXL（3个加大）
服装尺码	46	48	50	52	54	56
中国号型	165/80A	170/84A	175/88A	180/92A	185/96A	190/100A
胸围(cm)	82～85	86～89	90～93	94～97	98～102	103～107
腰围(cm)	72～75	76～79	80～84	85～88	89～92	93～96
肩宽(cm)	42	44	46	48	50	52
适合身高(cm)	163～167	168～172	173～177	178～182	182～187	187～190

表 4-3　女上装标准尺码对照表

上衣尺码	S（小）	M（中）	L（大）	XL（加大）	XXL（2个加大）	XXXL（3个加大）
服装尺码	36	38	40	42	44	46
中国号型	155/82A	160/86A	165/90A	170/94A	172/98A	175/102A
胸围(cm)	79～82	83～86	87～90	91～94	95～98	99～103
腰围(cm)	62～66	67～70	71～74	75～78	79～82	83～86
肩宽(cm)	37	38	39	40	41	42
适合身高(cm)	153～157	158～162	163～167	168～172	170～174	173～177

消费者在选择服装时，应根据号型标准选择与自身号型相近的服装，如果没有找到与自身号型一致的服装，可以根据服装特点向上挡或向下挡靠近。例如，一位女性的号型为163/85A，那么可以选择160/86A 或165/90A。

以上为成人服装的号型标示方法，儿童服装的号型标示方法与成人服装有所不同。儿童服装以身高、胸围为号型命名依据，无体形分类，如上装150/68，其中150代表号，68代表型；下装90/50，其中90代表号，50代表型。

确定号型后，还应该了解衣服尺码的测量方法，以便更好地选择合身的服装。图4-1和图4-2为常见服装类别尺码的测量方法。

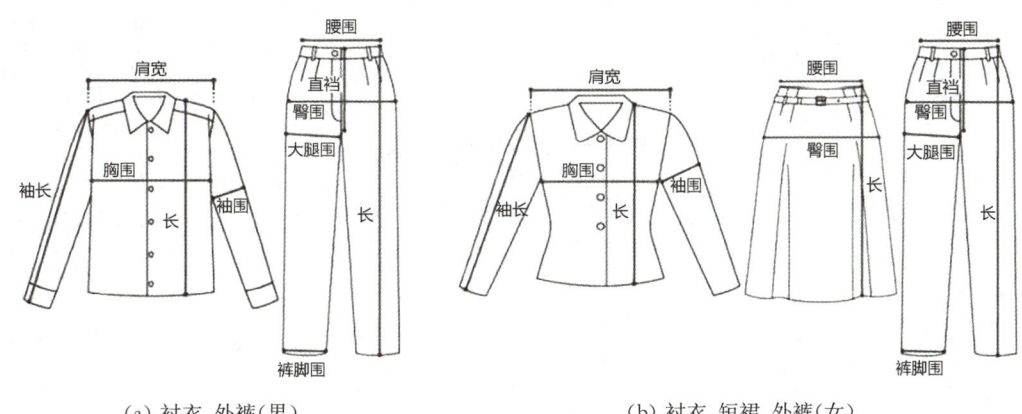

(a) 衬衣、外裤(男)　　　　　　(b) 衬衣、短裙、外裤(女)

图 4-1　衬衣、外裤及短裙尺码测量方法

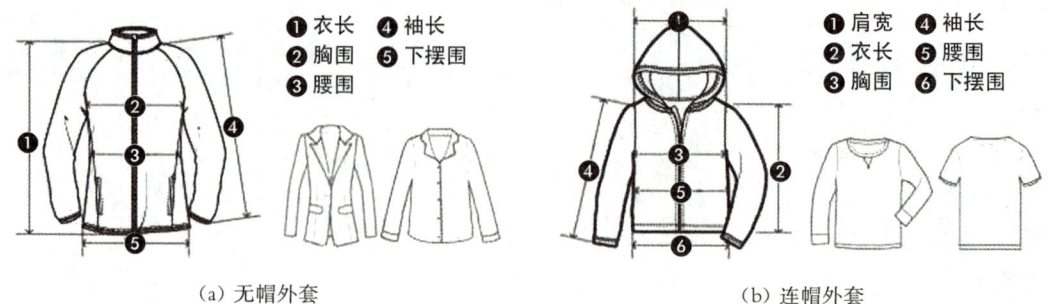

(a) 无帽外套　　　　　　　　　　(b) 连帽外套

图 4-2　外套测量方法

二、鞋子尺码标准

鞋子的尺码又称为鞋号。常见标法有：中国鞋号、欧码、美码和英码。

《鞋号》(GB/T 43293—2022)规定了脚长的测量方法，并规定脚长的测量值用毫米(mm)表示，每个鞋号都是对应的一般正常脚的测量值。我国是以脚的长度转换为鞋码的，同时，也可以通过换算公式转化为其他鞋号制。换算公式如下：

$$中国鞋号(cm) \times 2 - 10 = 欧码(EUR);$$
$$中国鞋号(cm) - 18 + 0.5 = 美码(US);$$
$$中国鞋号(cm) - 18 - 0.5 = 英码(UK)。$$

对于几种常见的鞋号，可参照下面的对照表(表 4-4、表 4-5)进行转换。

表 4-4　男鞋尺码对照表

尺码 \ 脚长(cm)	24.5	25	25.5	26	26.5	27	27.5	28
中国鞋号	39	40	41	42	43	44	45	46
美国码	7	7.5	8	8.5	9	9.5	10	10.5
英国码	6	6.5	7	7.5	8	8.5	9	9.5
欧洲码	39	40	41	42	43	44	45	46

表 4-5　女鞋尺码对照表

尺码 \ 脚长(cm)	22.5	23	23.5	24	24.5	25	25.5	26
中国鞋号	35	36	37	38	39	39	40	40
美国码	5	5.5	6	6.5	7	7.5	8	8.5
英国码	4	4.5	5	5.5	6	6.5	7	7.5
欧洲码	35	36	37	38	39	39	40	40

消费者在选购鞋子时,为了保障选到合适的码数,首先应测量好自己的脚长(图4-3),测量步骤如下:

第一步,放一张 A4 纸在地上,双脚除去袜子自然站立,一只脚放在 A4 纸上;

第二步,用笔垂直紧贴着脚(在不压迫脚的前提下)将脚的轮廓画下来;

第三步,用尺子量出脚的最长及最宽的距离,最长值为净脚长,用于参考鞋子的尺码;最宽值为净脚宽,用于参考鞋型的宽窄。

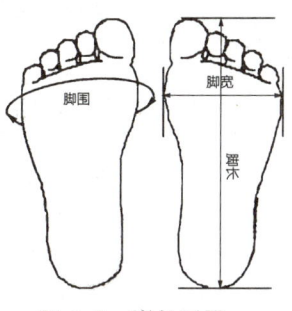

图4-3 脚长测量

第二节 挑选安全的服装

如何选购对身体安全的衣服?

一、服装安全技术规范

服装是我们每天离不开的生活用品,它与人体亲密接触,维持人体的热平衡,帮助人们适应气候变化。丰富多彩的服装也满足了人们对美的追求。不过,服装面料的质量问题也逐渐增多,引起越来越多的关注。

服装在生产过程中,在印染等生产环节需要加入各种燃料、助剂等化学制剂,而在后序加工过程中由于漂洗不充分等情况,会导致部分有害物质残留在纺织面料上,造成最终产品中甲醛、pH值等不符合标准规定的要求。如果以上指标不合格的服装与人体皮肤长期接触,将导致皮肤表层的天然屏障遭到破坏,还会刺激皮肤和黏膜、破坏皮肤酸碱平衡等,严重的可能诱发癌症。

【案例一】 2022年10月,国家市场监督管理总局开展服装抽检,一件标称为深圳某公司生产的时尚女装被检出一种名为"联苯胺"的可致癌芳香胺染料超标,而且超标20多倍。

【案例二】 2022年,国家市场监督管理总局发布了儿童及婴幼儿服装抽查结果,不合格率达到了14.9%,其中,绳带要求、附件抗拉强力等安全项目的不合格数约占一半。

《国家纺织产品基本安全技术规范》(GB 18401—2010)(以下简称《技术规范》)对服装的安全性能提出了要求,并规定了检验方法。

《技术规范》根据安全性将纺织产品分为3类,见表4-6。

表4-6 纺织产品分类

类型	说明
A类	婴幼儿纺织产品(适用于身高100 cm或36个月及以下婴幼儿),例如,尿布、内衣、围嘴儿、睡衣、手套、袜子、外衣、帽子、床上用品
B类	直接接触皮肤的纺织产品,例如,内衣、衬衣、裙子、裤子、袜子、床单、被套、毛巾、泳衣、帽子
C类	非直接接触皮肤的纺织产品,例如,外衣、裙子、裤子、窗帘、床罩、墙布

纺织品分类的依据是对甲醛含量、pH 值、染色牢度、异味、可分解致癌芳香胺染料的限量要求,见表 4-7。

表 4-7　甲醛含量、pH 值、染色牢度、异味、可分解致癌芳香胺染料限量要求

项目		A 类	B 类	C 类
甲醛含量(mg/kg)≤		20	75	300
pH 值[a]		4.0～7.5	4.0～8.5	4.0～9.0
染色牢度[b] (级),≥	耐水(变色、沾色)	3～4	3	3
	耐酸汗渍(变色、沾色)	3～4	3	3
	耐碱汗渍(变色、沾色)	3～4	3	3
	耐干摩擦	4	3	3
	耐唾液(变色、沾色)	4	—	—
异味		无		
可分解致癌芳香胺染料[c](mg/kg)		禁用		

a　后续加工工艺中必须要经过湿处理的非最终产品,pH 值可放宽至 4.0～10.5。
b　对需经洗涤褪色工艺的非最终产品、本色及漂白产品不要求;扎染、蜡染等传统的手工着色产品不要求;耐唾液色牢度仅考核婴幼儿纺织产品。
c　可分解致癌芳香胺清单见附录 C,限量值≤20 mg/kg。

(一) 甲醛

甲醛在服装中有的作用:其一是固色,在染料和助剂当中添加甲醛是为了更好地防止褪色;其二是定型,在免烫服装的制作过程中,含甲醛的助剂可以防皱。但是,如果长期穿着甲醛含量超标的衣服,可能会引发皮炎、呼吸道疾病。

(二) pH 值

健康的人体皮肤表面呈弱酸性,以防止外界的病菌侵入而致病。纺织品的 pH 值在微酸性和中性之间有利于人体的保护,长期穿着 pH 值不达标的服装,会破坏人体皮肤的弱酸性环境,严重时会导致皮肤病。因为婴幼儿皮肤娇嫩,易被外界细菌入侵,所以对婴幼儿服装来说 pH 值要求更严格。

(三) 染色牢度

尽管并无证据表明纺织品使用的染料一定对人体有害,但提高纺织品的色牢度无疑可以降低风险。纺织品的色牢度测试项目有数十种,与人体穿着或使用纺织品直接相关的有 4 种,分别为耐水渍、耐汗渍、耐摩擦和耐唾液色牢度。其中,耐唾液色牢度只针对婴幼儿服装,因为婴幼儿会用嘴去咬衣服,如果耐唾液色牢度不达标,婴幼儿可能透过浸有唾液的衣服吸收染料,从而危害健康。

(四) 异味

异味指霉味、汽油味、煤油味、鱼腥味、芳香烃气味等。纺织品上的气味过重,表明纺织品上有过量化学物质残留,可能对健康造成危害。

（五）可分解致癌芳香胺染料

已确定的 24 种致癌芳香胺中，偶氮染料约有 200 多种，而且偶氮染料大部分为常用的染料。含致癌芳香胺染料的服装，如果测试不合格，很难在后序加工中去除。在过去的几年里，著名的染料生产商已经停止生产可分解致癌芳香胺染料，但在我国、印度、韩国等国家或地区仍然有一些小企业生产这样的染料。禁用致癌芳香胺已成为目前国际纺织/服装贸易中最重要的品控项目之一。

《技术规范》还规定了纺织品安全技术要求的标识方式。

第一，产品按件来标注一种类别。

第二，婴幼儿纺织产品必须在使用说明上标明"婴幼儿用品"字样。

第三，其他产品应在使用说明上标明符合的基本安全技术要求类别。

二、选购服装的"望闻问切"

《技术规范》对甲醛含量、pH 值、色牢度、异味、可分解芳香胺染料都有规定，在选购服装时，应注意通过"望、闻、问、切"来鉴别，以便根据标准来选择没有安全隐患的服装。

（一）望

查看服装吊牌上是否有"符合 GB 18401—2010"的字样，安全类别 A、B、C 类是否明确。示例如图 4-4 所示。未标明或标明不完整、不规范的都属于不合格产品。

（二）闻

闻一闻服装，是否有刺激性、令人不舒服的异味。

（三）问

询问销售人员服装成分、洗涤方法等情况。

（四）切

摸一摸服装面料的手感，有无瑕疵、拉链是否顺滑，还可以用白纸或白布蹭一下，看有无掉色情况。一般来讲，颜色过于鲜艳的衣服容易有问题。尤其是婴幼儿、儿童的服装，最好不要选颜色过于鲜艳的。贴身衣物最好选由天然纤维成分制成的，如棉、亚麻、苎麻、桑蚕丝、羊毛、羊绒等。衣服买回家后，最好按照正常洗衣程序清洗一遍后再穿。

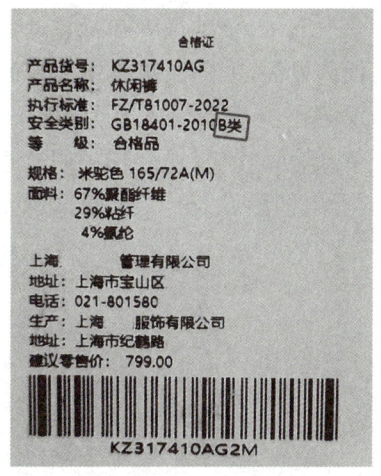

图 4-4 合格服装吊牌示例

第三节　服装使用说明

一、服装使用说明的形式

一般电器产品都会附带一份使用说明，其实服装也有相应的服装使用说明。按照国家标准，每件销售的合格衣服都要有使用说明。消费者如果买衣服时不看服装使用说明，可能买回一件体感不舒服的衣服,或一件须精心打理但自己又没有精力去打理的衣服;如果洗熨衣服时不看使用说明,可能因洗衣不当造成衣服缩小而无法再穿,或熨烫衣服时调错了温度导致衣服变形;还有消费者一买回新衣服就将其上所有标签剪掉,当须专业护理时又不知该如何处理。这都是由于对服装的使用说明规定了解不清晰而产生的各类情况。

国家标准《消费品使用说明 第4部分:纺织品和服装》(GB 5296.4—2012)对我国的服装使用说明作了规定。服装的使用说明是向消费者传递如何正确、安全使用该产品的信息工具。制定该国家标准的目的是规范服装的使用说明,为国家质量监督检验部门对服装产品的质量抽查提供依据。这是强制性国家标准,所有在我国生产和销售的服装都须符合这个标准的规定。

服装使用说明的形式有:

(1)直接印刷或织造在产品上,或者直接印刷在产品包装上,例如某些服装品牌的衣服,将号型印在衣服里面;

(2)固定在产品上的耐久性标签(能永久附着在产品上,并能在产品的使用过程中保持清晰易读的标签);

(3)悬挂在产品上的标签,一般称之为吊牌;

(4)悬挂、粘贴或固定在产品包装上的标签;

(5)随同产品提供的资料等。

其中,服装吊牌和标签是服装使用说明的重要形式,也是服装的组成部分之一。随着时代的发展,人们越来越重视服装吊牌,它已经成为服装行业不可分割的一部分。服装吊牌不仅阐释了产品,还是识别品牌的有效载体。从质地上看,吊牌大多为纸质,少部分为塑料、皮革或金属,另外还出现了用全息防伪材料制成的新型吊牌。从造型上看,吊牌有长条形、对折形、圆形、三角形、插袋式以及其他特殊形状,多姿多彩,琳琅满目,如图4-5所示。

图4-5 各种服装吊牌

二、服装使用说明标示内容

按照《消费品使用说明　第4部分：纺织品和服装》(GB 5296.4—2012)的要求，服装使用说明的标注应包含以下内容。

(一) 制造者的名称和地址

(1) 应标明承担法律责任的制造者依法登记注册的名称与地址。

(2) 进口产品应标注该产品的原产地(国家或地区)，以及代理商或进口商或销售商在中国大陆依法登记注册的名称和地址。

(二) 产品名称

应按产品的真实属性标注。国家标准、行业标准对产品名称有术语及定义的，宜采用国家标准、行业标准规定的名称；没有术语及定义的，应使用不会引起消费者误解或混淆的常用名称。例如，男装针织T恤衫、女式短袖上衣。

常见错误：指代不清，例如实物为男西服，标注为"男西服、大衣"；实物为连衣裙，标注为"连衣裙、套裙"；笼统地将某类服装标注为"男装、女装、单衫、单衣"等。错误示例如图4-6所示。

(三) 产品号型或规格

(1) 纺织品的号型或规格的标注应符合有关国家标准、行业标准的规定。

(2) 服装产品应按 GB/T 1335 或 GB/T 6411 表示服装号型的方式标明产品的适穿范围。示例如图4-7所示。

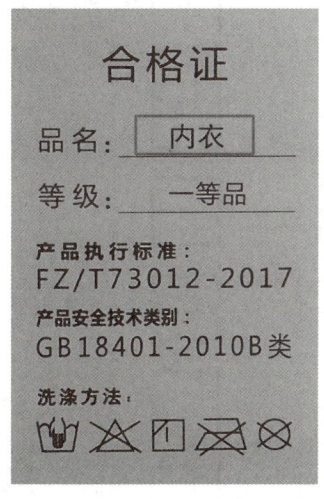

图4-6　标签上的品名指代不清

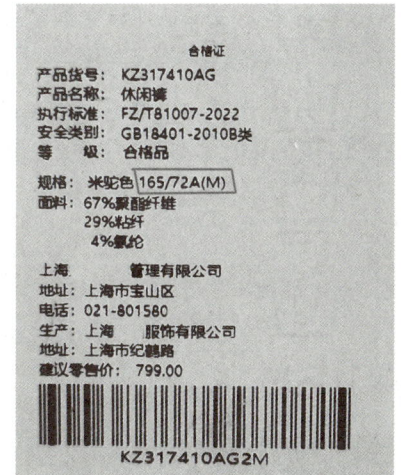

图4-7　标签上的产品号型

(四) 纤维成分及含量

(1) 应使用纤维标准名称，例如天然纤维中的桑蚕丝应标注为桑蚕丝，不能笼统地标注成真丝。

(2) 应正确标注纤维含量，例如某产品纤维含量标注是100%桑蚕丝，但实际上桑蚕丝只占 5%，这就是夸大虚假，没有如实介绍产品，不符合标准。

（3）同一产品的不同部分成分不同，应分别标注。

标注内容示例如图 4-8 所示。

标注时的常见错误：

（1）纤维名称不规范，例如，粘纤标注为人造棉等；

（2）未标明具体纤维名称，例如，笼统标注为 100% 化纤；

（3）同一产品的不同部分成分不同，但未分别标注，例如，面料与里料的成分不同，但只标面料成分，里料成分未标；

（4）以次充好，例如，以涤纶冒充羊毛，以羊毛冒充山羊绒等。

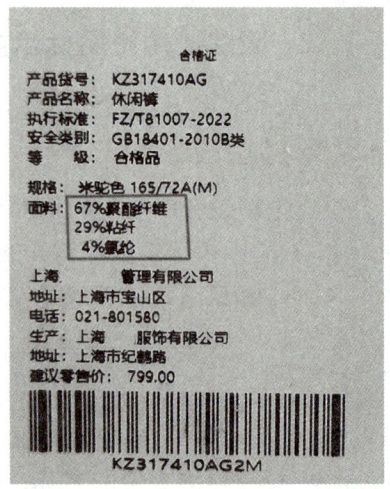

图 4-8 标签上的纤维成分

（五）维护方法

应按 GB/T 8685 规定的图形符号表述维护方法，为消费者提供正确的维护指导。可增加与图形符号相对应的说明性文字；当图形符号满足不了需要时，可用文字予以说明。表 4-8 为洗涤符号及说明示例。

表 4-8 洗涤符号及说明

分类	序号	符号	说明	分类	序号	符号	说明
水洗	1		最高洗涤温度 30℃		9		悬挂晾干
	2		30℃ 以下缓和水洗		10		悬挂滴干
	3		30℃ 以下非常缓和水洗		11		平摊晾干
	4		手洗 最高洗涤温度 40℃	自然干燥	12		平摊滴干
	5		不可水洗		13		阴凉处悬挂晾干
漂白	6		可以漂白		14		阴凉处悬挂滴干
	7		仅允许氧漂/非氯漂		16		阴凉处平摊晾干
	8		不可漂白		17		阴凉处平摊滴干

(续表)

分类	序号	符号	说明	分类	序号	符号	说明
翻转干燥	18	⊙⊙	常规温度翻转干燥	专业纺织品维护	25	Ⓟ	常规干洗
	19	⊙	较低温度翻转干燥		26	Ⓟ	缓和干洗
	20	⊠	不可翻转干燥		27	⊠	不可干洗
熨烫	21	熨斗•••	熨斗底板最高温度200℃		28	Ⓦ	常规专业湿洗
	22	熨斗••	熨斗底板最高温度150℃		29	Ⓦ	缓和专业湿洗
	23	熨斗•	熨斗底板最高温度110℃		30	Ⓦ	非常缓和专业湿洗
	24	⊠	不可熨烫				

（六）执行的产品标准

产品应标明所执行的国家、行业、地方或企业的产品标准编号。例如，执行标准：FZ/T 82002—2016。常见错误有：执行标准编号与产品实物不一致，如实物为棉针织内衣，标注的却是 T 恤衫的标准编号；引用执行过期作废的标准。

（七）安全类别

安全类别的标注要符合《技术规范》的规定，婴幼儿纺织产品必须在使用说明上标明"婴幼儿用品"字样，其他产品应标明所符合的安全技术要求类别（例如：A 类、B 类或 C 类）。其中，婴幼儿用品应符合 A 类要求，直接接触皮肤的产品至少符合 B 类要求，非直接接触皮肤类的产品至少符合 C 类要求。

（八）使用和贮藏注意事项

如有必要，可标明防止产品损坏的注意事项以及贮藏方法。

综上所述，其中前七项内容缺一不可，否则就说明这是一件不合格品，不能上市销售。第八项"使用和贮藏注意事项"则根据需要标注。正确的服装吊牌内容应如图4-9所示。

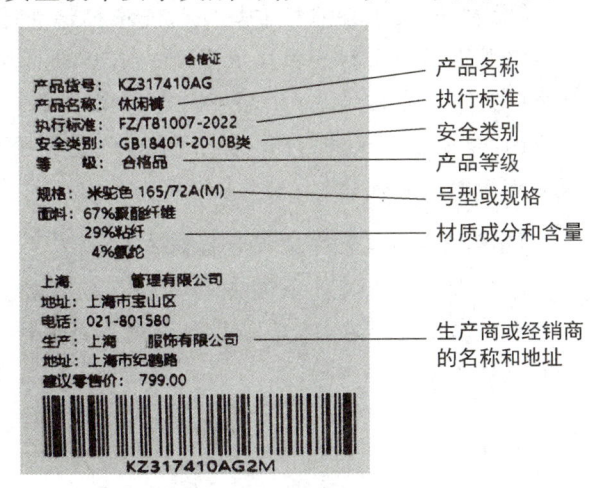

图 4-9 正确的服装吊牌内容

三、服装使用说明标示要求

《消费品使用说明 第4部分：纺织品和服装》(GB 5296.4—2012)规定服装使用说明的基本原则为：

(1) 使用说明是交付产品的组成部分。

(2) 使用说明的所有内容应简明、准确、科学、通俗易懂。

(3) 使用说明应如实介绍产品，不应有夸大虚假的内容。

另外，该标准还规定：

(1) 使用说明上的文字应清晰、醒目，图形、符号应直观、规范。

(2) 使用说明所用文字应为国家规定的规范汉字。可同时使用相应的汉语拼音、少数民族文字或外文，但汉语拼音和外文的字体大小应不大于相应的汉字。

(3) 在不影响产品使用的情况下，号型或规格、纤维成分及含量和维护方法三项内容应采用耐久性标签。

其中，耐久性标签是指能永久附着在产品上，并能在产品的使用过程中保持清晰易读的标签。耐久性标签应由适宜材料制作，在产品使用寿命期内保持清晰易读。标有纤维成分及含量和维护方法的耐久性标签，上装一般缝在左摆缝中下部，下装缝在腰头里下沿或左边裙缝、裤侧缝上。如果衣服上面没有耐久性标签，说明该衣服不符合标准，是一件不合格品。耐久性标签示例如图4-10所示。

图4-10 耐久性标签示例

四、洗涤纠纷

服装吊牌内容对于一些行业来说是非常重要的，例如洗涤行业。下面两个纠纷案例就与此有关。

服装洗标小奥秘

【案例一】 未按照标准规定的洗涤标识进行保养。

消费者张女士将一件皮衣送到洗衣店进行保养，工作人员见衣服内里脏了，用水清洗，结果导致皮衣整体缩水，且无法恢复正常。经过专业鉴定，发现问题出在洗衣店没有依照皮衣上的"专业皮革干洗"标识进行干洗，即没有按照标准规定的洗涤标识进行保养，因此洗衣店应承担赔偿责任。

【案例二】 服装洗涤符号标识有误。

消费者李先生将外套送去洗衣店干洗后，发现洗过的外套严重变形，经过专业鉴定，这件外套根本不能干洗，而厂家却在标识上错误地标注了"干洗"的洗涤方式，因此是该服装洗涤符号标识有误。

知识点考核

一、单选题

1. 根据服装型号标准,155/84B 中的"B"表示"体型",指的是人体胸围和腰围的差值,那么"B"表示的是( )。
   A. 正常体　　　B. 偏胖体　　　C. 肥胖体　　　D. 宽肩细腰型

2. 根据《国家纺织产品基本安全技术规范》(GB 18401—2010),将纺织品按满足基本安全技术要求的程度分为3类,其中要求最高的是( )。
   A. A类　　　　B. B类　　　　C. C类　　　　D. D类

3. 根据《国家纺织产品基本安全技术规范》(GB 18401—2010)的要求,接触皮肤的纺织产品至少符合( )要求。
   A. A类　　　　B. B类　　　　C. C类　　　　D. D类

二、多选题

1. 服装使用说明中哪些内容应采用耐久性标签?( )
   A. 号型规格　　　　　　　　　B. 纤维成分和含量
   C. 维护方法　　　　　　　　　D. 安全类别

2. 服装对身体的安全隐患主要有:( )。
   A. 甲醛超标　　　　　　　　　B. 服装染色牢度不强
   C. pH值不达标(偏碱性或酸性超标)　　D. 使用了禁用的可分解致癌芳香胺染料
   E. 服装有异味

3. 服装号型中 170/84A 中,"A"代表的是( )。
   A. 胸围　　　　　　　　　　　B. 腰围
   C. 体型　　　　　　　　　　　D. 胸围、腰围之间的差值

4. 按照 GB 5296.4 标准的规定,服装的使用说明应按照哪些形式表现?( )
   A. 直接印刷或织造在产品上,或者直接印刷在产品包装上
   B. 固定在产品上的耐久性标签
   C. 悬挂、粘贴或固定在产品包装上的标签
   D. 随同产品提供的资料

三、判断题

1. 服装大小标示 155/84B 中的 155 代表"型",是设计和选购服装长短的依据。　　( )
2. 耐久性标准宜用适宜材料制作,保证其在销售过程中完整地附着在服装上,并保持清晰易读。　　( )
3. 儿童服装的号型和成人服装的号型表达方法不一样。　　( )
4. 在中国销售服装一定要附有该服装的使用说明。　　( )
5. 洗涤符号 | 表示平摊晾干。　　( )

专题五

标准化与居住

知识目标

1. 了解世界卫生组织对人类居住环境的标准规定。
2. 了解我国建筑行业对健康住宅的标准规定。
3. 了解国家噪声污染防治法的主要内容。
4. 了解国家声环境质量标准的主要内容。
5. 掌握噪声污染的处理方法。
6. 了解我国室内空气污染控制标准的主要内容。
7. 掌握出现室内空气污染情况时的处理方法。

技能目标

1. 能自觉地为维护或建设美好家园服务。
2. 能将噪声污染防治法和声环境质量标准应用到生活中。
3. 能将室内空气质量标准应用到生活中。
4. 能运用法律和标准维护自己的权益。

素质目标

1. 树立环保意识、人身安全意识。
2. 树立人文关怀精神。
3. 树立维权意识。

第一节　宜居环境

一、美丽乡村

实施乡村振兴战略,是党的十九大作出的重大决策部署,是决胜全面建成小康社会、全面建设社会主义现代化国家的重大历史任务。2015 年 4 月 29 日,国家标准《美丽乡村建设指南》(GB/T 32000—2015)由国家质量监督检验检疫总局(现国家市场监督管理总局)、国家标准化管理委员会发布,为建设美丽乡村、全面推进乡村振兴、打造美丽幸福宜居乡村指明了方向。该标准规定了美丽乡村的村庄规划和建设、生态环境、经济发展、公共服务、乡风文明、基层组织、长效管理等建设要求。

(一) 美丽乡村内涵

美丽乡村是指经济、政治、文化、社会和生态文明协调发展,规划科学、生产发展、生活宽裕、乡风文明、村容整洁、管理民主,宜居、宜业的可持续发展乡村(包括建制村和自然村)。

(二) 美丽乡村建设六大内容

1. 村庄规划

规定了村庄建设、生态环境治理、产业发展、公共服务等方面的系统规划要求。

2. 村庄建设

规定了道路、桥梁、引水、供电、通信等生活设施和农业生产设施的建设要求。

3. 生态环境

规定了水、土、气等环境质量要求,对农业、工业、生活等污染防治,森林、植被、河道等生态保护,以及村容维护、环境绿化、厕所改造等环境整治进行指导。

4. 经济发展

规定了美丽乡村的农业、工业、服务业三大产业的发展要求。

5. 公共服务

规定了医疗卫生、公共教育、文化体育、社会保障、劳动就业、公共安全、便民服务等方面的要求。

6. 其他方面

对乡风文明建设、基层组织建设、长效管理等内容进行了明确。

(三) 美丽乡村建设量化指标

1. 生态环境量化指标(11 项)

(1) 村域内工业污染源达标排放率:100%。

(2) 农膜回收率:80%以上。

(3) 农作物秸秆综合利用率:70%以上。

(4) 病死畜禽无害化处理率:100%。

(5) 畜禽粪便综合利用率:80%以上。

（6）生活垃圾无害化处理率：80%以上。

（7）生活污水处理农户覆盖率：70%以上。

（8）使用清洁能源的农户数比例：70%以上。

（9）林草覆盖率：平原地区20%以上，丘陵地区50%以上，山区80%以上。

（10）卫生公厕拥有率：不低于1座/600户。

（11）户用卫生厕所普及率：80%以上。

2. 公共服务量化指标（8项）

（1）村卫生室建筑面积：大于60 m^2。

（2）学前一年毛入园率：85%以上。

（3）九年义务教育目标人群覆盖率：100%。

（4）九年义务教育巩固率：93%以上。

（5）农村五保供养目标人群覆盖率：100%。

（6）农村五保集中供养能力：50%以上。

（7）基本养老服务补贴目标人群覆盖率：50%以上。

（8）村民享有城乡居民基本医疗保险参保率：90%以上。

《美丽乡村建设指南》（GB/T 32000—2015）作为推荐性国家标准，为开展美丽乡村建设提供了框架性、方向性技术指导，使美丽乡村建设有标可依、有据可考，使乡村资源配置和公共服务有章可循。实践表明，标准化让美丽乡村建设走上了规范化和制度化之路，能有效规避创建经验不足和人、财、物浪费等问题。该标准的发布和实施对美丽乡村建设实践具有重要的指导意义，为美丽乡村的高质量建设、综合治理、可持续维护、规范化服务、科学化评价提供了技术支撑。

二、宜居城市

2016年，中国科学研究院发布了《中国宜居城市研究报告》，此报告对中国经济社会发展水平较高的40个城市进行了评价，评价指标包括城市安全性、公共服务设施方便性、自然环境宜人性、社会人文环境舒适性、交通便捷性和环境健康性6大维度的29个具体评价指标，排名前十的城市为：青岛、昆明、三亚、大连、威海、苏州、珠海、厦门、深圳、重庆。

2007年5月30日，中国城市科学研究会的《宜居城市科学评价标准》通过建设部（现住房和城乡建设部）科技司评审验收，正式对外发布。该标准从社会文明度、经济富裕度、环境优美度、资源承载度、生活便宜度、公共安全度6个方面对宜居城市进行评分，根据不同得分将城市分为宜居城市、较宜居城市和宜居预警城市。根据标准，社会贫富严重分化、刑事案件发案率高、环境污染严重的城市明确不能评为"宜居城市"。

这个标准是导向性的科学评价标准，不是强制性的行政技术标准。标准评分实行百分制，宜居指数达到80分即认为是"较宜居城市"。以下是评分的指标和分值。

（一）社会文明度（权重0.10）

社会文明是百姓宜居的重要的前提条件。

(二) 经济富裕度(权重 0.10)

经济富裕是宜居城市最重要的基础条件,也是宜居城市最重要的决定因素之一。

(三) 环境优美度(权重 0.30)

生态环境恶化是当前我国城市发展中的突出问题。环境优美是宜居城市的决定性因素之一,主要包括生态环境、气候环境、人文环境、城市景观四个方面。

(四) 资源承载度(权重 0.10)

城市资源量决定一个城市的自然承载能力,是城市形成、发展的必要条件。资源丰富有利于提高公众的生活质量,也是宜居城市的重要条件。其中,水土资源是宜居城市的决定性因素之一。

(五) 生活便宜度(权重 0.30)

生活方便、适宜是宜居城市最重要、最核心的影响因素,也是最重要的决定性因素之一。宜居城市应该为市民生活各方面的内容提供各种高质量的服务,并且使得这些服务能被广大的市民方便地享受。

(六) 公共安全度(权重 0.10)

享有公共安全是宜居城市的重要条件。

(七) 综合评价要求

宜居指数即累计得分≥80 分的城市,如果有以下任何一项否定条件,不能被评为"宜居城市":

(1) 社会矛盾突出,刑事案件发案率明显高于全国平均水平;
(2) 基尼系数大于 0.6 导致社会贫富两极严重分化;
(3) 近三年曾被国家环保局公布为年度"十大污染城市";
(4) 区域淡水资源严重缺乏或生态环境严重恶化的。区域淡水资源严重缺乏的标准:人均淡水资源 500 m³ 以下。区域生态环境严重恶化的标准:城区河流水质普遍劣于 4 类,或 2 级以上空气质量天数不足 260 天/年,或沙漠流动沙丘逼近城市边缘 5 km 以内。

三、健康住宅

(一) 世界卫生组织要求

根据世界卫生组织的定义,健康住宅就是能够使居住者在身体上、精神上、社会上完全处于良好状态的住宅。

健康住宅的目标是一切从居住者出发,满足居住者生理和心理健康需求,使其生活在健康、安全、舒适、环保的室内和室外居住环境中。健康住宅主要体现在:

(1) 人居环境的健康性,包括空间舒适、环境安全;
(2) 自然环境的亲和性,包括空气清新、水质卫生、光照良好;
(3) 健康环境的保障体系,包括健康促进服务,主要指针对居住者本身的健康保障,例如医疗保障、家政服务提供等;公共健身设施、社区老人活动场所等硬件设施。

世界卫生组织对健康住宅的要求有15项，具体如下：

（1）会引起过敏症的化学物质的浓度很低；

（2）尽可能不使用容易挥发出化学物质的胶合板、墙体装修材料等；

（3）设有换气性能良好的换气设备，能将室内污染物质排至室外，特别是对高气密性、高隔热性的住宅来说，必须采用具有风管的中央换气系统，进行定时换气；

（4）在厨房灶具或吸烟处，要设置局部排气设备；

（5）起居室、卧室、厨房、厕所、走廊、浴室等要全年保持在17℃～27℃之间；

（6）室内的湿度全年保持在40%～70%之间；

（7）二氧化碳浓度要低于1 000 ppm；

（8）悬浮粉尘浓度要低于0.15 mg/m^2；

（9）噪声要小于50 dB；

（10）一天的日照确保在3 h以上；

（11）要设置有足够亮度的照明设备；

（12）住宅应具有足够的抗自然灾害的能力；

（13）具有足够的人均建筑面积；

（14）住宅要便于护理老龄者和残疾人；

（15）因建筑材料中含有有害挥发性有机物质，所以住宅竣工后，要间隔一段时间（至少2周）才能入住，在此期间要进行通风和净化空气，例如种植植物、使用光触媒或火星碳等。

（二）中国工程建设协会标准

中国工程建设协会公布的《健康住宅评价标准》（T/CECS 462—2017）中，对健康住宅的相关要求有15项，具体如下：

（1）起居室、卧室的净高不低于2.4 m；

（2）洗手间和厨房的地面防滑系数不小于0.8；

（3）多层、高层住宅，主要居室直视距离不少于18 m；

（4）在厨房或者室内吸烟处，设置局部排气设备；

（5）起居室、卧室、厨房灯温度在17℃～27℃之间；

（6）室内湿度保持在40%～70%；

（7）二氧化碳浓度要低于1.97 g/m^3；

（8）悬浮颗粒物浓度要低于0.15 mg/m^3；

（9）噪声要小于50 dB；

（10）每套住宅至少一个居室达到日照标准要求；

（11）要有足够亮度的照明设备；

（12）住宅应具有足够的抗自然灾害的能力；

（13）具有足够的人均面积；

（14）住宅便于儿童、老年人和残疾人生活；

（15）采用密闭垃圾装置进行垃圾分类收集。

第二节　烦人的噪声

家居环境这么吵,怎么办?

一、噪声污染

听觉是人类重要的感觉,我们依赖它从这个有声世界接收信息,并产生反应,获得重要信息。我们对外界声音音量大小有不同的感觉。

人们用分贝(dB)来划分声音的等级。

0～10 dB：刚刚能听到的最弱声,听觉下限;

10～20 dB：声音很静,几乎感觉不到;

20～40 dB：相当于轻声说话;

40～60 dB：相当于普通室内谈话;

60～70 dB：相当于大声喊叫,有损神经;

70～90 dB：声音很大,会干扰谈话,影响工作效率;

90～100 dB：会使听力受损,耳膜受损。

人们如果长期生活在 90 dB 以上的噪声环境,听力会受到严重影响,还会引起神经衰弱、头疼、血压升高等疾病。如果突然暴露在高达 120 dB 的噪声环境中,听觉器官会发生急剧外伤,引起鼓膜破裂出血,双耳完全失去听力。为了保护听力,应控制噪声不超过 90 dB;为了保证工作和学习,应控制噪声不超过 70 dB;为了保证休息和睡眠,应控制噪声不超过 40 dB。

噪声的影响如图 5-1 所示。

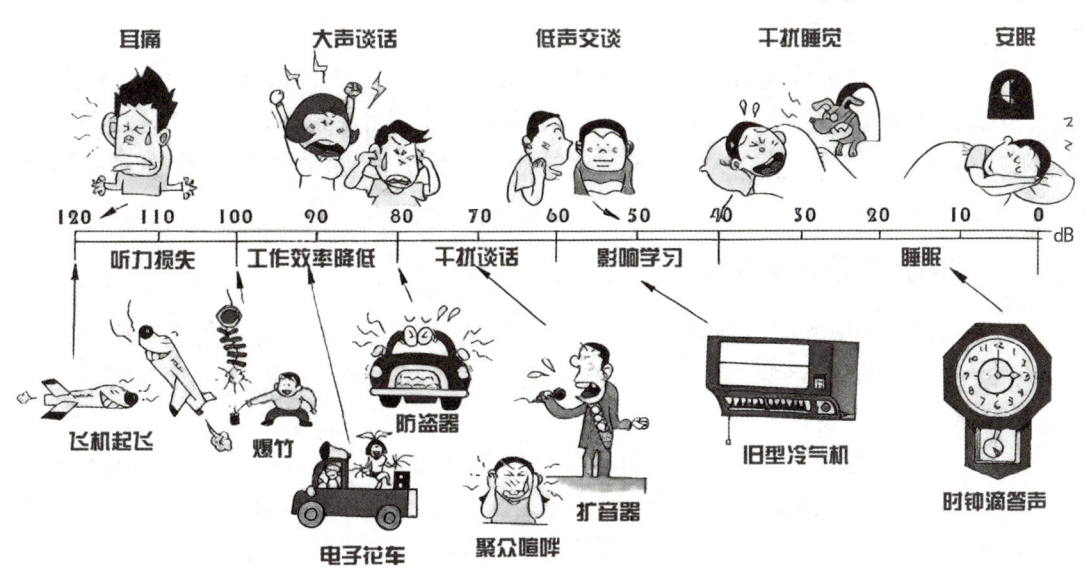

图 5-1　噪声的影响

噪声过大会严重影响人们的生活。2020年,生态环境部门"全国生态环境信访投诉举报管理平台"共接到公众举报44.1万余件,其中噪声扰民问题占全部举报的41.2%,排各环境污染要素的第2位。另外据生态环境部发布的《2021年中国环境噪声污染防治报告》白皮书显示,2020年,全国城市功能区声环境质量昼间总点次达标率为94.6%,而夜间总点次达标率只有80.1%;城市昼间区域声环境质量等效声级平均值为54.0 dB,昼间道路交通噪声等效声级平均值为66.6 dB,夜间达标率偏低。我国直辖市、省会城市和计划单列市昼间区域受生活噪声影响占比为65.4%,交通噪声影响占比为19.7%,工业噪声影响占比为11.0%(图5-2)。

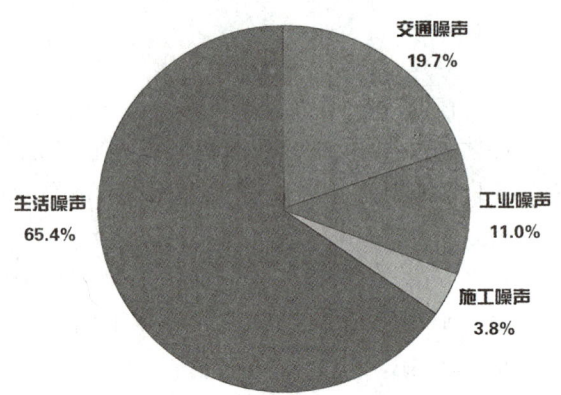

图5-2　2020年我国直辖市、省会城市和计划单列市昼间区域受各类声源影响比例

噪声污染防治势在必行。2021年12月24日,习近平主席颁布了104号主席令,第十三届全国人民代表大会常务委员会通过了《中华人民共和国噪声污染防治法》,从2022年6月5日起施行。制定新法的目的是防治噪声污染,保障公众健康,保护和改善生活环境,维护社会和谐,推进生态文明建设,促进经济社会可持续发展。在此新法实施之前,我国执行的是1996年版的《中华人民共和国环境噪声污染防治法》,新法的名称比旧版少了"环境"两字,这是因为噪声污染需要防治的是人为噪声,不是自然环境噪声,新法明确法律规范的对象是人为噪声。

新法将噪声污染定义为:超过噪声排放标准或者未依法采取防控措施产生噪声,并干扰他人正常生活、工作和学习的现象。

噪声污染概念的内涵包含两方面:一是有噪声排放标准的领域,噪声超标且扰民的为噪声污染,例如城市的生活工作区域;二是没有噪声排放标准的领域,未依法采取防控措施产生噪声且扰民的也为噪声污染,例如农村的大部分领域、城市轨道交通噪声、社会生活噪声等。

二、国家声环境质量标准

《中华人民共和国噪声污染防治法》第二章为《噪声污染防治标准和规划》,对噪声污染防治标准的规划、制定、完善、实施以及制定的主体范围等作出了规定,明确国家要推进噪声污染防治标准体系建设。

噪声污染防治标准分三个层面:第一层为国家声环境质量标准;第二层为国家噪声排放标准以及相关的环境振动控制标准、地方噪声排放标准;第三层,对可能产生噪声污染的工业设备、施工机械、交通工具、电气电子产品等产品,在其技术规范或者产品质量标准中规定噪声限值。

标准对于新法的实施至关重要。通过完善噪声标准体系,可实现科学精准依法治污。《声环境质量标准》(GB 3096—2008)为强制性国家标准,具有强制执行的效力,标准的制定目的是保护环境,保障人体健康,防治环境噪声污染。对于如何防止噪声干扰居民的正常生活,该标准按区域的使用功能特点和环境质量要求将声环境功能区分为5种类型,各类声环境功能区的环境噪声限值要求见表5-1。声环境功能区划分以有效控制噪声污染的程度和范围为宗旨,对于加强声环境综合整治、提高环境管理水平、创造安静人居环境具有重要意义。

表 5-1 声环境噪声限值　　　　　　　　　　　　　　　单位:dB(A)

声环境功能类别		时段	
		昼间	夜间
0类: 指康复疗养区等特别需要安静的区域		50	40
1类: 指以居民住宅、医疗卫生、文化教育、科研设计、行政办公为主要功能,需要保持安静的区域		55	45
2类: 指以商业金融、集市贸易为主要功能,或者居住、商业、工业混杂,需要维护住宅安静的区域		60	50
3类: 指以工业生产、仓储物流为主要功能,需要防止工业噪声对周围环境产生严重影响的区域		65	55
4类: 指交通干线两侧一定距离之内,需要防止交通噪声对周围环境产生严重影响的区域	4a类:指高速公路、一级公路、二级公路、城市快速路、城市主干路、城市次干路、城市轨道交通(地面段)、内河航道两侧区域	70	55
	4b类:指铁路干线两侧区域	70	60

注:昼间指的是早上6点到晚上10点,夜间指的是晚上10点到早上6点。

国际上一些国家的夜间睡眠噪声限值为 30 dB,但是鉴于我国现阶段的环境现状,不能将限值定得过低,于是将 0 类声环境功能区夜间噪声限值设为 40 dB。人长期处于高于 60 dB 的环境,神经细胞将受到破坏,所以将 2 类白天噪声限值定为 60 dB。

三、噪声污染纠纷

因购买的商品房的噪声问题,业主把开发商告上法庭的案例不少。

【案例一】 据2009年11月20日佛山日报《噪音超标,万科金色花园遭业主起诉》报道,佛山南海万科金色花园由于离佛山一环大约60 m,公路噪声让业主夜夜难以入睡,受噪声困扰的主要是三期拥翠园、观月园和盈翠园的近400户居民。

2008年11月4日,南海区环保局曾应业主要求在此进行了实地噪声监测。监测报告〔(南)环境监测S"声"字(2008)第110501号〕显示,该楼盘昼间噪声达74.0 dB,夜间噪声达70.8 dB,不符合强制性《声环境质量标准》(GB 3096—2008)所规定的2类声环境功能区噪声昼间不超过 60 dB,夜间不超过 50 dB 的技术指标,于是 30 多名业主将开发商告上了法庭,要求开发商对噪声超标进行整改并给予相应赔偿。

据 2010 年 10 月 13 日南方都市报《一环噪音扰民案　业主再次败诉》和广州日报《首例一环扰民案 30 多名业主败诉》报道,南海区法院经审理后认为,开发商对佛山一环噪声问题已做了充分提示,且该交通噪声不是因置业公司履行《商品房买卖合同》而产生;涉案物业依法获规划、建设审批许可并经竣工验收合格,符合合同约定的交付条件。据此,南海法院一审判决驳回曹某等 31 户业主的诉讼请求。后来,曹某等 8 户业主不服,向佛山中院提起上诉。佛山中院经审理后维持原判。

【案例二】 2006 年 9 月 1 日,长沙市西二环建成并全线通车。

2009 年 2 月 15 日,原告刘某、李某购买了被告卓越公司开发的蔚蓝海岸小区二期西区 1 栋 203 号商品房。

2009 年 10 月 18 日,原、被告双方办理交付房屋手续。该房屋与西二环之间建有绿化带,且并非与西二环直接相邻,原告房屋所在单元与西二环之间隔有与原告房屋所在单元相连的另外一个房屋单元。

2010 年 3 月 25 日,住房和城乡建设部组织先导区国土规划部、市质监站、市公安消防支队、市卫生局、市气象局等部门对卓越蔚蓝海岸二期西区 1、5、6、9、10、15～17 栋建筑工程进行了竣工联合验收,确认该建筑工程项目基本符合联合验收要求,并同意办理后续手续。

2011 年 5 月,原告李某向长沙市岳麓区环境监测站申请对蔚蓝海岸小区二期西区 1 栋 203 号房屋进行昼(夜)间噪声监测,长沙市岳麓区环境监测站在原告所购房屋内于 2011 年 5 月 4 日和 5 月 5 日进行了监测,并于 2011 年 5 月 13 日出具了长岳环站检字〔2011〕11 号检测报告,检测结果显示监测点位置有两个,测试时间为 2011 年 5 月 4 日 15:53:06、16:07:13 和 2011 年 5 月 5 日 22:50:46、23:11:21;监测结果为蔚蓝海岸小区二期西区 1 栋 203 号房客厅昼间噪声为 52.3 dB(A),夜间噪声为 53.5 dB(A),主卧昼间噪声为 56.0 dB(A),夜间噪声为 55.9 dB(A),客厅和主卧室噪声均超过国家 2 类区域噪声排放标准。为此,原告支付了环境监测服务费 1 040 元。

2011 年 5 月 30 日,长沙市岳麓区环境监察大队向被告发出环境现场监察文书,责成被告进行整改。

2013 年 4 月 15 日,因整改未果,原告于 2013 年 4 月 15 日诉至长沙市岳麓区人民法院,要求判令被告 30 日内在西二环临蔚蓝海岸小区二期西区 1 栋路段采取设置声屏障、栽植绿化林带等安全措施,使 203 室环境噪声降至国家 2 类区域排放标准限值以下;该案经审理后驳回了原告的诉讼请求,原告不服上诉至长沙市中级人民法院,长沙市中级人民法院经审理后,认为涉案房屋不符合声环境功能区的环境质量要求,被告应承担侵权责任,但被告公司无权实施原告所诉请的在该路段设置声屏障、栽植绿化带等措施的权利,故驳回上诉,维持原判。

2013 年 4 月 20 日,原告自行订制并安装了天窗及屋顶玻璃,以减少噪声污染,共花费 16 290 元。因双方就噪声污染赔偿问题协商未果,故原告又诉至长沙市岳麓区人民法院。请求:①被告承担两原告自行加装防噪玻璃费用 16 290 元;②被告赔偿两原告精神损害抚慰金13 130元(自2010年2月6日至2013年4月30日止,每日赔偿10元);③被告承担环境监测服务费1 040元;④本案诉讼费由被告承担。

湖南省长沙市岳麓区人民法院认为,本案中,西二环线先于涉案房屋建成通车,被告卓越公司作为噪声敏感建筑物的建设单位,应当采取减轻、避免交通噪声影响的措施。现原告所购买的涉案房屋不符合声环境功能区的环境质量要求,被告卓越公司应承担相应侵权责任。结合本案案件事实及原、被告所应承担责任的大小等因素,法院确认因噪声污染对原告所造成的损害,由被告承担70%,原告自行承担30%。

对原告所主张的自行加装防噪设施的费用16 290元及环境监察服务费1 040元,予以确认,对原告所主张的精神抚慰金,因原告并未提供证据证实原告的侵权行为给被告的精神造成了损害,故对该费用,不予确认。

综上,法院判决:一、限被告卓越置业集团(长沙)有限公司在本判决生效后五日内赔偿原告刘某、李某因蔚蓝海岸小区二期西区1栋203号房屋不符合声环境功能区的环境质量要求所造成的损失12 131元;二、驳回原告刘某、李某的其他诉讼请求。

注:此案摘于2020年6月5日,湖南省高级人民法院网站。

案例分析:

两个相似的案例有不同的判决结果。案例一中的万科新建商品住宅环境噪声超标,违反《声环境质量标准》(GB 3096—2008)的相关规定,佛山法院认为强制性标准可以不执行,不符合强制性标准的产品,只要预先提示就可销售且不承担整改和赔偿责任。案例二中法院判决认为卓越公司作为噪声敏感建筑物的建设单位,应当采取减轻、避免交通噪声影响的措施。而原告在购买涉案房屋时,西二环线已经通车,原告应当知晓或预判西二环线噪声对其居住的实际影响,故应承担部分责任。故认定因噪声污染对原告所造成的损害,由被告承担70%,原告自行承担30%,被告赔偿原告刘某、李某因蔚蓝海岸小区二期西区1栋203号房屋不符合声环境功能区的环境质量要求所造成的损失12 131元。

正是10多年前的案例一中的佛山法院的如此判决,导致一些开发商认为只要在销售现场的地图和沙盘模型中有交通干线的提示,不管购房者是否看到或注意到,都可以对噪声超标不承担任何责任,而开发成本可以大大降低,于是占到违法便宜的房地产开发商们不断在交通干线噪声重度污染区开发商品住宅,离公路的距离越来越近。而案例二符合当时执行的1996年版《中华人民共和国环境噪声污染防治法》"防治环境噪声污染,保护和改善生活环境,保障人体健康,促进经济和社会发展"的立法目的。依据该法第三十七条规定:"在已有的城市交通干线的两侧建设噪声敏感建筑物的,建设单位应当按照国家规定间隔一定距离,并采取减轻、避免交通噪声影响的措施"。故对同类案件中噪声污染造成的损害赔偿责任的认定具有借鉴意义。

新的《中华人民共和国噪声污染防治法》对先有路后有房,或者先有房后有路都有明确规定。第二十六条规定,建设噪声敏感建筑物,应当符合民用建筑隔声设计相关标准要求,不符合标准要求的,不得通过验收、交付使用;在交通干线两侧、工业企业周边等地方建设噪声敏感建筑物,还应当按照规定间隔一定距离,并采取减少振动、降低噪声的措施。第四十五条规定,新建公路、铁路线路选线设计,应当尽量避开噪声敏感建筑物集中区域。第四十六条规定,新建、改建、扩建经过噪声敏感建筑物集中区域的高速公路、城市高架、铁路和城市轨道交通线路等的,建设单位应当在可能造成噪声污染的重点路段设置声屏障或者采取其他减少振动、降低噪声的措施,符合有关交通基础设施工程技术规范以及标准要求。

随着新法实施,这种乱象将得到遏制,再出现类似的案件,法院判决就有法可依了。

四、依法治理噪声污染

假设自家小区附近现在是大型建筑工地,每天打桩的"咣当"声吵得小孩无法学习,该怎么办?

根据《中华人民共和国噪声污染防治法》的以下规定,如果住户遇到居家附近的噪声污染,可以做而且也应该做的是向当地生态环境主管部门投诉,由主管部门对噪声源依法依标准进行处理。

《中华人民共和国噪声污染防治法》中相关条例:

第九条:"任何单位和个人都有保护声环境的义务,同时依法享有获取声环境信息、参与和监督噪声污染防治的权利。排放噪声的单位和个人应当采取有效措施,防止、减轻噪声污染。"

第三十一条:"任何单位和个人都有权向生态环境主管部门或者其他负有噪声污染防治监督管理职责的部门举报造成噪声污染的行为。"

第四十条:"施工单位应当按照规定制定噪声污染防治实施方案,采取有效措施,减少振动、降低噪声。"

在日常生活中遇到广场舞的喧闹声、机动车"炸街"的轰鸣声、室内装修刺耳的电钻声等令人无法忍受的噪声,都可以向生态环境主管部门投诉。

第三节　室内空气污染

室内空气污染还要危害多少人?

一、室内空气污染的危害

工业革命以后,人们从田间地头劳动转移到了写字楼和工厂,健身运动的场所从户外变成了体育馆和健身房,就连交通也主要依靠汽车、地铁等空间密闭的交通工具,有数据表明,当代人待在室内的时间超过90%。室内空气污染已成为对全球公众健康危害最大的5种环境因素之一。

当封闭空间内的空气中存在对人体健康有危害的物质,并且其浓度已经超过国家标准,达到可以伤害到人体健康的程度时,此类污染统称为室内空气污染。

上海市室内环境净化行业协会发布的2021年《中国室内空气污染状况白皮书》显示,我国居民室内空气环境普遍存在甲醛和总挥发性有机物污染超标情况,部分居室存在苯系物污染超标情况。甲醛等污染的释放速率与温度相关,其中超标率较高的季节是春季和夏季,甲醛的超标率均在77%以上,总挥发性有机物的超标率均在33%以上。虽然秋冬两季甲醛、总挥发性有机物的超标率有所降低,但秋季的甲醛超标率接近40%,冬季的总挥发性有机物的超标率超过 20%，情况也不容乐观。表 5-2 为上海市室内环境净化行业协会针对 5 个代表性城市(上海、北京、长春、济南、郑州)的 1 000 户 2 年内新装修的入户空气质量检测结果。

表 5-2 2021 年室内空气污染检测超标率情况

季节	平均温度范围(℃)	甲醛(%)	苯(%)	甲苯(%)	二甲苯(%)	总挥发性有机物(%)
春季	10～22	83.33	8.33	25.00	0.00	33.33
夏季	18～28	76.81	7.25	5.80	4.35	42.03
秋季	10～25	39.19	4.05	1.35	1.35	13.51
冬季	-1～28	18.03	2.46	2.87	0.82	26.23

室内空气污染对人体健康危害严重。办公室白领如果长时间在受到污染的环境里工作，可能会患"白领综合征"，具体表现为呼吸不畅、注意力不集中、新陈代谢能力降低。女性长期暴露在有高浓度污染物的环境中，会出现月经紊乱，孕妇可能会引发妊娠综合征、胎儿畸形等问题。儿童免疫系统比较弱，呼吸量占体重比比成年人高 50%，因而更易受室内空气污染的危害。室内空气污染不仅会诱发儿童的血液性疾病和哮喘病，还会影响身高和智力健康发育。老年人的各项身体机能在下降，空气污染不仅会引起老年人气管炎、咽喉炎、肺炎等呼吸道疾病，还会诱发高血压、心血管、脑溢血等病症。

【案例一】 2018 年 3 月，37 岁的王某离京赴杭州阿里巴巴总部入职，入住自如公司提供的出租房，可是仅仅 6 个月，他却因为租住的房子甲醛超标而患白血病身故。

【案例二】 2018 年 5 月，在江苏镇江市丹徒区某家幼儿园里，一个上中班的 5 岁小女孩被诊断出患有急性淋巴细胞白血病，其父母申请了江苏省某检测中心来检测自家房屋，发现装修了 7 年的两间卧室，一间甲醛含量达到 0.109 mg/m³，另一间甲醛含量高达 0.117 mg/m³，均超过国家规定的标准。

大量触目惊心的事实证明，由于建筑、装饰装修、家具造成的室内空气污染已成为危害人类健康的"隐形杀手"。世界卫生组织也已将室内空气污染列为人类健康的十大威胁之一。

室内空气污染的来源可归于以下 6 类。

(一) 甲醛

甲醛是一种无色、具有强烈刺激性气味的气体，具有活泼的化学性质和生物学活性，是室内环境的主要污染物，长期吸入会引起慢性中毒。

甲醛主要来自家庭装修用的刨花板、纤维板、大芯板、胶合板、沙发用海绵、海绵床垫及墙壁、地面的装饰铺设用的黏合剂等。

甲醛是世界上公认的潜在致癌物，其毒性危害主要表现为：
(1) 眼睛、鼻子和喉咙有灼痛感，引起气喘、咳嗽、易疲劳、皮疹及头痛，还会感到恶心，身体失去协调能力；

（2）较大剂量可引起哮喘发作以及肝脏、肾脏和中枢神经系统的损害，对于孕妇还会导致胎儿畸形；

（3）有限证据表明它会导致人类癌症；

（4）甲醛释放的时间可长达3~15年。

（二）苯系物

苯是一种无色、具有特殊芳香气味的气体，是室内挥发性有机物的一种。其特点是危害性大，为强致癌物质。

苯来源于装修中使用的胶、漆、涂料和建筑材料的有机溶剂。高浓度苯蒸气可引起急性苯中毒。轻度中毒会出现嗜睡、头痛、头晕、恶心、呕吐、胸部紧束感等，并可能造成轻度黏膜刺激症状。重度中毒会出现视物模糊、震颤、呼吸浅而快、心律不齐、抽搐和昏迷。严重者可能出现呼吸和循环衰竭、心室颤动。慢性苯中毒还会引起不同程度的白血病。

（三）氨

氨是一种无色、具有强烈刺激性气味的气体。其特点是刺激性强，但其释放期短，不会长期积存，对人体危害较小。

居民住宅中的氨主要来源于混凝土的墙体。房屋在冬季施工过程中，常在混凝土墙体中加入以尿素和氨水为主要原料的混凝土防冻剂，房屋建成后氨气就从墙体中缓慢释放出来，造成室内氨污染。氨可麻痹呼吸道纤毛和损害黏膜上皮组织，减弱人体对疾病的抵抗力。吸入的氨容易通过肺泡进入血液，与血红蛋白结合，破坏其运氧功能。氨气会刺激人的眼睛和气管，对眼、喉、上呼吸道作用快，引发流泪、咽喉肿痛、呼吸困难等症状。

（四）氡

氡是镭裂变后产生的自然界唯一的天然放射性惰性气体，无色，无味。它存在于岩石、土壤和水体中，是世界卫生组织认定的19种致癌因素之一。该物质的放射线对人体细胞基本分子结构具有破坏作用。

房基土壤、建筑材料、室外空气、供水及用于取暖和烹饪的天然气都释放氡。由于氡是放射性气体，当人们吸入体内后，氡衰变产生的α粒子可对人的呼吸系统造成辐射损伤，诱发肺癌。专家研究表明，氡诱发肺癌的潜伏期大多在15年以上，是除吸烟以外引起肺癌的第二大因素。氡对人体脂肪有很高的亲和力，特别是氡与神经系统结合后，危害更大，主要表现为引发肿瘤。

（五）总挥发性有机化合物（TVOC）

总挥发性有机化合物为任何液体或固体在常温常态下自然挥发出来的所有有机化合物的总称。其特点是成分复杂，有臭味，毒性大，刺激性强等。

室内的TVOC主要由建筑材料、室内装饰材料及生活和办公用品等散发出来，例如建筑材料中的人造板、泡沫隔热材料、塑料板材；室内装饰材料中的油漆、涂料、黏合剂、壁纸、地毯；生活中用的化妆品、洗涤剂等。研究表明，人体长期暴露在高浓度的TVOC污染的环境中，可能引发中枢神经系统、肝和血液中毒，个别过敏者即使在低浓度下也会有严重反应。

（六）微生物、病毒、细菌

微生物及微尘多存在于温暖潮湿及不干净的环境中，随灰尘颗粒一起在空气中飘散，成为过敏源及疾病传播的途径。特别是尘螨，是人体支气管哮喘病的一种过敏原。尘螨喜欢栖息在房间的灰尘中，春秋两季是尘螨生长、繁殖最快的时期。

室内空气中的微生物主要由室外空气微生物随气流带入室内，人体衣物表面、鞋底泥土带入和呼吸道播散而来。细菌在空气中主要以两种形式存在：一是附着于空气颗粒物上，直径大于 $10\ \mu m$ 的颗粒物可同细菌一起降落地面，直径小于 $10\ \mu m$ 的颗粒物则携菌长时间飘浮在空气中；二是含于飞沫中，当人们喷嚏、咳嗽、唱歌、谈话时，由口、鼻喷出飞沫，附于飞沫中的细菌或附于飞沫蒸发而形成的"飞沫核"上的细菌，迅速分散于室内各处，并长时间漂浮空气中。在通风不良、空气污浊、细菌数量多的室内，极容易传播呼吸道传染病。

二、室内空气污染控制标准

为了预防和控制民用建筑工程中主体材料和装饰装修材料产生的室内空气污染，保障公众健康，维护公共利益，2020 年 1 月，住建部批准发布了《民用建筑工程室内环境污染控制标准》(GB 50325—2020)，并于 2020 年 8 月 1 日实施。新标准在原 5 种有机污染物（氡、甲醛、苯、氨、TVOC）的基础上添加了甲苯和二甲苯，并降低了室内空气污染物的浓度限值，以求在更大程度上保护人们的健康。2020 版比 2010 版在多项指标上提出了更高更严的要求。

GB 50325 适用于所有新建、扩建和改建的民用建筑工程室内空气污染控制。该标准中将民用建筑工程划分为Ⅰ类和Ⅱ类。

Ⅰ类民用建筑包括住宅、居住功能公寓、医院病房、老年照料房屋设施、幼儿园、学校教室、学生宿舍等。

Ⅱ类民用建筑包括办公楼、商店、旅馆、文化娱乐场所、书店、图书馆、展览馆、体育馆、公共交通等候室、餐厅等。

标准通过对以下 4 个方面严格要求，力图从源头上控制室内空气污染。

（1）材料要求：民用建筑工程所选用的建筑主体材料和装饰装修材料应符合本标准有关规定，包含无机非金属建筑主体材料和装饰装修材料、人造木板、涂料、胶粘剂、水性处理剂等的要求。

（2）工程勘察设计要求：包含一般规定、工程地点土壤中氡浓度调查及防氡的要求、材料的选择。

（3）工程施工要求：包含一般规定、材料进场检验要求、施工要求。

（4）验收要求：标准规定民用建筑工程及室内装饰装修工程的室内环境质量验收应在工程完工不少于 7 天后、工程交付使用前进行。其中，必须进行室内空气污染物浓度检测，其限量见表 5-3。

表 5-3　民用建筑室内空气污染物浓度限量

污染物	Ⅰ类民用建筑工程	Ⅱ类民用建筑工程
氡(Bq/m^3)	≤150	≤150
甲醛(mg/m^3)	≤0.07	≤0.08
氨(mg/m^3)	≤0.15	≤0.20
苯(mg/m^3)	≤0.06	≤0.09
甲苯(mg/m^3)	≤0.15	≤0.20
二甲苯(mg/m^3)	≤0.20	≤0.20
TVOC(mg/m^3)	≤0.45	≤0.50

三、室内空气质量标准

对于防止室内环境空气污染,国家还颁布了一项标准:《室内空气质量标准》(GB/T 18883—2022)。这项标准引入室内空气质量概念,明确提出"室内空气应无毒、无害、无异常嗅味"的要求。其中规定的控制项目包括物理性、化学性、生物性和放射性污染。规定控制的化学性污染不仅包括人们熟悉的甲醛、苯、氨等污染物质,还有可吸入颗粒物、二氧化碳、二氧化硫等13项化学污染物质,见表5-4。

表 5-4　室内空气质量标准及要求

序号	指标分类	指标	计量单位	要求	备注
01	物理性	温度	℃	22~28	夏季
				16~24	冬季
02		相对湿度	%	40~80	夏季
				30~60	冬季
03		风速	m/s	≤0.3	夏季
				≤0.2	冬季
04		新风量	$m^3/(h·人)$	≥30	—
05	化学性	臭氧(O_3)	mg/m^3	≤0.16	1小时均
06		二氧化氮(NO_2)	mg/m^3	≤0.20	1小时均
07		二氧化硫(SO_2)	mg/m^3	≤0.50	1小时均
08		二氧化碳(CO_2)	%[a]	≤0.10	日平均
09		一氧化碳(CO)	mg/m^3	≤10	1小时均
10		氨(NH_3)	mg/m^3	≤0.20	1小时均
11		甲醛(HCHO)	mg/m^3	≤0.08	1小时均
12		苯(H_6H_6)	mg/m^3	≤0.03	1小时均

(续表)

序号	指标分类	指标	计量单位	要求	备注
13	化学性	甲苯(C_7H_8)	mg/m³	≤0.20	1小时均
14		二甲苯(C_8H_{10})	mg/m³	≤0.20	1小时均
15		总挥发性有机化合物(TVOC)	mg/m³	≤0.60	8小时均
16		三氯乙烯(C_2HCl_3)	mg/m³	≤0.006	8小时平均
17		四氯乙烯(C_2Cl_4)	mg/m³	≤0.12	8小时平均
18		苯并[a]芘(BaP)[b]	ng/m³	≤1.0	24小时平均
19		可吸入颗粒物(PM_{10})	mg/m³	≤0.15	24小时平均
20		细颗粒物($PM_{2.5}$)	mg/m³	≤0.05	24小时平均
21	生物性	菌落总数	CFU/m³	≤2 500	—
22	放射性	氡(^{222}Rn)	Bq/m³	≤300	年平均（参考水平[d]）

a 体积分数。
b 指可吸入颗粒物中的苯并[a]芘。
c 至少采样3个月（包括冬季）。
d 标识室内可接受的最大年平均氡浓度，并非安全与危险的严格界限。当室内氡浓度超过该参考水平时，宜采取行动降低室内氡浓度。当室内氡浓度低于该参考水平时，也可以采取防护措施降低室内氡浓度，体现辐射防护最优化原则。

对比 GB 50325 和 GB/T 18883 这两个标准，它们有哪些区别？在现实中应该按哪个执行？下面对此进行具体分析。

区别一：控制时段和对象不同（以甲醛为例）。

（1）《室内空气质量标准》(GB/T 18883—2022)控制的是人们在正常活动情况下的室内甲醛污染状况。例如装修完了打算入住或已经入住开始正常生活了，该标准就是对那个时候的甲醛含量做规定限制，要求不大于 0.08 mg/m³。

（2）《民用建筑工程室内环境污染控制标准》(GB 50325—2020)控制的是新建、扩建和改建的民用建筑装饰工程室内的环境甲醛污染。例如开放商建好住宅要交房了，此时他们应该委托检测机构对房屋进行一个甲醛检测，看看甲醛含量是否在 0.07 mg/m³ 以内，达标了才可以交付业主。

区别二：控制污染的项目不同。

（1）《室内空气质量标准》(GB/T 18883—2022)对室内空气中的物理性、化学性、生物性和放射性指标进行了全面控制。不只是甲醛、氡、苯、氨、总挥发性有机化合物 5 项污染物，还对居室内细菌数、PM_{10}、臭氧等 22 项内容做了规定限制。控制方向都是对实际居住环境中的污染进行的。

（2）《民用建筑工程室内环境污染控制标准》(GB 50325—2020)主要对甲醛、氡、苯、氨、总挥发性有机物等 7 项污染物指标的浓度进行了限制。控制方向主要针对工程本身含有的化学污染物。

区别三：由于控制对象不同，检测条件也不同（以甲醛为例）。

（1）《室内空气质量标准》（GB/T 18883—2022）是评价在人们正常活动情况下室内空气质量中的甲醛污染对人体健康的影响，控制的是 1 小时平均量，至少监测 45 分钟，每日早晨和傍晚采样，采样前应关闭门窗、空气净化设备及新风系统至少 12 小时。这样的采样方式更符合人们居住规律，因为人们晚上睡觉基本都会关闭门窗，时间也在 12 小时左右。所以这个标准就是针对人们的实际居住环境所起草的。

（2）《民用建筑工程室内环境污染控制标准》（GB 50325—2020）规定：对采用自然通风的民用建筑工程，室内甲醛检测应在通风后门窗关闭 1 小时后进行。

区别四：标准的强制力不同，但都具有法规的效用。

（1）《民用建筑工程室内环境污染控制标准》（GB 50325—2020）是强制性国家标准，必须强制执行。因此开发商在交房前都会委托具有 CMA 认证的检测机构进行甲醛、氡、苯、氨、总挥发性有机化合物等 7 项污染物指标验收，合格才会出具加盖 CMA[①] 章的检测报告，拿着这些验收资料才能办理现售证审批。

（2）《室内空气质量标准》（GB/T 18883—2022）是推荐性国家标准，即为非强制，但被国家的法律法规引用之后就具有了强制力。另外，如果写在合同或协议中也具有强制性作用。

随着更多的建筑材料和装修材料的新标准的颁布，市面上符合新标准的建筑和装修材料会越来越多，为了验收合格，建筑和装修公司会越来越重视室内空气污染的达标问题。而且由于生活质量的提高和法律意识的增强，公众对室内空气质量的要求也会越来越高。相信在不久的将来，我国的室内空气污染会得到有效的控制，居住的室内空气环境也会更加健康安全。

四、低甲醛含量的方法

室内空气污染的主要因素是甲醛，甲醛是建材、装修、装饰、家具中无处不在的各种黏合剂的主要成分，黏合剂中没有参与反应的甲醛，或者后期发生降解，从黏合剂中分离出来，成为"游离甲醛"，游离甲醛随着温度升高，挥发到空气中，就形成了室内空气中的甲醛污染。

而根据各种黏合剂中的游离甲醛挥发周期的长短，可以把这些含有黏合剂的装饰、装修材料及家具物品，分为短期甲醛污染释放源与长期甲醛污染释放源。

墙漆、壁纸、油漆、窗帘、床垫等材料中的游离甲醛释放周期较短，一般在 2 周至 6 个月左右，属于短期甲醛污染释放源。

生产人造板专用的脲醛树脂胶，其甲醛释放周期长达 3～15 年，属于长期甲醛污染释放源，而且是室内唯一的长期甲醛污染释放源。在选购装修板材和家具时，需要考虑甲醛的释放问题。

（一）降低甲醛含量

甲醛不可能完全去除，但是可以通过一些方法尽可能地减少。例如，在装修完毕后，进

[①] 中国计量认证简称"CMA"，是 China Inspection Body and Laboratory Mandatory Approval 的英文缩写，是根据《中华人民共和国计量法》的规定，由省级以上人民政府计量行政部门对检测机构的检测能力及可靠性进行的一种全面的认证及评价。认证对象是所有对社会出具公正数据的产品质量监督检验机构及其他各类实验室，如各种产品质量监督检验站、环境检测站、疾病预防控制中心等。

行长时间通风,并且将所有的抽屉、柜门等打开,最好经过一个夏季后再入住,因为甲醛随温度升高释放量会变大,所以房屋装修的第一年夏季是甲醛释放量较大的时间段,应避开。在搬入新家前,先密闭房间,加热,让甲醛散出,然后开窗通风,可以快速排除甲醛。入住新居后,为了进一步降低甲醛含量,可以采取:

(1) 尽量每天打开窗户,进行通风;

(2) 安装和使用排风扇,加速空气流通;

(3) 在舒适范围内,尽量保持家中温度和湿度在较低水平;

(4) 新购物品(衣服、窗帘等)在使用之前,先用水清洗。

(二) 测试甲醛含量

可以利用甲醛测试仪。测试时,保持室内密封,将测试仪打开,注意保持充足电量,测试仪面板常见参数如图 5-3 所示。

还可以聘请专业机构进行甲醛测试。专业测试一般有以下 4 种方法。

(1) 气相色谱法:用水吸收富集室内空气中的痕量甲醛,经 2,4-二硝基苯肼(DNPH)衍生化处理后,用氢火焰离子化检测器(FID)测定的衍生气相色谱法检测室内空气中的甲醛。

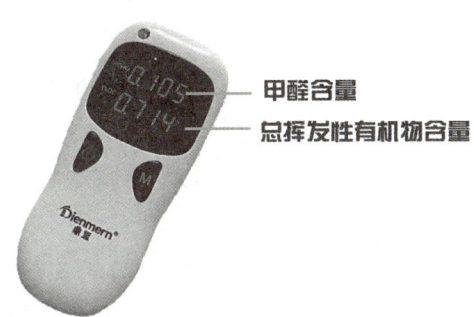

图 5-3 甲醛测试仪示意

(2) 电化学法:基于化学反应中产生的电流的变化,判断反应体系中分析物的浓度进行定量分析的方法。

(3) 分光光度法:将甲醛与某些化学物质反应后,进行分光光度测试。

(4) AHMT 法:此法原理是甲醛与 AHMT 在碱性条件下缩合形成化合物,然后比色定量检测甲醛含量。

检测甲醛时环境温度是一个不可忽视的问题。当室内温度低于 23 ℃ 时,特别是秋冬季节室内温度常在 10 ℃ 以下,人造板中的游离甲醛很少挥发到空气中。此时检测出的甲醛浓度一般都在 0.07 mg 的安全值以内。而同样的房间,到了夏季,特别是当室内温度接近 30 ℃ 时,甲醛浓度却达到了 0.2~0.3 mg,甚至 0.4~0.5 mg 以上。

知识点考核

一、单选题

1. 《声环境质量标准》(GB 3096—2008),将声环境功能区分为 5 种类型,其中 1 类指居民住宅、医疗卫生、文化教育、科研设计、文化办公为主要功能,需要保持安静的区域,标准规定该类的环境噪声限值夜间为(   )dB。

    A. 30   B. 45   C. 55   D. 65

2. 《民用建筑工程室内环境污染控制标准》(GB 50325—2020)规定Ⅰ类民用建筑如住宅、学校,室内空气中甲醛限值不高于(   )mg/m³。

A. 0.01　　　　B. 0.07　　　　C. 0.10　　　　D. 0.15

二、多选题

1. 污染物排放标准可以分为：水污染物排放标准、（　　）等。
   A. 垃圾物排放标准　　　　　　B. 大气污染物排放标准
   C. 固体污染物排放标准　　　　D. 环境噪声排放标准

2. 《声环境质量标准》(GB 3096—2008)将声环境功能区分为几种类型，以下说法正确的是（　　）。
   A. 0类，如康复疗养区等特别需要安静的区域
   B. 1类，如居民住宅、医疗卫生、文化教育、科研设计、文化办公为主要功能，需要保持安静的区域
   C. 2类，如以商业金融、集市贸易为主要功能，或者居住、商业、工业混杂，需要维护住宅安静的区域
   D. 3类，如以工业生产、仓储物流为主要功能，需要防止工业噪声对周围环境产生严重影响的区域
   E. 4类，如交通干线两侧一定距离之内，需要防止交通噪声对周围环境产生严重影响的区域

3. 《室内空气质量标准》(GB/T 18883—2022)中"室内空气质量"概念，指的是室内空气应（　　）。
   A. 无毒　　　　B. 无害　　　　C. 无异常臭味　　　　D. 无色

4. 《民用建筑工程室内环境污染控制标准》(GB 50325—2020)将民用建筑分为（　　）。
   A. Ⅰ类民用建筑应包括住宅、居住功能公寓、医院病房、老年照料房屋设施、幼儿园、学校教室、学生宿舍、书店、图书馆、展览馆、餐厅等
   B. Ⅱ类民用建筑应包括办公楼、商店、旅馆、文化娱乐场所、体育馆、公共交通等候室等
   C. Ⅰ类民用建筑应包括住宅、居住功能公寓、医院病房、老年照料房屋设施、幼儿园、学校教室、学生宿舍等
   D. Ⅱ类民用建筑应包括办公楼、商店、旅馆、文化娱乐场所、书店、图书馆、展览馆、体育馆、公共交通等候室、餐厅等

三、判断题

1. 《民用建筑工程室内环境污染控制标准》(GB 50325—2020)实施以后，民用建筑装修后的室内环境质量验收不符合该标准中规定的民用建筑室内环境污染浓度限量值，应严禁交付投入使用。（　　）

2. 民用建筑装修后的室内空气质量必须要符合《室内空气质量标准》(GB/T 18883—2022)。（　　）

3. 新装修的房子可能会释放甲醛，但其甲醛释放周期不会超过1年，因此新装修房子只要经常通风，1年后就不会对人体产生危害了。（　　）

4. 《中华人民共和国噪声污染防治法》第二十六条规定，建设噪声敏感建筑物，应当符合民用建筑隔声设计相关标准要求，不符合标准要求的，不得通过验收、交付使用。（　　）

专题六

标准化与出行

> **知识目标**

1. 了解标准在人们出行方面的作用。
2. 掌握主要的交通标识。
3. 了解标准轨距的来历。
4. 了解标准中路径依赖现象。
5. 了解我国铁路轨距的发展和新时代的高铁标准。
6. 了解汽车相关标准主要内容。

> **技能目标**

1. 能从标准角度选择最佳出行方案。
2. 能运用标准解释现实问题。
3. 能将汽车标准应用到生活。

> **素质目标**

1. 养成文明出行的良好习惯。
2. 树立国家自信、技术自信。

第一节　道路交通标志

你认识这些交通标志吗？

一、常见的道路交通标志

道路交通标志是用文字和图形符号对车辆、行人传递指示、引导、警告、禁令等信号的标志。标牌虽小，作用很大。它能给予导向、提示或提出警告。有了这些标志牌，交通规范一目了然，既方便了司机，也方便了行人，同时保证了交通安全。

据国家发展和改革委员会的数据，截至2022年年底我国全国汽车保有量在3.19亿辆左右，位居世界第一，千人汽车保有量从20世纪90年代初不足10辆快速增长至180多辆，达到全球平均水平。目前发达国家千人汽车保有量总体在500辆至800辆的水平，考虑到人口规模、区域结构和资源环境的国别差异，未来随着居民收入不断提高，消费不断升级，城市化逐步推进，我国千人汽车保有量有较大的增长空间。

面对日益增长的汽车保有量，交通管理也必须加强，不论是司机还是行人，如果不了解交通标志的含义，无视规范，就会陷入出行困境，甚至危及生命。

常见的道路交通标志如图6-1所示。

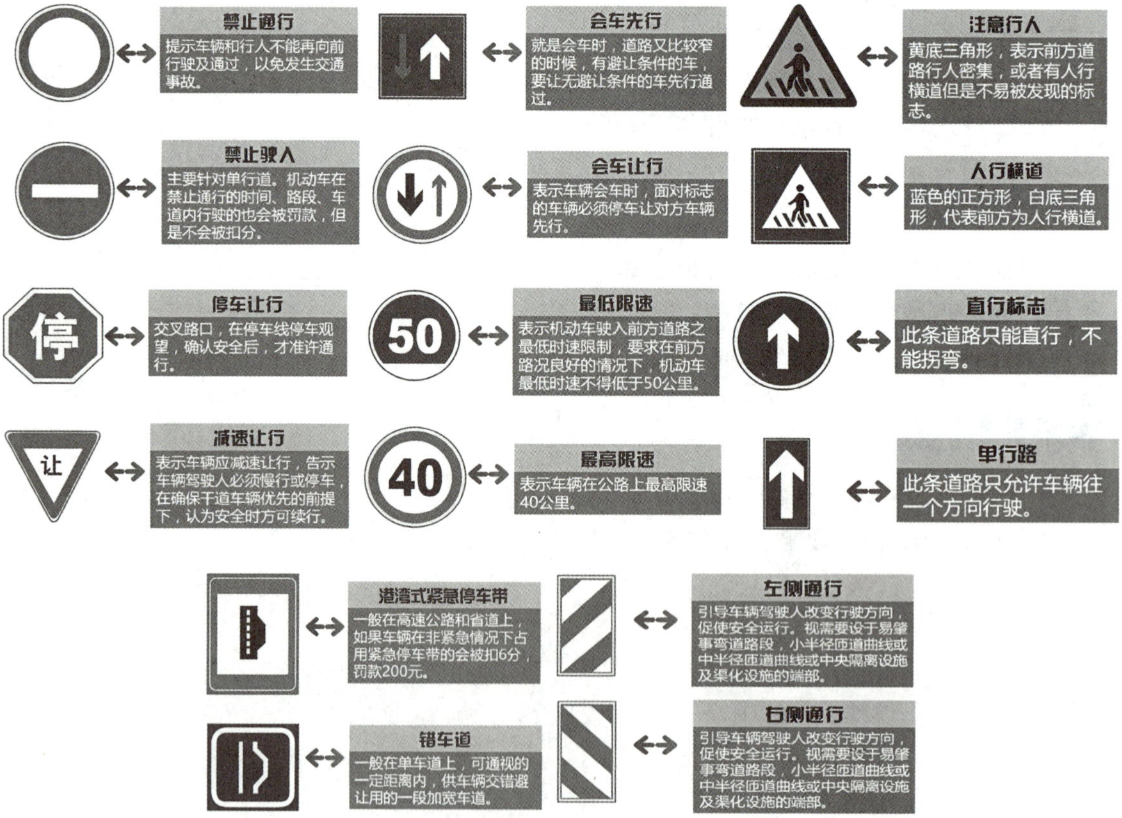

图6-1　常见的道路交通标志

当道路近旁有儿童集中出入的设施时，一般有如图 6-2 所示的标志。

图 6-2　注意儿童出入的标志

二、道路交通标志的发展

1903 年，由于法国汽车联盟（La Plateforme Automobile，PFA）的积极推进，法国成为世界上最早在全国范围内使用统一汽车交通标志的国家。法国当时的交通标志就是在一块块黑色的木板上用白漆分别书写"左拐""右拐""桥梁""危险的上坡路"等提醒司机注意的文字。

1908 年，在巴黎召开的首届国际道路会议曾提出统一交通标志的议题，决定实行国际统一的交通标志，要求与会的国家和地区把统一规定的"路不平，交叉口，弯路和前面有铁路横过"等交通标志符号画在三角形的木板上，用红线勾边，使之醒目，但未达成协议。

1935 年，美国的《统一交通控制设施手册》（Manual on Uniform Traffic Control Devices）出版，该手册面向美国推荐统一制作交通标志的办法和标准，手册中还建议使用发光材料制作交通标志，以改善夜间交通安全的条件。

1968 年，联合国公布《道路交通和道路标志、信号协定》（Convention on road signs and signals），这是全球交通标志标线、信号走向统一的基础。从此各国的交通标志在分类、形状、颜色、图案等方面逐渐向国际统一的方向发展。该协定对各种信号灯的含义作了规定。绿灯是通行信号，面对绿灯的车辆可以相应地直行、左转弯或右转弯，除非另一种标志禁止某一种转向。转弯车辆都必须让正在路口内合法行驶的车辆和过人行横道的行人优先通行。红灯是禁行信号，面对红灯的车辆必须在交叉路口的停车线后停车。黄灯是警告信号，面对黄灯的车辆不能越过停车线，但车辆已十分接近停车线而不能安全停车时可以进入交叉路口。此后，这一协定在全世界开始通用。

三、我国交通标志和标线

（一）标志和标线的标准

1934 年，当时的国民政府内政部公布了中国历史上第一个《陆上交通管理规则》。1935

年，江苏、浙江、安徽、北京、上海五省市联合发布了《公路交通标志图》。中华人民共和国成立以后，1951年底，公安部发布《城市陆上交通管理暂行规则》；1955年，公安部发布《城市交通规则》。1972年，交通部(现交通运输部，下同)、公安部联合发布《城市和公路交通管理规则》；1982年，交通部发布《公路标志及路面标线标准》。

1986年，《道路交通标志和标线》(GB 5768—1986)发布，这是在部颁标准上的国家标准；1999年，《道路交通标志和标线》(GB 5768—1999)发布，替代1986版；2009年，《道路交通标志和标线》(GB 5768—2009)发布，替代1999版的第1部分～第3部分；2017年，《道路交通标志和标线》(GB 5768—2017)发布，替代1999版的第4部分～第6部分；2018年，《道路交通标志和标线》(GB 5768.8—2018)发布，替代1999版的第7部分～第8部分；2022年，《道路交通标志和标线》(GB 5768.2—2022)发布，替代2009版的第2部分。

经过上述历程，GB 5768 形成了包含总则、交通标志、交通标线、作业区、限制速度、铁路道口、行人和非机动车、学校区域8个部分的完整体系，如图6-3所示。这部系列标准规定了交通标志和标线的颜色、形状、线条、字符、图形和尺寸，在实际中使用的各种交通标志和标线都必须符合规定。

GB 5768 道路交通标志和标线

GB 5768.1—2009 道路交通标志和标线 第1部分：总则
GB 5768.2—2022 道路交通标志和标线 第2部分：道路交通标志
GB 5768.3—2009 道路交通标志和标线 第3部分：道路交通标线
GB 5768.4—2017 道路交通标志和标线 第4部分：作业区
GB 5768.5—2017 道路交通标志和标线 第5部分：限制速度
GB 5768.6—2017 道路交通标志和标线 第6部分：铁路道口
GB 5768.7—2018 道路交通标志和标线 第7部分：非机动车和行人
GB 5768.8—2018 道路交通标志和标线 第8部分：学校区域

图6-3　GB 5768《道路交通标志和标线》

(二) 标志和标线的应用

道路交通标志和标线用图形、符号、颜色、文字等元素，向道路使用者告知道路通行权利，明示道路交通禁止、限制、通行状况，告示道路状况和交通状况等信息，是引导道路使用者有秩序地使用道路，提高道路通行能力，改善车流行驶条件以促进道路交通安全、提高道路运行效率的基础设施。

道路交通标志按其作用，可分为主标志和辅助标志。

1. 主标志(图6-4)

(1) 禁令标志：禁止或限制车辆、行人交通行为的标志。

(2) 指示标志：指示车辆、行人应遵循的标志。

(3) 警告标志：警告车辆、行人注意道路交通的标志。

(4) 指路标志：传递道路方向、地点、距离信息的标志。

(5) 旅游区标志：提供景点方向、距离的标志。

(6) 告示标志：告知路外设施、安全行驶信息以及其他信息的标志。

2. 辅助标志(图6-5)

附设在主标志下，对其进行辅助说明的标志。

图 6-4　道路交通主标志

图 6-5　道路交通辅助标志

四、认识道路交通标志

(一) 人行横道预告标志

路面上的白色菱形标志(图 6-6)通常被很多驾驶员忽视,由此发生不必要的事故。

图 6-6　人行横道预告标志

【案例】　车主老周开车经过路口时撞倒了一个步行过马路的老年人。老周通过车辆的行车记录仪看到：在发生事故时，那位老年人并没有走在人行横道上，因此他认为自己不用承担太多的责任。受伤的老年人接受了治疗，治疗费用为10万元左右。

可是，在交警出具的事故责任认定书上，认定老周负全责。这下子老周蒙了，怎么可能呢？为什么？

交警认为，当时老周的车在经过路口时并没有减速让行，而行人是走在人行横道附近，且在行人绿灯状态下，因此机动车应负全责。

事实上，如果当时老周看到了路口处的人行横道预告标志，然后减速让行，而行人又没有走在人行道上，则老周只需承担10%的责任即可；但如今因为没有减速让行，老周就需要承担全责。

被老周忽略掉的人行横道预告标志，主要设置在十字路口的人行横道前方，作用是提醒驾驶员前方100 m左右为人行道，需要减速让行。如果车辆在经过路口时未减速让行，发生事故后都是要承担全责的。

（二）倒三角形避让标志

路面上的倒三角形避让标志（图6-7），也是很多驾驶员会忽视的。这种标志的作用是提醒驾驶员前方为路口，需要减速慢行，尤其是要礼让主干道的车辆先行。

（三）左转弯待转区标志

左转弯待转区标志（图6-8）设置在信号灯路口处，是在左转弯的车道增加的数米长的白色虚线框，且直接连接到了马路中间。左转弯待转区的范围是从原车辆停止线到道路的中心处，末端稍有弯曲，中间跨人行横道。

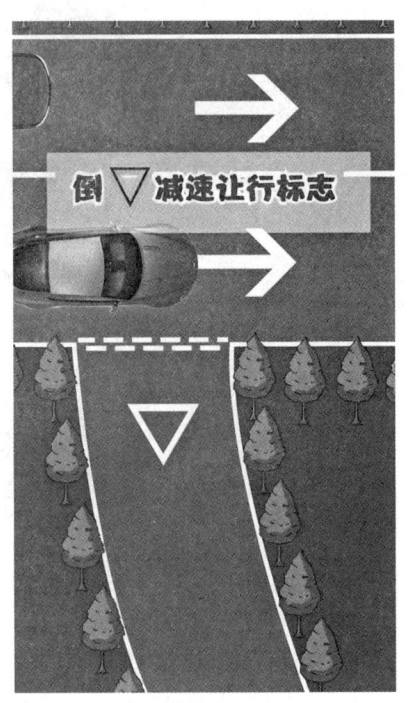

图6-7　倒三角形避让标志

图6-8　左转弯待转区标志

左转弯待转区只供左转弯车辆使用,在同向直行绿灯亮时,虽然左转弯灯是红色的,但此时允许左转弯的车辆进入路口的左转弯车辆待转区等候,等到左转弯信号灯变成绿色时再通过路口。但必须注意的是,左转等待线不是停止线,如果直行道和左转车道信号灯全为红灯时,所有车辆需在之前的停止线进行等待。

第二节　铁路钢轨的轨距

你知道铁路钢轨的轨距是多少吗?

一、铁路钢轨的标准轨距

铁路是国家重要的交通设施,是国家经济发展的大动脉,与人民群众的生产生活息息相关。据交通运输部消息,截至 2022 年年底,我国铁路营业总里程达到 15.5 万公里,覆盖大约 99% 的 20 万人口及以上的城市。其中,高铁(含城际铁路)大约 4.2 万公里。

火车或高铁只能在铁路轨道上运行,钢轨是铁路轨道的主要组成部件。它的功用在于引导机车车辆的车轮前进,承受车轮的巨大压力,并传递到轨枕上。钢轨必须为车轮提供连续、平顺和阻力最小的滚动表面。在电气化铁道或自动闭塞区段,钢轨还可兼做轨道电路之用。

铁路上两条钢轨之间的距离称为轨距(以钢轨的内距为准),各地的轨距是不一样的。现在全世界有 30～40 余种不同的轨距,分为普轨、宽轨、窄轨。

在中国,解放前各帝国主义列强修的铁路的轨距有许多种:东北中东铁路的轨距为 1 524 mm、京沈铁路的轨距为 1 435 mm、滇越铁路的轨距为 1 000 mm。解放后全国营运铁路的轨距统一为 1 435 mm。

国际铁路协会在 1937 年将轨距为 1 435 mm 定为标准轨(普轨),轨距大于 1 435 mm 的称为宽轨,如 1 676 mm、1 524 mm、1 520 mm 等;轨距小于 1 435 mm 的称为窄轨,如 1 067 mm、1 000 mm、762 mm、600 mm 等。

目前全球采用 1 435 mm 轨距的国家和地区大约占 60%,包括美国、英国、法国、德国等众多国家和地区。中国铁路主要采用 1 435 mm 标准轨,台湾地区采用 1 067 mm 轨距。

采用宽轨的国家和地区占到全球总量的 20% 以上,主要包括俄罗斯(1 520 mm)、印度(1 676 mm),以及巴基斯坦、孟加拉国、西班牙、葡萄牙等。

采用窄轨的国家和地区包括日本、菲律宾、印度尼西亚、泰国、马来西亚等。

二、标准轨距的来历

经济学中有个概念是"路径依赖",它类似于物理学中的"惯性",一旦选择进入某一路径(无论是"好"的,还是"坏"的),就可能对这种路径产生依赖。标准轨距的来历是"路径依赖"现象的典型例子。

国际铁路轨距的标准距离是 4 英尺 8.5 英寸(1 435 mm),这是一个很奇怪的数字,它究竟从何而来?我们以美国的铁路标准轨距的来历来介绍。

美国的铁路最早是由英国人设计建造的。英国的铁路又是由建电车轨道的人设计的,而 4 英尺 8.5 英寸正是电车所用的标准。

电车轨距标准从何而来呢？原来最先造电车的人以前是造马车的，因此他们采用马车的轮距作为电车的标准。

那么，马车为什么要有轮距标准呢？因为如果当时的马车用任何其他轮距，马车车轮很快就会在英国的老路上撞坏，而路上的车轮辙迹宽度约为4英尺8.5英寸。

这些辙迹又是从何而来呢？答案是古罗马人定的。4英尺8.5英寸正是罗马战车的宽度。如果用不同的轮宽在这些路上行车的话，会减损车轮寿命。罗马战车的轮距宽度正是两匹拉战车的马的屁股宽度。

故事到此似乎完结了，但事实上并没有。

立在发射台上的美国太空飞船的燃料箱两旁有两个火箭推进器，这些推进器是由设在犹他州的工厂提供的。如果可能的话，这家工厂的工程师希望把这些推进器造得再"胖"一些，这样容量就会更大一些，但是他们却不可以。为什么？因为这些推进器造好后，要用火车从工厂运到发射点，路上要通过一些隧道，这些隧道的宽度只比火车轨道的宽度宽了一点点，然而火车轨道的宽度是由马的屁股宽度所决定的。

因此有推论，如今世界上最先进的运输系统的设计可能是在两千年前便由两匹马的屁股宽度决定了。这就是路径依赖，看起来有几许悖谬与幽默，但却是事实。

从上面这个故事中，我们知道标准轨由最先使用铁路的英国提出。最早的铁路设计及建造者为斯托克顿—达灵顿铁路的英国工程师罗伯特·斯蒂芬森（Robert Stephenson），他提出将英制的4英尺8.5英寸作为轨距，并成功说服火车制造商生产4英尺8.5英寸（即1 435 mm）轨距的机车及车辆。1845年，英国皇家专员建议用4英尺8.5英寸作为标准轨距。翌年英国国会通过法案，要求将来所有的铁路都使用标准轨。于是除了英国的大西部铁路（Great Western Railway）使用宽轨之外，英国的主要铁路都使用标准轨。大西部铁路亦于1892年改成标准轨。

三、存在不同轨距的原因

（一）不与其他国家联通

在全球化的今天，国与国之间不同的轨距会阻碍国际货物运输和人员交流，这是一个弊端。但在战争时期，这可以阻止敌国部队通过铁路轻松地长驱直入，反而成了优势。例如西班牙发明了1 668 mm宽轨，其初衷就是军事防御。

（二）成本和实用性

轨距是成本与实用性的一种妥协，轨距越宽，则建设成本就越高，并会占用更多的土地，同时也能提供更大的载重量、更多的舒适度和更快的速度。同理，轨距越窄，成本就越低，但是运输能力就越低、舒适度越差、速度也就越慢。铁路建造者从成本和实用性两方面出发来考虑最佳轨距。例如矿山里自备的运货铁路，因为只需满足数十千米距离的运货需求，而且沿线弯道多、坡度大，运货的车厢重量较轻，不需要太大的机车牵引力，所以选择了铺设成本低、曲率半径小的窄轨。我国的某些矿区至今仍然保留了762 mm轨距的窄轨小铁路。

四、在不同轨距之间通行的方法

国与国之间有旅客运输业务和货物运输业务，但是，各国的铁路轨距又不尽相同，那么，列车如何在不同轨距的国家间运行,抑或同一国家有不同轨距,列车又如何在不同轨距上畅通无阻呢?

(1) 换轨:将车厢吊起,把标准轨距的转向架和轮对换下来,然后将宽轨或窄轨的转向架和轮对换上去。

(2) 换车:将货车里的货物搬运到另一轨距货车上。

(3) 一车两套车轮:分别适应不同的轨距。

(4) 铁路设置两种轨距:方便不同轨距的列车通行

【案例一】 国际列车 K3 是北京—乌兰巴托—莫斯科的跨国专列,全程 7 692 km,经过 3 个国家,横贯亚欧大陆,穿越京包铁路、西伯利亚铁路等。由于我国的铁路轨距是 1 435 mm,而蒙古国和俄罗斯的铁路轨距是 1 520 mm,所以 K3 列车在出入境时都要在边境更换宽轨走行装置,否则火车无法进入蒙古国和俄罗斯。火车更换车轮的方式比较特别,在边境处会设有专为这类列车提供的换轨区,例如当 K3 驶入换轨区时,就会有专门的吊装设备将车厢吊起,放到蒙古国或俄罗斯铁轨的空轮轨上方并加以固定,然后再由蒙古国或俄罗斯的机车牵引驶离。

【案例二】 中欧班列是指按照固定车次、线路等条件开行,往来于中国与欧洲及"一带一路"沿线国家和地区的集装箱国际铁路联运班列。中欧班列经过中国、法国、俄罗斯、德国、波兰、西班牙、英国、哈萨克斯坦、白俄罗斯、捷克斯洛伐克、赤塔、贝加尔、比利时、阿塞拜疆、格鲁吉亚等地,覆盖"一带一路"沿线 45 个国家和地区。

大部分中欧班列在哈萨克斯坦、波兰马拉舍维奇需经过两次换轨,而义乌中欧班列(义乌—马德里)则需在法国与西班牙交界的伊伦进行第 3 次换轨。

【案例三】 2022 年 4 月 27 日,中国和俄罗斯两国间首座跨江铁路桥——同江—下列宁斯阔耶界河铁路大桥正式开通。该桥全长约 2 200 m,其中 309 m 位于俄方一侧。该铁路桥设置了中俄两国不同轨距标准,方便中俄两国列车通行。

五、高铁有了"中国标准"

对于"高速铁路"一词,世界上并没有统一的定义,不同组织或国家对"高速铁路"的标准各异,但近年各标准趋于接近。现在世界上最为广泛接受的"高速铁路"定义为:最高(日常/商业)营运速度达到 200 km/h 的铁路。狭义上的高速铁路是指传统的轮轨式高速铁路,这也是最普遍的一种理解;而广义上的高速铁路则包含使用磁悬浮技术的高速轨道运输系统。国际铁路联盟(International Union of Railways, UIC)对"高速铁路"和"高速铁道机车车辆"两方面的标准提供了建议:高速铁路,新建高速铁路的设计速度达到 250 km/h 以上;经升级改造(直线化、轨距标准化)的高速铁路,其设计速度达到 200 km/h,甚至达到 220 km/h。高速铁道机车车辆,商业营运速度最少达到 250 km/h 的高速动车组列车;商业营运速度较低(200 km/h),服务质量较高的列车,例如摆式列车,商业营运速度达到 200 km/h 的传统机辆模式(铁路机车牵引铁路车辆)铁路列车。

高铁与动车的区别是:高铁即为动车组。我国将速度在 300 km/h 以上的动车组行驶的线路称为高铁或高速铁路。目前我国动车组有 CRH1、CRH2、CRH3、CRH5 型车,而高铁使用的动车组为 CRH2C、CRH3 型车。高速铁路运营时速较高,因此对高铁的轨道要求比其他铁路的要求更高,而且还预留一定的缓冲安全带,防止因时速过快而对附近人员造成伤害。我国的动车组也可以在普通铁路上运行,但是限速 250 km/h。

我国幅员辽阔,地形复杂,铁路运输需求大。这就使得动车组研发中必须充分考虑到诸如列车运行距离长、载客量大、沿线自然地理环境多样,甚至雾霾、柳絮、风沙等多种因素。因此,为了适应"中国需求",打造适合中国国情、路情的高速动车组设计制造平台,实现高速动车组技术全面自主化,自 2012 年开始,中国铁路总公司就开展了"中国标准"动车组研制工作。"中国标准"下的动车组能够适应中国的自然地理环境,满足动车组在既有线和高速铁路跨线运营的需要,能够适应中国旅客的出行习惯,也兼顾动车的使用和维护需求。"中国标准"动车组的设计研制,遵循了安全可靠、系列化、经济性、节能环保等原则,在方便运用、环保、节能、降低全寿命周期成本、进一步提高安全系数等方面加大了创新力度,在安全性、人性化、经济性、智能化等关键点上全面开花。中国标准动车组在提速的同时,也给予行车安全更多关注。列车的追踪预警装置能够在本车与前车距离过近时按提示、预警和报警三级实施语音提示,并将本车的相关信息传输给地面预警服务器以供后车预警,车内车外联动,最大限度增强安全防护,以有效避免动车事故的安全隐患。地震报警时也会自动施加紧急制动,建构高铁三级脱线安全防护,降低异常灾害对人员财产造成的损失。

2015 年 2 月,中国高铁技术首个国家标准《高速铁路设计规范》正式施行。随着国际影响力的不断提升,中国正尝试把本国的高铁技术、高铁标准出口给其他国家。2017 年,在我国的帮助下,按照我国的设计标准,肯尼亚开通了蒙内铁路,全长 480 km。2018 年正式开通运营沙漠高铁——哈拉曼高铁,该线路连接了沙特圣城麦加和麦地那,全长 450 km,运行速度可达 360 km/h。这是沙特的第一条双线电气化高铁,也是世界上第一条有中国公司参与建设的沙漠高铁。匈塞铁路项目是为中国与中东欧国家共建"一带一路"的重点项目,全长约 350 km,连接贝尔格莱德和匈牙利首都布达佩斯,其中塞尔维亚境内贝尔格莱德至诺维萨德段(贝诺段)在中国铁路国际有限公司参与建设下,已于 2022 年 3 月 19 日通车,其他路段正在建设中。中国为印度尼西亚修建的雅万高铁是一条连接印度尼西亚共和国雅加达都市区和西爪哇省的高速铁路,作为首个由中国承建的东南亚高铁项目,正在有序建设中。除了以上这些铁路外,中国还建设或合作建设了中老铁路、莫斯科—喀山高铁、中泰铁路等项目。

从动车组列车零配件到配套检测车零配件,从检测装备到线路设备监测系统,我国现在已有完整的高铁供应链体系,而且把这套体系的各项标准做到了世界最先进,可以说中国掌握了高铁产业技术领域标准的主导权!

第三节 汽车尾气排放

关于汽车尾气的
排放标准

一、汽车尾气排放污染

汽车是现代化的交通工具,为人们的出行带来了便捷,但与此同时,也带来了污染。车水马龙的大街小巷,一股股浅蓝色的烟气从一辆辆机动车尾部的排气管滚滚喷出,这就是常说的汽车尾气。在车辆不多的情况下,大气的自净能力尚能化解汽车排出的毒素。但随着汽车数量的急剧增加,交通拥堵成了家常便饭,过多的车辆带来了过量的汽车尾气。

汽车尾气排放的是汽车在使用时产生的废气,废气含有上百种不同的化合物,其中的污染物有固体悬浮微粒、一氧化碳、二氧化碳、碳氢化合物、氮氧化合物、铅及硫氧化合物等。

汽车尾气不仅气味怪异,影响人体健康,时常让人觉得头晕、恶心,还给人类的生活环境造成了很大的影响。而且汽车尾气中含有的二氧化硫具有强烈的刺激性气味,达到一定浓度时容易导致"酸雨",造成土壤和水源酸化,影响农作物和树木的生长。

二、汽车尾气排放标准

为了抑制这些有害气体的产生,促使汽车生产厂家改进产品以从根源上解决问题,各国或地区纷纷制定相关的汽车排放标准,其中主要分为欧洲、美国、日本标准体系。欧洲标准测试要求相对而言比较宽松,是发展中国家大都使用的汽车尾气排放体系。我国的轿车车型大多从欧洲引进生产技术,因此中国大体上采用欧洲标准体系。

欧洲标准的汽车排放计量是以汽车发动机单位行驶距离的排污量(g/km)计算。同时,欧洲排放标准将汽车分为总质量不超过 3 500 kg(轻型车)和总质量超过 3 500 kg(重型车)两类。轻型车(不管是汽油机或柴油机车)整车均在底盘测功机上进行试验。重型车由于车的质量大,因此使用发动机在发动机台架上进行试验。

与国外先进国家相比,我国汽车尾气排放标准起步较晚,我国根据实际情况,采取了先易后难分阶段实施的具体方案,以轻型车为例,逐步实施的方案见表 6-1。

表 6-1 我国管控轻型机动车污染物排放实施方案阶段一览表

时间 (全国范围)	名称	参照引用标准
2001 年 4 月 16 日	第一阶段 GB 18352.1—2001 《汽车污染物排放限值及测量方法(Ⅰ)》(已废止)	等同于欧Ⅰ
2004 年 7 月 1 日	第二阶段 GB 18352.2—2001 《汽车污染物排放限值及测量方法(Ⅱ)》(已废止)	等同于欧Ⅱ
2007 年 7 月 1 日	第三阶段 GB 18352.3—2005 《汽车污染物排放限值及测量方法(中国Ⅲ、Ⅳ阶段)》 (已废止)	部分等同于欧Ⅲ
2011 年 7 月 1 日	第四阶段(同上)	部分等同于欧Ⅳ
2017 年 1 月 1 日	第五阶段 GB 18352.5—2013 《汽车污染物排放限值及测量方法(中国第五阶段)》 (已废止)	部分等同于欧Ⅴ
2020 年 7 月 1 日 (阶段 a) 2023 年 7 月 1 日 (阶段 b)	第六阶段 GB 18352.6—2016 《汽车污染物排放限值及测量方法(中国第六阶段)》 (现行)	部分等同于欧Ⅵ 某些方面更为严格

GB 18352.6—2016《轻型汽车污染物排放限值及测量方法(中国第六阶段)》,俗称国六排放标准为现行标准。只有符合了这个标准的汽车,才能在中国销售。"国六"标准是目前世界上最严苛的汽车尾气排放标准。

国六标准是对国五标准的升级,与国五标准相比,国六标准严格控制污染物排放限值,在排除工作条件和试验影响的情况下,汽油车一氧化碳排放限值下降50%,总碳氢化合物和非甲烷总烃排放限值下降50%;氮氧化物排放限值加严42%。国五和国六的主要差异见表6-2。

表6-2 "国五"和"国六"排放标准的主要差异

污染物	THC (g/km) 汽油	THC (g/km) 柴油	CO (g/km) 汽油	CO (g/km) 柴油	NO_x (g/km) 汽油	NO_x (g/km) 柴油	NMHC (g/km) 汽油	NMHC (g/km) 柴油	N_2O (g/km) 汽油	N_2O (g/km) 柴油	PM (g/km) 汽油	PM (g/km) 柴油	PN (个/km) 汽油	PN (个/km) 柴油
国五	100	—	1 000	500	60	180	68	—			4.5	4.5	—	$6.0×10^{11}$
国六a	100		700		60		68		20		4.5		$6.0×10^{11}$	
国六b	50		500		35		35		20		3		$6.0×10^{11}$	

主要变化点:①增加了 N_2O 污染物限值;②增加了汽油车 PN 限值;③汽油车与柴油车统一了限值;④国六 b 限值大幅降低。

注:THC—总碳氢化合物;CO—一氧化碳;NO_x—氮氧化物;NMHC—非甲烷碳氢化合物;N_2O—氧化亚氮;PM—颗粒物;PN—粒子数量。

国六标准还增加了排放保质期的要求,要求在3年或6万公里内,如果车辆的排放相关部件出现故障和损坏,导致排放超标,由汽车生产企业承担相应的维修和更换零部件的所有费用,保障车主权益。

随着对机动车尾气排放管控更加严格的标准的实施,汽车尾气对大气的污染会进一步减轻,人们有望重新拥有一片清洁、明朗的天空。

知识点考核

一、单选题

1. 以下哪个是禁止通行标志?(   )

   A.    B.    C.    D.

2. 世界上最早的在全国范围内使用统一的汽车交通标志的国家是(   )。

   A. 美国   B. 英国   C. 法国   D. 德国

3. 1968年,联合国在维也纳召开世界道路交通会议,联合国公布(   ),这是全球交通标志标线、信号走向统一的基础。从此各国的交通标志在分类、形状、颜色、图案等方面逐渐向国际统一的方向发展。

A.《统一交通控制设施手册》　　　B.《汽车条例》

C.《道路交通和道路标志、信号协定》　D.《道路交通和道路标志》

4. 1986年首次发布( )国家标准(GB 5768)(并分别于1999年、2009年、2017年、2018年、2022年进行了修订)。

A.《公路交通标志和标线设置规范》

B.《道路交通标志和标线》

C.《城市道路交通标志和标线设置规范》

D.《道路交通标志编码规则》

5. 国际铁路协会在1937年将( )定为标准轨(普轨)。

A. 1 435 mm　　B. 1 676 mm　　C. 1 534 mm　　D. 1 067 mm

6. 中国铁路主要采用( ),只有台湾地区采用了1 067 mm轨距。

A. 普轨　　　B. 标准轨　　　C. 宽轨　　　D. 窄轨

7. 与国外先进国家相比,我国汽车尾气排放标准起步较晚,根据我国的实际情况,采取了先易后难分阶段实施的具体方案,以轻型车为例,从2001年到2020年逐步实施的方案经历了( )个阶段。

A. 四　　　B. 五　　　C. 六　　　D. 七

二、多选题

1. 铁路上两条钢轨之间的距离称为轨距(以钢轨的内距为准),现在全世界有30~40条种不同的轨距,分为( )三种。

A. 标准轨　　B. 普轨　　C. 宽轨　　D. 窄轨

2. 汽车尾气排放的是汽车在使用时产生的废气,含有上百种不同的化合物,其中的污染物有固体悬浮微粒、一氧化碳、二氧化碳、碳氢化合物、氮氧化合物、铅及硫氧化合物等。其中主标志包括( )。

A. 固体悬浮微粒　B. 一氧化碳　　C. 二氧化碳　　D. 碳氢化合物

E. 氮氧化合物　　F. 铅及硫氧化合物

三、判断题

1. 我国的国六排放标准已超过"欧Ⅵ"排放标准成为世界上最严苛的尾气排放标准。

( )

2. 斑马线预告标志为白色菱形标志,主要设置在十字路口的斑马线前方,作用是提醒驾驶员前方100 m左右为人行道,需要减速让行。如果车辆在经过路口时未减速让行,发生事故后是需要承担部分责任的。

( )

专题七

标准化与网络、文娱

知识目标

1. 了解网络数据安全标准的主要内容。
2. 了解电子竞技与游戏之间的关系。
3. 了解电子竞技标准的主要内容。
4. 了解起草制定电商直播标准的重要性与紧迫性。
5. 了解电影院星级的划分与评定标准的主要内容。

技能目标

1. 能区分游戏和电子竞技,在生活中更好地管理自己的游戏娱乐。
2. 能在生活中合法合规合标准地应用网络。

素质目标

1. 增强爱国热情和责任意识。
2. 正确对待影视明星,避免盲目追星。
3. 培养竞技精神和永不言弃的精神。
4. 加强手机娱乐的自我控制和时间管理。
5. 树立遵纪守法、遵守标准的意识。

第一节　网络应用与网络安全

我们的生活没有网络会怎样？

一、网络与日常生活

2021年7月，一场突如其来的特大暴雨改变了郑州人民的生活。2021年7月17日20时至20日20时，三天的降雨量高达617.1 mm。而郑州常年平均全年降雨量为640.8 mm，相当于这三天几乎下了以往一年的雨量，暴雨给城市的经济、基建等带来巨大灾害。

另外，遭受暴雨袭击的郑州人民，忽然发现断网给日常生活带来意想不到的麻烦。

【案例一】　超市购物。

超市老板："对不起，只能用现金。"

顾客："我用支付宝行吗？"

超市老板："你还能打开支付宝吗？"

顾客："不能。那怎么办？我没带现金，能用这包值19元的香烟兑换吗？"

【案例二】　乘出租车。

顾客好不容易拦下一辆空载出租车，说："你说多少钱就多少钱，不打表。"

但出租车司机关心的并非价钱，反问道，"你有现金吗？微信、支付宝都刷不了。"乘客只能悻悻地下了车。

【案例三】　找共享单车。

共享单车公司为支援抗灾救援，宣布人们可免费使用共享单车，而结果却是扫不了码开不了锁，车锁坏了的共享单车成了追寻对象。

【案例四】　酒店预订。

"您好，我在携程上预订好了房间。"顾客在一间小旅店，对前台说。

"携程？"前台指指面前的电脑，"现在没电没网，我无法看到您预订的订单。"说完，拿出一沓手抄登记表格……

以上是当一座城市忽然失去了互联网时所面临的窘境。随着互联网科技的发展，居民已逐渐习惯了由它塑造的秩序——它定义了交易的流程，甚至人与人之间的信任感也建立在互联网产品的使用之上。

这是一个信息时代，互联网把一切联系在一起，人们足不出户便可知晓天下事，乃至于办成天下事。一旦失去了互联网，社会就可能陷入慌乱。

二、移动互联网的发展

互联网是网络与网络之间所串联成的庞大网络，这些网络以一组通用的协议相连（网络协议指为计算机网络中进行数据交换而建立的规则、标准或约定的集合），形成逻辑上的单一巨大国际网络。这种将计算机网络互相联接在一起的方法可称作"网络互联"，在此基础上发展出覆盖全世界的全球性互联网络称互联网,即互相联接在一起的网络。

移动互联网是移动通信和互联网融合的产物,将互联网的技术、平台、商业模式和应用与移动通信技术相结合。

移动互联网是一个全国性的、以宽带网络为技术核心,可同时提供话音、传真、数据、图像、多媒体等高品质电信服务的新一代开放的电信基础网络,是国家信息化建设的重要组成部分。而移动互联网应用最早让人们接受的方式,是短消息服务。

中国从移动通信到移动互联网经历了从1G时代到5G时代;从跟随到引领。

(一) 1G 时代

(1) 第一代蜂窝电话标准,容量有限、制式太多、互不兼容。

(2) 以模拟语音的方式传递语音、传真、动态图像等信息。

(3) 性能差,服务能力有限。

(4) 1987年11月18日在广东首次商用,2001年12月31日正式关闭。

(二) 2G、2.5G 时代

(1) 使用数字语音传输技术,可收发数据短信。

(2) 只有"国家标准"而没有"国际标准"。

(3) 2.5G 技术即我们所熟知的 GPRS、WAP、EDGE、蓝牙。

(4) 实现图片、音频、短小的视频传输,同时支持无线上网。

(5) 开始出现"流量"一词。

(三) 3G 时代

(1) 传输声音和数据的速度提升。

(2) 实现全球范围内更好的无限漫游。

(3) 能处理图像、音乐、视频流等多种媒体。

(4) 将无线通信与国际互联网等多媒体通信相结合。

(5) 中国采用 TD-SCDMA 的 3G 技术标准,即中国的 SCDMA 加上西门子的 TD-CDMA 技术。

(6) TD-SCDMA 相较于国外流行的 WCDMA、CDMA2000,传输速率更低。

(7) ITU 同意将中国提交的 TD-SCDMA 与欧洲的 WCDMA、美国主导的 CDMA2000 并列为三大 3G 国际标准。

(四) 4G 时代

(1) 将 WLAN 技术和 3G 通信技术很好结合,使图像传输速度更快、图像更清晰。

(2) 上网速度理论上可高达 100 Mb/s,是 3G 通信技术的 20 倍。

(3) 带来了高清、视频直播、云计算、手机网游等应用。

(4) 2009年10月,ITU 共计征集到六个候选技术,六个技术可以分为两大类,一类是基于 3GPP 的 LTE-Advanced 的技术;另一类是基于 IEEE 802.16 m(WiMAX 2)的技术,中国提交的候选技术(TD-LTE-Advanced)作为 LTE-Advanced 的一个组成部分。

(5) ITU 最终确定的国际标准只有两项:LTE-Advance 和 IEEE。

(6) 2013年12月4日,4G牌照发放,我国正式步入4G时代。

(五) 5G时代

(1) 理论传输速度峰值可达10 Gb/s,是4G网络的数百倍。例如,一部1G的超高画质电影可在3 s之内下载完成。

(2) 2018年2月23日,在世界移动通信大会召开前夕,沃达丰和华为宣布,在西班牙合作采用非独立的3GPP 5G完成了全球首个5G通话测试。

(3) 2018年2月27日,华为在世界移动通信大会大展上发布了首款3GPP标准5G商用芯片巴龙5G01和5G商用终端。

(4) 2018年6月13日,3GPP 5G NR标准SA(Standalone,独立组网)方案在3GPP第80次TSG RAN全会正式完成并发布,标志着第一个真正完整意义的国际5G标准正式出炉。

(5) 2018年12月1日,韩国三大运营商SK、KT与LG U+同步在韩国部分地区推出5G服务,全球首次实现5G商用。

(6) 2019年6月6日,工业和信息化部正式向中国电信、移动、联通和广电发放5G商用牌照,中国正式进入5G时代。

5G网络的主要目标是让终端用户始终处于联网状态,将来支持的设备远远不止智能手机,而可以是各种智能设备。5G网络是下一代无线网络,是4G网络的真正升级版,它的基本要求不同于无线网络,且拥有较快的数据传输速度。目前,基于5G的应用场景正日渐丰富,例如远程医疗、远程教育等。图7-1给出了5G的应用远景。

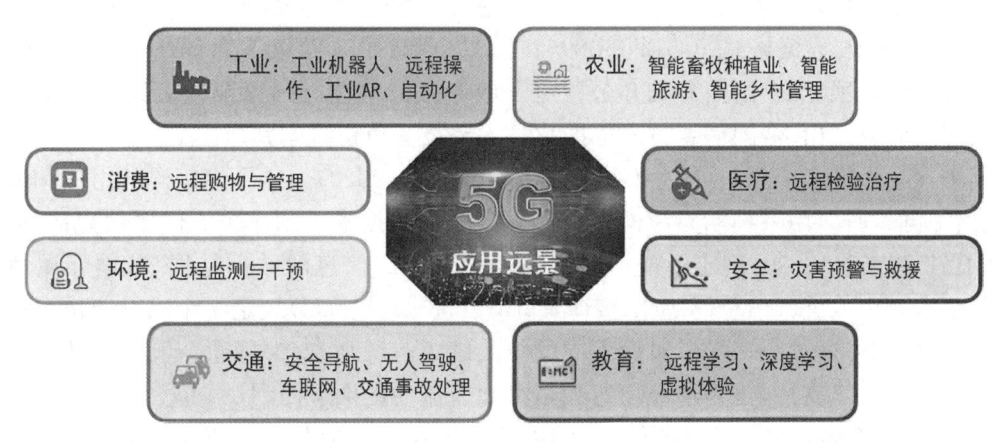

图7-1 5G应用远景

【案例】 2022年4月,为及时收治新冠肺炎病毒感染者,上海市政府紧急建立多家方舱医院。为减轻医护压力,一批5G智能机器人进驻上海方舱医院,并在每日物资配送环节发挥重要作用。机器人采用多传感器融合室内定位技术,能够根据指令快速把餐饮、日用品等必需品送到指定床位,完成配送后自主返回原点,实现全自主免接触式配送。机器人均装载联通5G物联网卡,依托联通5G高速率、低延时、稳定性强等特点,能够持续稳定高效提供作业服务,在缓解现场医务人员工作压力的同时,也助力提高现场防疫安全系数。

三、防疫健康码/行程码

新冠疫情期间,在疫情防控和复工复产环节中充分利用数字化管理,已经成为各地政府和企业的共识。其中,健康码由杭州市率先推出后迅速推广全国。通过二维码动态管理,助力疫情精准防控,分类有序复工复产,成为了疫情期间数字化管理的标配。

健康码是以国家卫生健康委员会的真实信息为基础,由市民或者返工返岗人员自行在线申报,经政府后台系统审核后,生成的属于个人的二维码,可作为疫情时期个人的数字化健康证明。绿码可凭码通行,红码和黄码需按规定隔离并健康打卡。有了健康码,居民不再需要重复填报健康表格,也使高速路口和小区卡口工作人员的查验工作变得方便快捷,实现了无接触式查验,降低了感染风险。

行程码是由工业和信息化部组织中国信息通信研究院和三家基础电信企业面向公众推出。行程码用于查询14天内国内城市(驻留超过4小时)以及境外到访的行程。如果行程码上城市名称标有"＊"(星号),表示用户在过去14天访问过的城市中目前存在中等或高风险区域,应该加强自身防备。

健康码作为疫情防控期间的特殊产物,从疫情初期各地健康码"一码归一码、各码互不相认"到健康码跨地区互通互认,实现了"一码通天下",其中健康码国家标准发挥着无可替代的作用。

2020年4月29日,国家市场监督管理总局、国家标准化管理委员会发布"个人健康信息码"系列国家标准。该系列采用了国家标准快速程序,从立项到发布仅用了14天时间。

个人健康信息码系列国家标准包括《个人健康信息码 参考模型》(GB/T 38961—2020)、《个人健康信息码 数据格式》(GB/T 38962—2020)和《个人健康信息码 应用接口》(GB/T 38963—2020)三项标准,由国务院办公厅电子政务办公室会同国家卫生健康委员会及国务院相关部门研究提出,全国信息技术标准化技术委员会负责技术归口。

其中,《个人健康信息码 参考模型》(GB/T 38961—2020)规定了健康码的组成和展现形式,提出了健康码应用系统的参考模型和跨地区互认的技术机制;《个人健康信息码 数据格式》(GB/T 38962—2020)规定了疫情防控所需个人健康信息的数据结构、数据元属性和数据管理要求;《个人健康信息码 应用接口》(GB/T 38963—2020)规定了个人健康信息服务的接口,各类应用可通过统一接口对接不同的个人健康信息服务,为打通个人健康证明属地管理限制提供了技术支持,也为各地出行人员跨地区流动提供了便利。

该系列国家标准实施后,实现了个人健康信息码的码制统一、展现方式统一、数据内容统一,统筹兼顾个人信息保护和信息共享利用,适用于指导健康码相关信息系统的设计、开发和系统集成。

四、网络数据安全标准

(一)网络安全问题

随着5G网络的普及,移动应用种类和数量呈爆发式增长,数据传输速度越来越快,大数据已经逐步应用于产业发展、政府治理、民生改善等领域,为人们的生产、生活提供了巨大的便利。然而,在发展大数据的同时,也容易出现政府敏感数据、个人隐私数据泄露,给公共、个人信息安全造成威胁的事件,因此,网络数据的安全问题越来越得到社会各界的广泛关注。

【案例一】 电动汽车公司就用户数据遭窃取发表致歉声明。

2022年12月20日,蔚来汽车就用户数据遭窃取发表致歉声明。声明称,遭窃取数据为2021年8月之前的部分用户基本信息和车辆销售信息。中国新能源汽车行业强势崛起和快速发展,产生了海量的各类新能源汽车行业大数据。新能源汽车车辆主要涉及四类数据,包括车主个人隐私信息、车辆基本信息、车辆行驶数据和车辆行驶相关数据。蔚来曾在12月11日收到外部邮件,以数据泄露勒索225万美元等额比特币。

【案例二】 某境外咨询调查公司秘密搜集窃取航运数据案。

2021年5月,国家安全机关发现,某境外咨询调查公司通过网络、电话等方式,频繁联系我国大型航运企业、代理服务公司的管理人员,以高额报酬聘请行业咨询专家之名,与我国境内数十名人员建立"合作",指使其广泛搜集提供我国航运基础数据、特定船只载物信息等。办案人员进一步调查掌握,相关境外咨询调查公司与所在国家间谍情报机关关系密切,承接了大量情报搜集和分析业务,通过我国境内人员所获的航运数据,都提供给了该国间谍情报机关。

为防范相关危害持续发生,国家安全机关及时对有关境内人员进行警示教育,并责令所在公司加强内部人员管理和数据安全保护措施。同时,依法对该境外咨询调查公司有关活动进行了查处。

【案例三】 江苏公安机关破获何某非法获取公民个人信息案。

2021年,在公安部网络安全保卫局"净网2021"专项活动中,江苏网安部门侦查查明,犯罪嫌疑人何某利用为相关单位、企业建设信息系统之机,非法获取医疗、出行、快递等公民个人信息54亿条,搭建对外提供非法查询服务的数据库,通过暗网发布广告招揽客户,出售信息牟取不法利益。

【案例四】 菜鸟驿站1 000万条快递数据被非法窃取。

2018年6月,杭州市萧山区公安分局网警大队接菜鸟网络举报,称其下属驿站站点使用的手持终端(俗称巴枪)被安装恶意程序,用于窃取快递上的公民信息。该案中,犯罪团伙并非采取以往的直接网络攻击盗取模式,而是对安装在物流网点的巴枪中的"菜鸟驿站"App进行破解后,植入控件程序。利用相关省份"菜鸟驿站"服务商推广安装App后,直接通过数据回传获得数据。截至破案,遭非法窃取的"菜鸟驿站"快递数据超过1 000万条,大部分是各大高校大学生的快递信息。这类信息较为敏感,且数据的准确率极高,包含有单号、姓名、手机号、快递公司名称等。

上海社会科学院互联网研究中心发布的大数据安全风险与对策研究报告指出,随着数据资源商业价值凸显,针对数据的攻击、窃取、滥用和劫持等活动持续泛滥,并呈现出产业化、高科技化和跨国化等特性,对国家和数据生态治理水平,以及组织的数据安全能力都提出了全新挑战。

(二)《中华人民共和国网络安全法》和《中华人民共和国数据安全法》

2017年6月1日,《中华人民共和国网络安全法》(以下简称《网络安全法》)开始实施。《网络安全法》是我国网络安全领域的基础性法律,是为保障网络安全,维护网络空间主权和国家安全、社会公共利益,保护公民、法人和其他组织的合法权益,促进经济社会信息化健康发展而制定的法律。《网络安全法》包括6个重点事项:

(1) 不得出售个人信息;
(2) 严厉打击网络诈骗;
(3) 以法律形式明确"网络实名制";
(4) 重点保护关键信息基础设施;
(5) 惩治攻击破坏我国关键信息基础设施的境外组织和个人;
(6) 重大突发事件可采取"网络通信管制"。

2021年9月1日,《中华人民共和国数据安全法》(以下简称《数据安全法》)开始实施。《数据安全法》是我国首部独立将数据作为保护对象的基础性法律,分别从数据安全与发展、数据安全制度、数据安全保护义务、政务数据安全与开放的角度对数据安全保护的义务和相应法律责任进行规定。《数据安全法》的三大要点为:

(1) 坚持安全与发展并重。设专章对支持促进数据安全与发展的措施作了规定,保护个人、组织与数据有关的权益。

(2) 加强治理制度与整体治理框架的衔接。从基础定义、数据安全管理、数据分类分级、重要数据出境等方面,进一步加强与《网络安全法》等法律的衔接。

(3) 回应社会关切。加大对数据处理违法行为的处罚力度,建设重要数据管理、行业自律管理、数据交易管理等制度,回应实践问题及社会关切。

所有的网络安全都是为了数据安全,两部法律从不同的立法角度对保障数据安全作出了相关要求。

(三) 网络安全等级保护制度

1. 网络安全等级保护

简单来说,网络安全等级保护是指对网络进行分等级保护、分等级监管,有以下5个关键词。

(1) 定级。网络运营者对信息网络、信息系统、网络上的数据和信息,按照重要性和遭受损坏后的危害性分成五个安全保护等级,从第一级到第五级,逐级增高。

第一级,一旦受到破坏会对相关公民、法人和其他组织的合法权益造成损害,但不危害国家安全、社会秩序和公共利益的一般网络。

第二级,一旦受到破坏会对相关公民、法人和其他组织的合法权益造成严重损害,或者对社会秩序和公共利益造成危害,但不危害国家安全的一般网络。

第三级,一旦受到破坏会对相关公民、法人和其他组织的合法权益造成特别严重损害,或者会对社会秩序和社会公共利益造成严重危害,或者对国家安全造成危害的重要网络。

第四级,一旦受到破坏会对社会秩序和公共利益造成特别严重危害,或者对国家安全造成严重危害的特别重要网络。

第五级,一旦受到破坏后会对国家安全造成特别严重危害的极其重要网络。

(2)备案。等级确定后,第二级(含)以上网络到公安机关备案,公安机关对备案材料和定级准确性进行审核,审核合格后颁发备案证明。

(3)建设。备案单位根据网络的安全等级、安全国家标准开展安全建设整改,建设安全设施,落实安全责任,建立和落实网络安全管理制度。

(4)测评。备案单位选择符合国家要求的测评机构开展等级测评。

(5)监督。公安机关对第二级网络进行指导,对第三级、第四级网络定期开展监督、检查。

2. 网络安全等级保护制度的由来

1994年,国家规定对计算机信息系统实行安全等级保护。1994年2月18日,中华人民共和国国务院令第147号发布了《中华人民共和国计算机信息系统安全保护条例》,其中第六条规定:"公安部主管全国计算机信息系统安全保护工作。"第九条规定:"计算机信息系统实行安全等级保护。安全等级的划分标准和安全等级保护的具体办法,由公安部会同有关部门制定。"

2007年,信息安全等级保护制度正式开始实施。2007年6月22日,公安部、国家保密局、国家密码管理局、国务院信息化工作办公室(现工信部)联合印发了《信息安全等级保护管理办法》(公通字〔2007〕43号),标志着等级保护制度(等级保护1.0体系)正式开始实施。

2017年,网络安全等级保护制度成为网络安全的基本制度。2017年6月1日,《网络安全法》正式实施。第二十一条规定,国家实行网络安全等级保护制度,网络运营者应当按照网络安全等级保护制度的要求,履行安全保护义务,保障网络免受干扰、破坏或者未经授权的访问,防止网络数据泄露或者被窃取、篡改。

(四)网络安全等级保护 2.0 标准

信息安全技术网络安全等级保护要求,简称等保,是我国信息安全保障的一项基本制度,国家通过制定统一的信息安全等级保护管理规范和技术标准,组织公民、法人和其他组织对信息系统分等级实行安全保护。

信息安全等级保护制度是国家信息安全保障工作的基础,也是一项事关国家安全、社会稳定的政治任务。通过开展等级保护工作,发现企业网络和信息系统与国家安全标准之间存在的差距,找到目前系统存在的安全隐患和不足,并进行安全整改,提高信息系统的信息安全防护能力,降低系统被各种攻击的风险。

为了贯彻落实《网络安全法》,以及适应在云计算、移动互联、物联网、工业控制和大数据等新技术、新应用情况下的网络安全等级保护工作,2019年5月,国家发布《信息安全技术 网络安全等级保护基本要求》(GB/T 22239—2019),正式开启了"等保2.0"的时代。一般认为"等保2.0"是指《信息安全技术 网络安全等级保护基本要求》(GB/T 22239—2019),而广义上还包括为其配套的标准。

1. "等保2.0"及其配套标准

(1)网络安全等级保护条例(总要求/上位文件);

(2)《计算机器信息系统 安全保护等级划分准则》(GB 17859—1999);

(3)《信息安全技术 网络安全等级保护实施指南》(GB/T 25058—2019);

(4)《信息安全技术 网络安全等级保护定级指南》(GB/T 22240—2020);

(5)《信息安全技术 网络安全等级保护基本要求》(GB/T 22239—2019);

(6)《信息安全技术 网络安全等级保护安全设计技术要求》(GB/T 25070—2019);

(7)《信息安全技术 网络安全等级保护测评要求》(GB/T 28448—2019);

(8)《信息安全技术 网络安全等级保护测评过程指南》(GB/T 28449—2018)。

2."等保2.0"的特点

(1)对象范围扩大。原来等级保护的对象是信息系统,现在等级保护的对象是网络和信息系统。安全等级保护的对象包括网络基础设施(广电网、电信网、专用通信网络等)、云计算平台/系统、大数据平台/系统、物联网、工业控制系统、采用移动互联技术的系统等,并将风险评估、安全监测、通报预警、案事件调查、数据防护、灾难备份、应急处置、自主可控、供应链安全、效果评价、综治考核、安全员培训等工作措施全部纳入等级保护制度。

(2)分类结构统一。新标准"基本要求、设计要求和测评要求"的分类框架统一,形成了"安全通信网络""安全区域边""安全计算环境"和"安全管理中心"支持下的三重防护体系架构。

(3)强化可信计算。新标准强化了可信计算技术使用的要求,把可信验证列入各个级别并逐级提出各个环节的主要可信验证要求。

有国内专业机构表示,"等保2.0"标准对比"等保1.0"标准,在保护范围、法律效力、技术标准、安全体系、定级流程、定级指导等方面均发生变化,促使信息安全系统进行改造提升。

(五)"等保2.0"工作流程

"等保2.0"一般有5个步骤:定级、备案、安全建设、等级测评和监督检查,如图7-2所示。

1. 定级

确认定级对象,参考《信息安全技术 网络安全等级保护定级指南》(GB/T 22240—2020)初步确认等级,组织专家评审,主管部门审核定级。

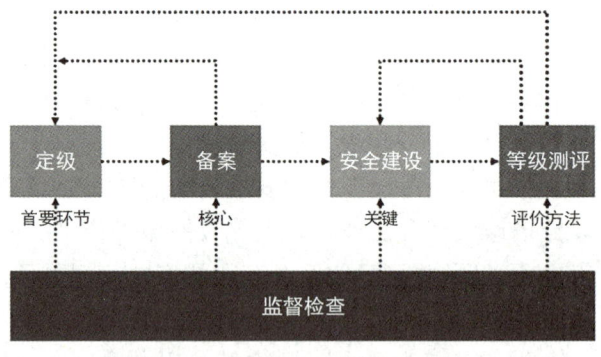

图7-2 "等保2.0"的5个步骤

2. 备案

持定级报告和备案表等材料到公安机关网安部门进行备案。

3. 安全建设

以《信息安全技术 网络安全等级保护基本要求》(GB/T 22239—2019)中对应等级的要求为标准,对定级对象当前不满足要求的部分进行建设整改。

4. 等级测评

委托具备测评资质的测评机构对定级对象进行等级测评,形成正式的测评报告。

5. 监督检查

向当地公安机关网安部门提交测评报告,配合完成对网络安全等级保护实施情况的检查。

五、电信和互联网行业数据安全标准体系

当前,我国电信和互联网行业高速发展,汇聚大量数据,在释放数字经济发展潜力、促进数字经济加快成长的同时,面临严峻的安全风险。

"安全发展、标准先行",标准化工作是保障数据安全的重要基础。为发挥标准对电信和互联网行业数据安全的规范和保障作用,加快制造强国和网络强国建设步伐,工业和信息化办公厅于 2020 年 12 月 17 日印发了《电信和互联网行业数据安全标准体系建设指南》(以下简称《指南》)。

《指南》指出,电信和互联网行业数据安全标准体系包括基础共性、关键技术、安全管理和重点领域等标准。其中,基础共性标准包括术语定义、数据安全框架、数据分类分级等,为各类标准提供基础支撑。关键技术标准从数据采集、传输、存储、处理、交换、销毁的全生命周期维度,对数据安全关键技术进行规范,其子体系如图 7-3 所示。安全管理标准包括数据安全规范、数据安全评估、监测预警与处置、应急响应与灾难备份、安全能力认证,其子体系如图 7-4 所示。重点领域标准主要是结合相关领域的实际情况和具体要求,指导行业有效开展重点领域数据安全保护工作,其子体系如图 7-5 所示。

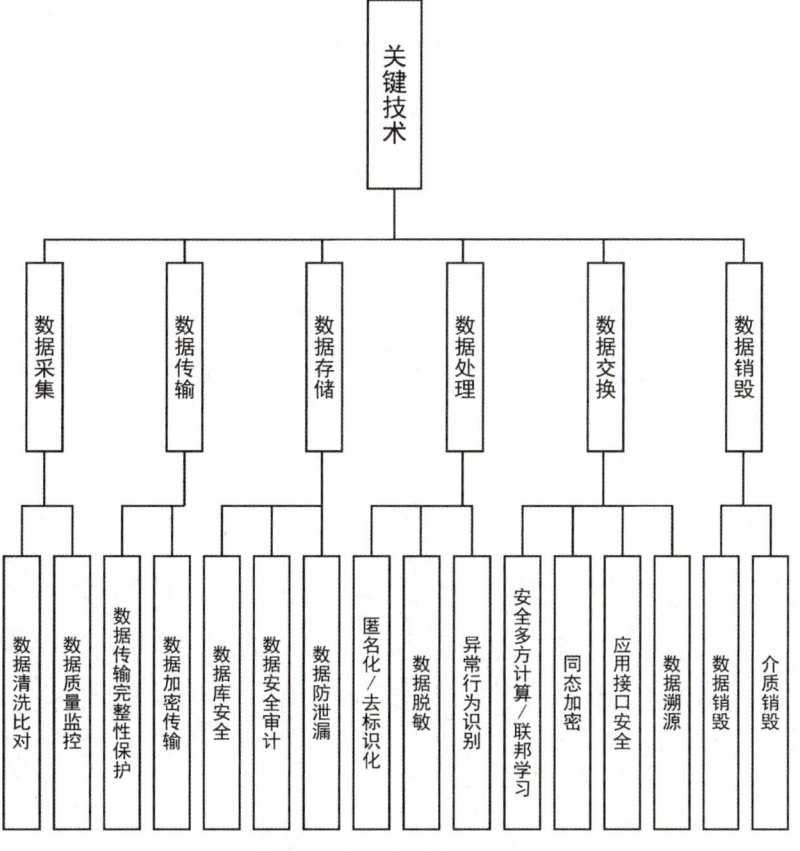

图 7-3 关键技术标准子体系

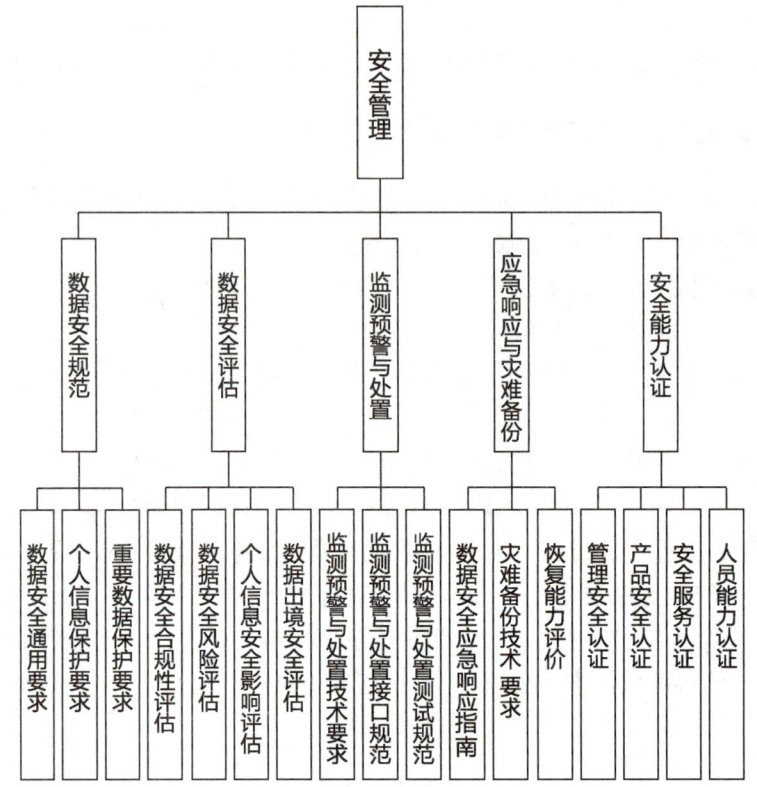

图 7-4 安全管理标准子体系

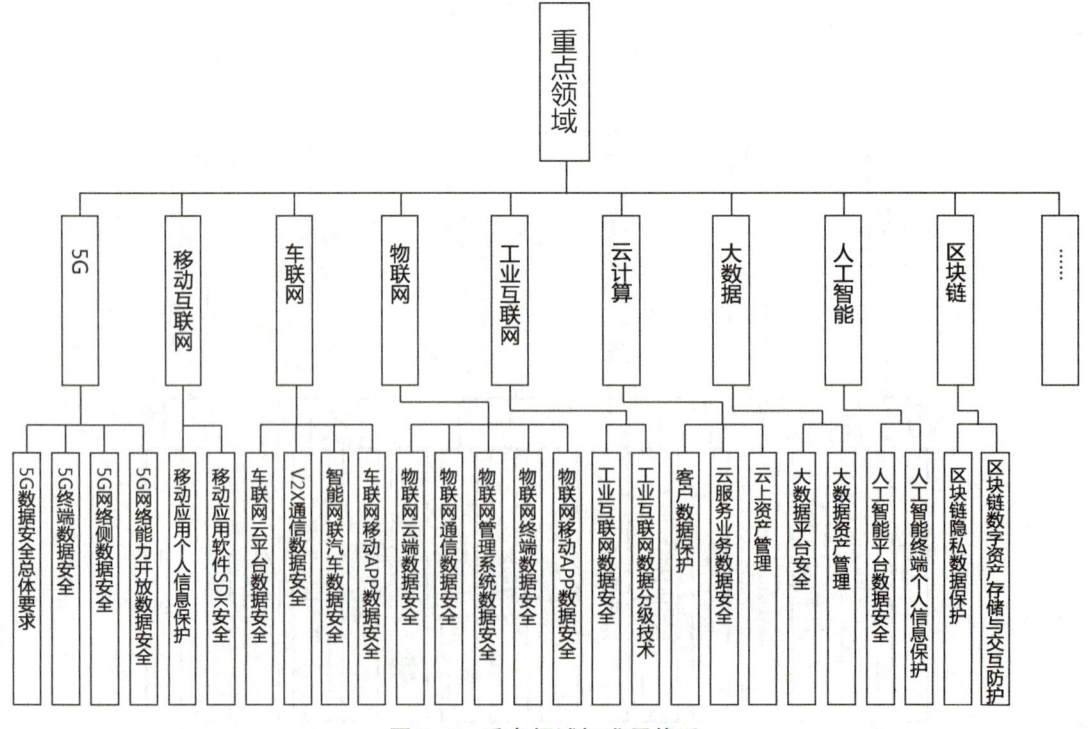

图 7-5 重点领域标准子体系

《指南》提出了电信和互联网行业数据安全标准体系建设目标,即到2021年,研制数据安全行业标准20项以上,初步建立电信和互联网行业数据安全标准体系,有效落实数据安全管理要求,基本满足行业数据安全保护需要,推动标准在重点领域中的应用;到2023年,研制数据安全行业标准50项以上,健全完善电信和互联网行业数据安全标准体系,标准的技术水平、应用效果和国际化程度显著提高,有力支撑行业数据安全保护能力提升。

相信这些标准的出台将有效提升电信和互联网行业数据安全保护能力,充分发挥标准在保障数据安全、推动行业健康有序发展中的引领和支撑作用,助力数字经济高质量发展。

第二节 电子竞技

电子竞技等同于打游戏吗?

一、电子竞技与网络游戏

中国互联网络信息中心(China Internet Network Information Center,CNNIC)发布的第51次《中国互联网络发展状况统计报告》显示:截至2022年12月,我国网民规模达10.67亿,互联网普及率为75.6%,其中手机上网网民占比99.8%;每周上网时长达26.7个小时,日均上网4个多小时,也就是全天拿六分之一的时间上网。通过分析报告,可以间接得出游戏占据网民的相当多的上网时间。截至2022年12月,我国网络游戏用户规模达5.22亿,占网民整体的48.9%。

网络游戏是个非常庞大的产业,2022年,我国游戏市场规模达到2 658.84亿,而且在快速增长,诸多内容提供商、技术提供商、运营商参与其中。

电子竞技常常被误认为等同于打游戏,从形式上看,电子竞技确实与打游戏非常相似。例如多人在线战术竞技(Multiplayer Online Battle Arena,MOBA)游戏《英雄联盟》(League of Legends,LOL),职业选手使用的游戏版本和普通玩家使用的游戏版本是完全一样的,没有任何额外的操作变动或数据更改。无论是激动人心的LPL(英雄联盟职业联赛),还是英雄联盟全球总决赛,我们看到的职业竞技比赛,其实和我们平时自己打的一盘游戏似乎没有太大区别。

但是,电子竞技和网络游戏是两个不同的概念。

2003年11月18日,在中国数字体育互动平台启动仪式上,国家体育总局通过新闻媒介正式宣布把电子竞技运动列为中国第99个正式开展的体育运动项目。国家体育总局之所以把电子竞技运动列为国家正式开展的体育项目,最主要的原因是这项竞技运动在我国已比较广泛地开展起来,有了数千万的爱好者,也具备了一定的竞技水平,把它列为正式体育项目是为了适应这个项目进一步健康发展的需要。因此,电子竞技与网络游戏从本质上来说是完全不同的。

电子竞技运动从本质上来说是体育,只不过表现形式和比赛方式是借助以信息技术为核心的各种软、硬件和所营造的环境来进行的。激烈的智力与体力对抗和竞争是电子竞技运动的主要特点。它有统一的竞赛规则,并且在这样的规则要求下,进行公开、公平、公正的比赛。

网络游戏从本质上来说是娱乐游戏。以感受为目的用户主要在虚拟环境中追求的模拟和角色扮演,并从中享受乐趣。网络游戏主要是人机之间或人与人之间的交流互动,不一定需要人与人的对抗来评判结果,而且缺乏明确统一的比赛规则,没有时间和回合的限制。

电子竞技依托于网络游戏而存在,但电子竞技不能等同于网络游戏,更不是媒体口中的"电子鸦片",它是以网络游戏作为工具展开竞技,就如同体育竞技一样,受到政府的重视。

如果说足球世界杯、NBA、F1赛车是现实世界中最令人为之狂热的传统体育赛事的话,那么电子竞技已然成为近年来最令人热血沸腾的新兴运动项目。近几年,中国的体育事业发展迅速,我国电子竞技队伍在多项世界大赛中取得优异成绩。良好的体育大环境为电子竞技运动在中国的发展提供了良好的氛围。另外,中国人口众多,经济充满活力,特别是IT作为一个高成长的产业,在中国高速发展,令世界瞩目,包括微软在内的世界高科技企业都将战略重点放在中国市场。以信息技术为核心的电子竞技运动同样具有高成长的特点。相信中国的电子竞技运动的发展能够促进整个信息产业和体育事业的发展。

二、电子竞技员国家职业技能标准

人力资源和社会保障部(以下简称人社部)2019年的公开数据显示,我国正在运营的电子竞技战队(含俱乐部)有5 000余家,电子竞技职业选手约10万人,电子竞技员的整体从业规模超过50万人。尽管如此,据不完全统计,目前只有不到15%的电子竞技岗位能获得足够的专业人员,人才缺口巨大。行业的迅速扩张,对从业者的数量和素质也提出了更高要求,职业与标准化是完善人才体系和保证电竞行业生命力的根基。

2021年2月10日,人社部颁布了全新的13个国家职业技能标准,其中包括备受年轻人关注的《电子竞技员国家职业技能标准(2020年版)》。

电子竞技员的职业定义是:"从事不同类型电子竞技项目比赛、陪练、体验及活动表演的人员。"也就是说,这些人员的主要工作是参加电子竞技项目的比赛,还包括进行专业化的电子竞技项目陪练,搜集电竞战队的动态(情况),对电竞内容提供专业的数据分析,对电竞游戏体验并提出意见建议,并且可能亲自参与电竞活动、电竞表演。通俗意义上说,游戏玩家所理解的电竞选手、主持人、解说以及战队教练、分析师、心理辅导师,乃至战队经理等,都可以划分到电子竞技员的行业之中。

电子竞技员划分为5个职业技能等级,分别是五级/初级工、四级/中级工、三级/高级工、二级/技师、一级/高级技师。一级为最高。每一等级都有应具备的职业技能。申报不同级别,均有相应的从业时间、参加赛事和获奖情况的要求。例如,五级工的要求是需要从事本职业或者相关职业1年(含)以上且完成规定的224标准学时,并通过对应考试;而申报一级/高级技师则要求从业者取得二级证后累计从事相关职业4年(含)以上,或取得电子竞技国际赛事奖项。

电竞从业者想要进行评级,需参加理论知识考试和专业能力考核,这项国家职业技能标准从职业概况、基本要求、工作要求和权重表这四方面,对整个职业活动的具体工作内容、技能要求、知识要求都作出了明确的规定。因此,它对下一步的教材编写、题库编写,以及具体鉴定方式的实施都有指导作用。

三、电子竞技的未来

2021年11月7日凌晨,来自LPL赛区的EDG战队获得了2021年英雄联盟全球总决赛(S11)冠军。赛后,这场比赛在国内外的社交平台上引起巨大反响,微博上,"EDG夺冠"词条上了热搜第一,阅读量达到了21.4亿之多,央视新闻官博也发文祝贺,中国的LOL粉丝们陷入狂欢。由此可见电子竞技受欢迎的程度。

作为一个能够激发广大受众消费、有着无限潜力的产业,电子竞技已成为长三角、珠三角、粤港澳大湾区、成渝经济圈等当下中国主流经济圈的重点发展的产业之一,而上海、北京、深圳、苏州将成为了电竞行业的主阵地。

自2016年以来,全国超过25个省份、32个城市出台了电子竞技相关政策。2021年,上海交通大学发布了《全球电竞之都评价报告》,上海在亚洲电竞之都综合排名中名列首位,在全球电竞之都排名中位列第2位,综合得分为94.9分,仅次于洛杉矶。

在游戏业发展、政府扶持等一系列因素的影响下,中国电子竞技的辐射面正在变得越来越大。截至2021年,我国电子竞技用户超5亿人。这个庞大的用户人群中,21~25岁用户群体占一半。同时,半数电子竞技用户集中在一、二线城市,消费潜力庞大。据中国音像与数字出版协会游戏出版工作委员会的数据,2020年中国电子竞技行业市场规模高达1 365.57亿元,同比增长高达44.2%,正是增长势头最猛的阶段。

电子竞技生态发展促进了国际级游戏赛事发展,电子竞技赛事在国内越来越常态化,许多国内赛事如王者荣耀职业赛事(简称KPL)成为周期性赛事,被玩家熟知,受到越来越多的关注。商业化、常态化的赛事也在极力推动电子竞技生态的发展和产业链的延伸。通过电子竞技赛事可以一窥其完整产业链。上游是:游戏研发、发行厂商;中游是:赛事主办方、承办方、电竞俱乐部;下游是:媒体、直播平台、观众、广告商、赞助商。上、中、下游形成了一个利益共同体。

电子竞技产业链的扩张和电竞生态的不断完善,催生了数量庞大的就业岗位,据人社部发布的数据,预计至2025年,电子竞技员有近200万人的需求。而截至2019年,我国的电子竞技从业者不足50万,人才缺口的扩大严重制约着电子竞技行业的发展。电子竞技员国家职业技能标准的出台,对培养电子竞技人才具有重要作用。

第三节 直播电子商务

为什么电商直播行业急需管理规范标准?

一、直播电商现状

网络直播是指基于互联网,以视频、音频、图文等形式向公众持续发布实时信息的活动。直播电商,是以"直播+内容+电商"的模式来进行产品销售,通过直观的产品介绍,吸引客户来购买自己的商品,具有直观、迅速、交互性强、内容丰富等推广优势。

简单来说,直播电商就是把东西拿到直播间去卖。直播电商行业的运作模式如图7-6所示。在这个过程中,主播负责销售;网红孵化机构或直播营销人员服务机构(Multi-

Channel Network，MCN）负责服务主播，解决人、货、场的资源整合问题；平台负责设置展台和制定相关规则，做好消费者、主播、商家之间的商品、流量匹配；商家则负责供货。

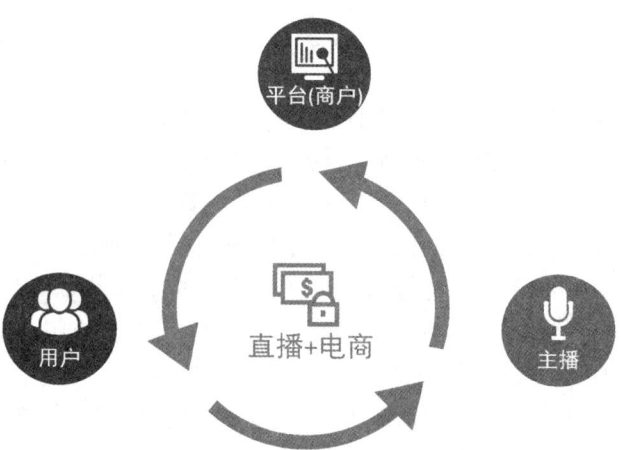

图 7-6　直播电商行业运作模式

这一模式可以追溯到 2016 年直播平台的风口时期，当时直播电商主要以吸引用户停留及流量变现为主，但后来由于直播行业的衰退，电商直播开始陷入低潮。

不过在此后几年内，随着各大电商平台纷纷入局电商行业，以及几位头部主播的出圈，电商直播又开始展现出勃勃生机。2020 年年初，疫情催生"宅经济"，直播电商进一步成为诸多商家的"标配"。与此同时，直播间产生的巨大流量也吸引了众多明星、主持人、业界名流的加入。

目前国内的实物电商平台可以分为①综合型的电商平台，例如淘宝、拼多多、唯品会、京东等；②垂直类电商平台，例如蘑菇街、玩物等；③海淘类电商平台，例如网易考拉、洋码头等。而内容电商平台可以分为①种草类平台，例如小红书、知乎、B 站；②社交类平台，例如微信、微博等；③短视频类平台，例如抖音、快手、微视等；④电子竞技类平台，例如斗鱼、虎牙直播等；⑤泛娱乐类平台，例如花椒直播、一直播、YY 直播、六间房等。

值得一提的是从教培企业转型的新东方。2021 年 12 月 28 日，新东方在微信公众号发文称，当晚 8 点将推出直播带货新平台——东方甄选。半年过去了，其销售一直不温不火，但东方甄选推出了双语直播带货新模式，主播在推荐商品时，会进行英文单词与短句方面的教学，同时在白板上进行书写，方便观众认识。这种创新的带货模式完全有别于常见的干巴巴的吃喝式带货。一位长相酷似兵马俑，又被网友亲切称为"中关村周杰伦"的主播董宇辉在东方甄选直播间介绍五常大米时一并在白板上教授了"genuine""exclusive""chewy"等相关单词，令人耳目一新。

凭借着双语直播带货的全新形式，主播不疾不徐的直播介绍节奏，输出知识点的直播内容等差异化特色，"东方甄选"直播间在 2022 年 6 月 16 日的带货额已经超过 8 000 万元，粉丝超过 1 000 万，董宇辉等人气主播也一跃成为各大社交媒体上的热议话题。

2022 年 6 月 20 日上午，人民网评论称，在董宇辉的直播间，没有肾上腺素飙升的刺激和秒杀的紧张，让网友从奔商品而来转变为奔知识而来。"有内容"的主播是否会成为未来直播带货的"常青树"尚不可知，但在一定程度上赋予了带货主播这个职业更加丰富的精神价值，也在一定程度上给已经固化的直播带货形式打开了新的思路。

据《2020 年直播电商：从眼球秀到新经济产业发展》一文的调查显示，超过七成的受访网民会在淘宝观看直播带货，其次是京东、天猫、拼多多平台，占比分别是 38.35%、25.94% 和 23.31%，如图 7-7 所示。

如今，直播电商不再局限于营销渠道。受到疫情的影响，在限制线下人流的情况下，商

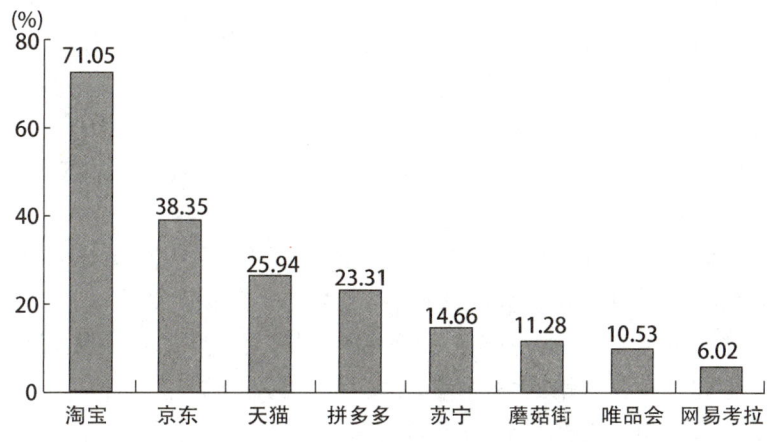

图 7-7　2020 年中国直播电商用户观看直播的主要平台分布

家、消费者、供应商汇聚线上，使直播电商为经济复苏带来新的活力，成为销售多元化时代凸显出来的新兴业态。2020 年，直播电商规模进入"万亿时代"，达到 10 500 亿元，直播电商销售额占电商市场的比重达到 8.6%；2021 年，直播电商规模仍保持较高增长，规模接近 2 万亿元，渗透率达到 14.3%。

直播电商行业迎来爆发式增长的同时，行业规范、信息虚假等问题也随之而来。2021 年 11 月，网红主播雪梨和林珊珊偷逃税被处罚 9 000 余万元，引发网络热议。紧接着的 12 月，又曝出头部主播薇娅也因偷逃税被罚 13.41 亿元。

薇娅事件后，人民日报发布评论称："直播经济，已成为经济发展的重要力量……既鼓励其创新与发展，又规范其行为与责任，才能让包括直播行业在内的数字经济能行稳致远。"

对此，商务部表示将继续加强电子商务新业态新模式的行业标准建设，充分发挥标准的基础和引领作用。

二、直播电商行业标准

2021 年 8 月，商务部就《直播电子商务平台管理与服务规范》行业标准（征求意见稿）公开征求意见。根据征求意见稿，当直播主体存在虚假宣传等侵害消费者合法权益行为时，要采取必要措施维护消费者权益，并对直播主体实施相应处罚。要对直播营销人员服务机构、主播以及商家等建立信用评价体系。

该标准描述了直播电商生态体系，规定了直播营销平台、直播主体、电子商务交易平台等角色在直播电子商务中的管理和服务要求。该标准适用于基于互联网的、采用网络直播方式销售产品或提供服务的各类电子商务平台，不适用于跨境直播电子商务平台，也不适用于金融、医疗、新闻、文化等特殊产品和服务。

对于直播电子商务业务生态体系，标准描述了直播电子商务业务生态体系涉及的直播营销平台、电子商务交易平台、直播营销人员服务机构、主播、消费者（用户）、商家（网店经营者）、仓储物流等供应链服务商、品牌方和相关服务提供商等责任主体的关系及其在生态体系中的作用。

对于直播营销平台,标准规定了直播营销平台应该具备的资质、经营条件及合规性基本要求;规定了其应对商家和直播主体入驻及退出、产品和服务信息审核、直播营销管理和服务、用户以及直播主体账号的管理和服务要求;规定了其应对消费者隐私保护、交易及售后服务等消费者权益保护的要求;明确了信息安全管理要求。

对于直播主体,标准明确了 MCN 机构和自然人主播平台入驻要求及其他要求,其中对主播的资质、直播形象、直播行为、直播场景等作出了明确要求,对 MCN 机构的资质、主播培训与管理、产品/服务选择、产品/服务信息展示等方面作出了相应要求和指导。

对于电子商务交易平台,标准规定了电子商务交易平台在对商家入驻审核的要求、对商家及商品应该建立评价机制、对交易应履行的责任;同时规定了电子商务交易平台应该建立的产品质量相关管理制度及对销售商品应履行的主体责任等。

图 7-8 展示了直播电子商务平台的生态体系。

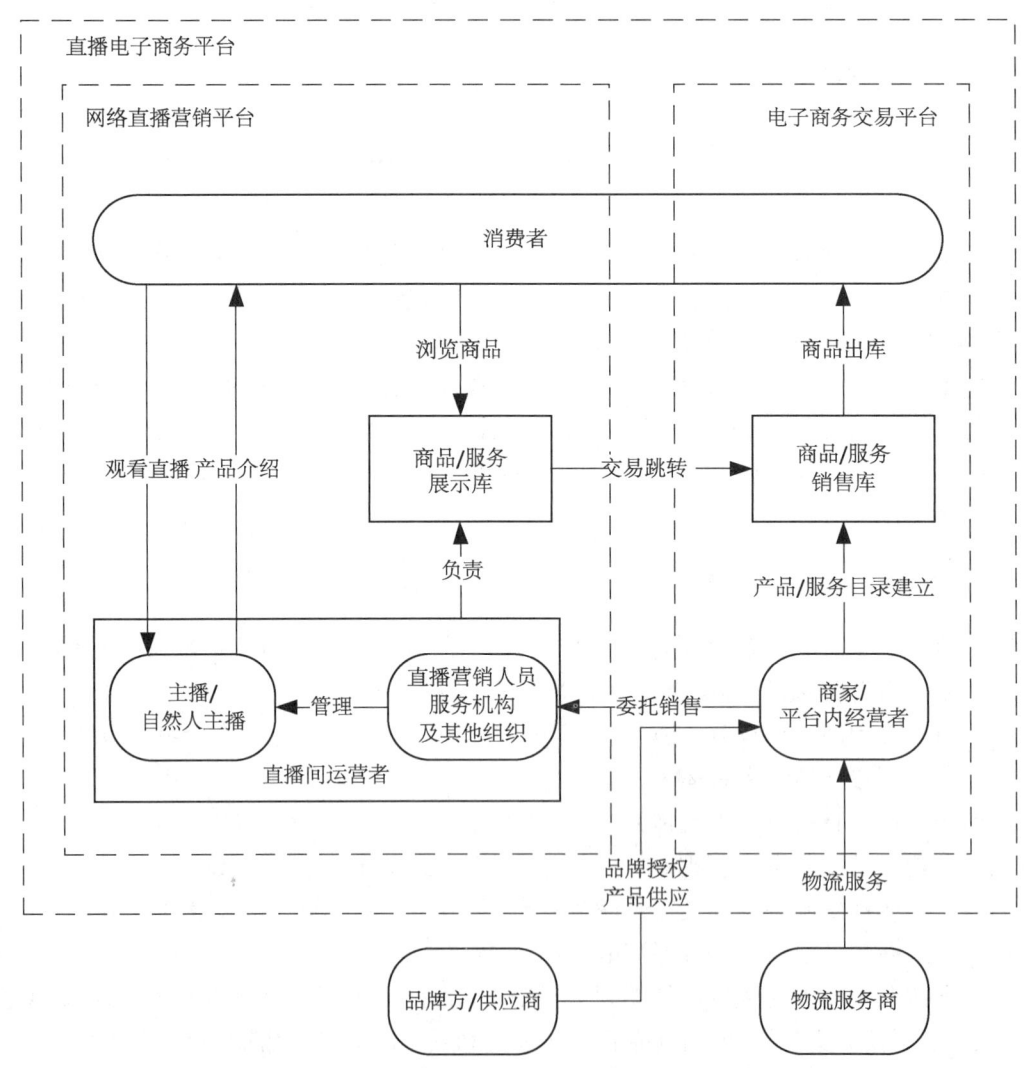

图 7-8 直播电子商务业务生态体系

总而言之,该标准规定了直播营销平台应该具备的资质、经营条件及合规性基本要求;规定了其应对商家和直播主体入驻及退出、产品和服务信息审核、直播营销管理和服务、用户以及直播主体账号的管理和服务要求;规定了其应对消费者隐私保护、交易及售后服务等消费者权益保护的要求;明确了信息安全管理要求。

其中,标准明确应建立直播主体入驻资质核验机制,对直播主体进行实名登记和资质审核,宜与相关行业协会、行政部门等共享或交换直播主体的行政处罚等相关信息,直播主体信息发生变动时,应及时进行更新;应建立直播主体的黑名单制度和退出机制,在直播主体发生违反法律法规或直播营销平台规则等情形时,应采取警示提醒、限流或暂停其直播服务等不同措施,将严重违法违规或造成恶劣社会影响的直播主体列入黑名单,必要时应注销其账号。

随着直播电商的快速发展,相应的政策法规也在不断完善。今后会有更多细化的标准推动行业的规范发展,直播带货行业的监管会越来越完善。

第四节 电影院的星级划分

你知道电影院是分星级的吗?

一、电影产业简介

电影作为极少数人类已知明确诞辰日的艺术,至今已有100多年的历史。电影是现代社会最伟大的发明之一,被称为"第七艺术"。电影的发明极大地丰富了人们的文化生活。

自"十二五"以来,我国文化产业得到了快速的发展。从2011年的1.1万亿元,短短三年间就增长到2.39万亿元,比同期的GDP增速更高,其中影视业的发展功不可没。

电影产业不仅拥有经济属性,还拥有社会文化属性,属于典型的科技含量高、附加值高、资源消耗少、环境污染小、资金密集型的文化产业,因此有多种社会资源参与,如制作方、发行方、放映方、影院和电影衍生产品制造方。各个国家都非常重视影视产业的发展,不惜重金打造本国的电影工业,如美国的"好莱坞"、印度的"宝莱坞"和韩国的"忠武路"等,并且出口到国外——属于典型的"无烟工业",这也体现着一个国家和民族的文化自信。目前,我国的电影产业经过了20多年的高速发展,已经成长为全世界的第二大电影市场。

电影和电视就如同一对孪生姐妹,但又各有特点。作为"姐姐"的电影是动态摄影技术和艺术相结合的产物,电影技术和无线电传播技术相结合,又派生出了"妹妹"——电视技术,人们足不出户就可以欣赏到丰富多彩的影视节目;影视技术和移动互联技术相结合,进一步使人们摆脱了物理空间的限制,可以随时随地欣赏影视节目。

北京大学戴锦华教授在《电影的艺术》的讲座里谈到:电影是一种语言,用光来写作。电影也是影院的艺术,电影的社会性始终和空间紧密联系在一起。

《2022中国电影产业研究报告》显示,2021年,中国电影市场各类电影片产量、票房、银幕数、观影人次继续保持全球第一,均恢复至2019年的65%以上。2021年以来,故事片产量达565部,影片总产量达740部,新上映影片数量达481部,票房过亿数量的达43部,银幕总数达82 248块。全国城市院线电影票房达472.58亿元(含服务费),同比增长

31.46%，恢复至 2019 年的 73.5%。中国电影票房约合 74 亿美元，占全球总票房的 34.89%，第二次位列全球影市冠军。城市院线观影人次 11.67 亿，同比增长 12.96%，观影人次继续保持全球第一。

二、电影院星级评定标准

电影产业是多学科交叉的综合产业，也是标准应用得最为广阔而深入的行业。目前我国已颁布了电影行业国家标准 44 项、行业标准 97 项。

《电影院星级的划分与评定》(GB/T 21048—2007) 规定了电影院星级划分与评定的标准。标准按照电影院的设备设施、视听技术条件和服务质量要求三个方面分别进行评分，共分出五个等级，用星星表示，星星数量越多代表电影院越高级。

标准中的评定规则如下：

（1）星级评定采用计分制。在只有"宜"要求项中，达到"宜"的要求，计分；低于"宜"的要求，计 0 分。在只有"应"要求项中，达到"应"的要求，计分；低于"应"的要求，不予评定所报星级。在同时有"宜"和"应"要求项中，达到"宜"的要求，计分；低于"宜"的要求，且不低于"应"的要求，计 0 分；低于"应"的要求，不予评定所报星级。电影星级评定分值见表 7-1。

表 7-1 电影星级评定分值

评价项目	一星级 （满分/达标）	二星级 （满分/达标）	三星级 （满分/达标）	四星级 （满分/达标）	五星级 （满分/达标）
设备和设施	180 分/135 分	190 分/145 分	215 分/165 分	235 分/195 分	265 分/215 分
视、听技术条件	230 分/175 分	230 分/175 分	230 分/175 分	230 分/175 分	230 分/175 分
服务质量要求	90 分/70 分	90 分/70 分	90 分/70 分	125 分/95 分	125 分/95 分

（2）申报五星级的电影院不应少于 4 个不兼容放映特种电影的常规 35 mm 影厅，且总座位数不应少于 550 座；申报四星级的电影院不应少于 3 个不兼容放映特种电影的常规 35 mm 影厅，且总座位数不应少于 450 座。

（3）申报星级的电影院，应有不少于 75% 的影厅达到所申报的星级标准，其余影厅允许降低一个星级标准，才能评为该电影院所申报的星级。

（4）电影院的建筑、附属设施和运行管理应符合现行国家和地方有关建筑设计、消防、安全、卫生、环境保护的法规和标准（GB 50325—2020、GB 50016—2014、JGJ 58—2008、GB/T 17217—2021）；电影院的建筑、附属设施应有醒目的、符合 GB/T 10001 要求的标识和文字。

知识点考核

一、单选题

1. 电信领域的国际标准化组织是哪一个？（   ）

　　A. ISO　　　　　　B. ITU　　　　　　C. IEC　　　　　　D. SAC

2. 我国首部独立将数据作为保护对象的基础性法律是(　　)。
   A.《网络安全法》
   B.《数据安全法》
   C.《信息安全技术网络安全等级保护定级指南》
   D.《信息安全技术网络安全等级保护基本要求》
3. 我国网络安全等级根据网络运营者对信息网络、信息系统、网络上的数据和信息,按照重要性和遭受损坏后的危害性分成(　　)个安全保护等级。
   A. 3　　　　　　B. 4　　　　　　C. 5　　　　　　D. 6

二、多选题

1.《网络安全法》是我国网络安全领域的基础型法律,以下哪些选项为该法包含的重点事项?(　　)
   A. 不得出售个人信息
   B. 严厉打击网络诈骗
   C. 以法律形式明确"网络实名制"
   D. 重点保护关键信息基础设施
   E. 惩治攻击破坏我国关键信息基础设施的境外组织和个人
   F. 重大突发事件可采取"网络通信管制"
2. 按照标准对电子竞技员的职业定义,下列属于电子竞技员的职业范畴的有(　　)。
   A. 电竞选手　　　　　　　　　B. 电竞战队教练
   C. 电竞心理辅导师　　　　　　D. 战队经理

三、判断题

1. 信息安全技术网络安全等级保护要求,简称等保,是我国信息安全保障的一项基本制度。
   (　　)
2. 没有标准化就没有互联网,没有标准化,就没有信息通信技术。　　　　　　　　(　　)
3. 网络直播作为一种新型传播形式得到迅猛发展,目前直播行业的标准已较完善。(　　)
4.《电影院星级的划分与评定》(GB/T 21048—2007)按照电影院的设备设施、视听技术条件和服务质量要求三个方面分别进行评分,共分出五个等级,星数越少越高级。(　　)

专题八

标准化与低碳减排

知识目标

1. 了解碳达峰和碳中和的含义。
2. 了解我国的"双碳"目标。
3. 了解碳排放标准。
4. 了解 ISO 关于温室气体的量化、报告与验证的标准主要内容。
5. 了解我国已发布的重点行业温室气体排放核算和报告标准的相关情况。
6. 了解碳足迹及其计算方法。

技能目标

1. 能自觉选择低碳生活。
2. 能选择工具计算日常的生活的碳足迹。

素质目标

1. 提高环保意识。
2. 树立全力实现我国双碳目标的奋斗目标。
3. 加强责任意识、忧患意识。

第一节　碳达峰与碳中和

一、碳排放与气候变化

(一) 碳排放

碳排放是温室气体排放的总称或简称。温室气体(Greenhouse Gas，GHG)是指会吸收和释放红外线辐射并存在大气中的气体。地球大气中重要的温室气体包括：水蒸气、二氧化碳(CO_2)、臭氧(O_3)、氧化亚氮(N_2O)、甲烷(CH_4)、氢氟碳化物类(CFCs、HFCs、HCFCs)、全氟碳化物(PFCs)、六氟化硫(SF_6)等。由于水蒸气和臭氧的时空分布变化较大，所以1997年在日本京都召开的联合国气候化纲要公约第三次缔约国大会通过的《京都议定书》规定须控制的6种温室气体为：二氧化碳、甲烷、氧化亚氮、氢氟碳化物、全氟碳化物和六氟化硫。

温室气体能捕获热量，导致地球表面平均温度上升。不同的温室气体，其温室效应不同。温室气体的温室效应用全球变暖潜能值(Global Warming Potential，GWP)表示。GWP是指在100年的时间框架内，各种温室气体的温室效应对应于相同效应的二氧化碳的质量。以二氧化碳的GWP为1，则其他温室气体的全球变暖潜能值分别是：

甲烷为21，主要来自畜牧业、水稻种植、生物质燃烧、化石燃料开采和垃圾填埋。

氧化亚氮为310，主要来自农业耕种、动物粪便、汽车排放、污水处理、硝酸生产和脂肪酸生产。

氢氟碳化物为140～11 700，主要来自冰箱与空调机组的常规泄漏。

全氟化碳为6 500～9 200，主要来自精炼铝和半导体制造。

六氟化硫为23 900，主要来自输配电、生产与处理镁。

其中后三类气体造成温室效应的能力最强，但从对全球升温的影响来说，二氧化碳影响最大，约占所有影响气体的25%。因为二氧化碳含量较多，所以温室气体排放简称为碳排放。

(二) 全球气候变化

气候变化是指人类活动引起的全球气候系统的变化，包括全球变暖、海平面上升、极端天气事件等。当今全球气候变化最主要的驱动因素是因人类活动而排放的二氧化碳和其他温室气体。从图8-1可以看出，碳排放与全球气候变暖有显著的联系。

气候变化及其影响是多尺度、全方位、多层次的，正面和负面影响并存，但负面影响更受关注。全球变暖已经对许多地区的自然生态系统产生了影响，如极端天气增加、海平面升高、山火更频繁、冰川退缩、冻土融化、河(湖)冰迟冻与早融、中高纬生长季节延长、动植物分布范围向极区和高海拔区延伸、生物多样性的损失、粮食问题更突出等。这些现象直接危害整个地球生物的生存环境。当前大气中的碳浓度处于200多年来的最高水平，过去半个世纪的温度上升速度为近2 000年来最高。极端天气事件也因此变得更频繁和更强烈，对世界

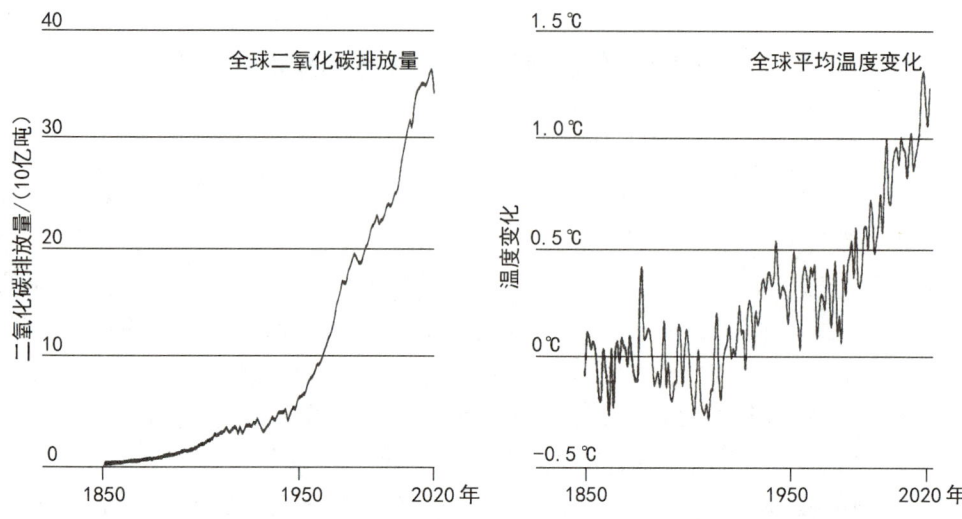

图 8-1 二氧化碳排放量与平均温度变化

上每个地区的自然和人员造成了越来越危险的影响。减少温室气体排放和适应气候变化的影响已成为国际共识。

低碳发展是指减少二氧化碳等温室气体的排放,促进可持续发展和应对气候变化的行动,是应对气候变化的关键策略。低碳发展有利于推动经济转型升级,提高生态环境质量,促进可持续发展。减少温室气体排放则是实现低碳发展的核心目标。

气候变化和低碳发展是全球性问题,需要国际合作和全球行动。各国应加强合作,推动国际气候变化谈判进程,制定全球性的减排目标和行动计划。此外,企业和个人也应积极参与低碳发展行动,推动社会的低碳转型和可持续发展。

(三) 我国气候变化

我国与全球气候变化整体趋势一致,1951—2020 年平均气温升温速率达 0.26℃/10 年,高于同期全球平均水平。我国气候类型复杂,气候变化及其不利影响呈现显著的区域差异,并不断向经济社会系统蔓延渗透。东北地区变暖程度大于全国平均水平,积温增加带来夏季洪涝风险加重、湿地面积减少、冻土脆弱性加剧等风险。华北地区暖干化显著,水资源供需矛盾突出,超大城市热岛效应严重。华东地区台风强度增强,城市暴雨内涝和高温热浪事件增多,海平面上升威胁沿海城市安全。华中地区旱涝灾害频发,湖泊和湿地面积萎缩与生态退化风险增大,生物多样性下降。华南地区高温热浪、暴雨洪涝、台风、风暴潮等极端天气事件频发,咸潮与海水入侵等灾害加剧。西北地区冰雪消融加速,融雪性洪水频发,水资源与生态系统脆弱性加剧。西南地区冬春干旱加重,水土保持、石漠化治理、生物多样性保护压力增大。青藏高原呈现暖湿化,冰川退缩、冻土退化、湖泊扩张、河流径流增加明显,冰雪灾害、地质灾害和链式灾害风险加大。此外,京津冀、长江经济带、粤港澳大湾区、长三角、黄河流域等重大战略区域气候问题与人口、资源、环境等问题交织叠加,气候风险聚集、连锁、放大效应明显。

随着经济总量增长和全球经济一体化进程加深,气候变化对我国经济社会发展和人民生产生活安全造成的风险将日益增加。作为重要的非传统安全因素,气候变化所带来的长期不利影响和突发极端事件,已经成为我国基本实现社会主义现代化和建设美丽中国进程中面临的重要风险。

二、碳达峰与碳中和

(一)碳达峰

碳达峰是指在某个地区或行业年度二氧化碳排放量达到历史最高值,然后经历平台期进入持续下降的过程中,二氧化碳排放量由增转降历史拐点,如图 8-2 所示。这个过程通常需要采取一系列的减排措施,如提高能源利用效率、推广清洁能源等。碳达峰的实现可以降低温室气体排放量,缓解气候变化的影响。

(二)碳中和

碳中和是指某个地区在一定时间内人为活动直接和间接排放的二氧化碳,与通过植树造林等形式吸收的二氧化碳相互抵消,实现二氧化碳"净零排放",如图 8-3 所示。实现碳中和通常需要采取包括碳捕捉、碳储存、碳减排等在内的一系列措施,包括森林植树、采用碳捕获技术等。2022 年北京冬奥会将"智能"和"低碳"作为核心考虑要素,成为历史上第一届碳排放量实现中和的奥运会。

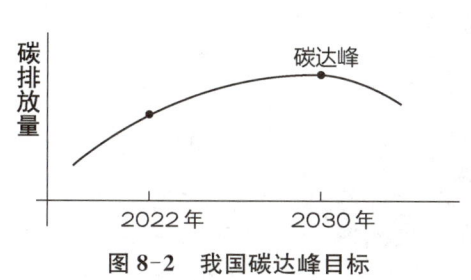

图 8-2 我国碳达峰目标

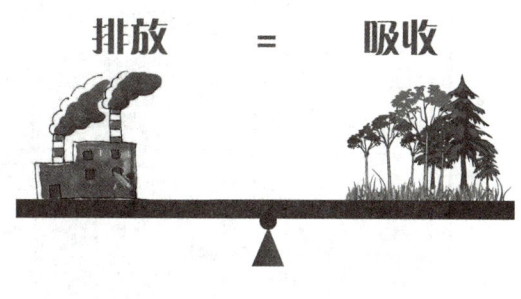

图 8-3 碳中和

(三)碳达峰与碳中和的关系

碳达峰是碳中和的基础和前提,达峰时间的早晚和峰值的高低直接影响碳中和实现的时长和实现的难度。

碳中和是对碳达峰的紧约束,要求达峰行动方案必须在实现碳中和的引领下制定。

碳达峰是一个减排的目标,而碳中和是一个碳排放和碳减排相抵消的状态。在实现碳中和之前,需要先实现碳达峰。实现碳中和是长期目标,需要通过各种措施逐步实现,以实现净零排放的目标。

(四)中国"双碳"目标

为防止温室效应的进一步恶化,世界各国以全球协约的方式减排温室气体。2020 年 9 月,中国在联合国大会上向世界宣布了 2030 年前实现碳达峰、2060 年前实现碳中和的目标,也称"双碳"目标。

生态文明建设是关乎中华民族永续发展的根本大计，必须坚持可持续发展，更加自觉地推进绿色发展、循环发展、低碳发展，坚持走生产发展、生活富裕、生态良好的文明发展之路。加快发展方式绿色转型，推动经济社会发展绿色化、生产方式和生活方式的低碳化是实现高质量和可持续发展的关键环节。

党中央、国务院对实现"双碳"目标提出了一系列要求，印发了《中共中央 国务院关于完整准确全面贯彻新发展理念做好碳达峰碳中和工作的意见》，提出"建立健全碳达峰、碳中和标准计量体系"。国务院印发了《2030年前碳达峰行动方案》，组织开展"碳达峰十大行动"，构建了"1+N"政策体系的基石，从国家层面到各行业管理部门和地方层面，层层部署碳达峰碳中和的相关政策和措施，如图8-4所示。

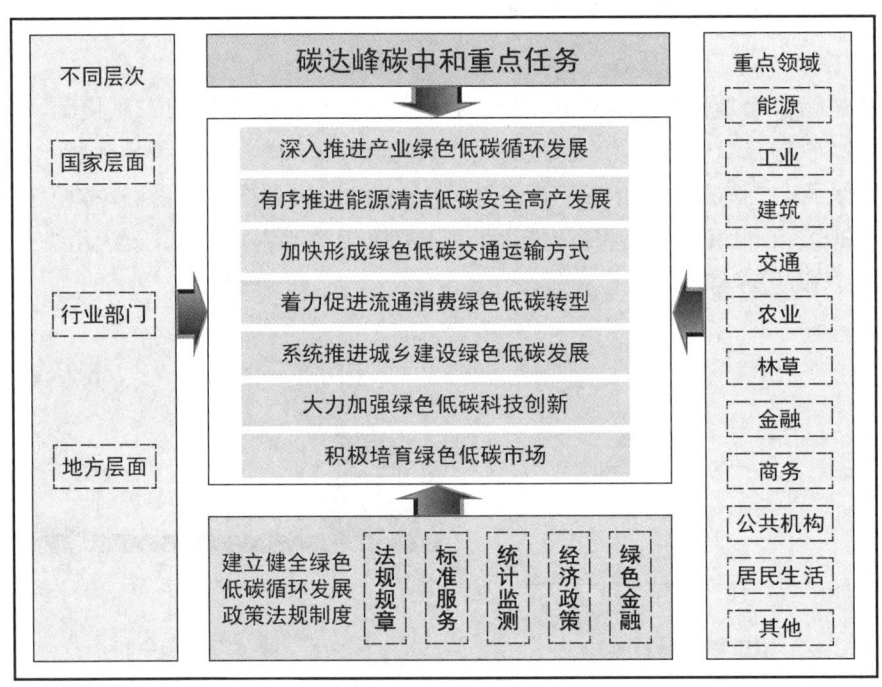

图8-4 碳达峰碳中和政策部署框架

碳达峰碳中和工作领导小组第一次全体会议提出，"当前要围绕推动产业结构优化、推进能源结构调整、支持绿色低碳技术研发推广、完善绿色低碳政策体系、健全法律法规和标准体系等，研究提出有针对性和可操作性的政策举措"。

《国家标准化发展纲要》提出完善绿色发展标准化保障，要求"建立健全碳达峰、碳中和标准。加快节能标准更新升级，抓紧修订一批能耗限额、产品设备能效强制性国家标准，提升重点产品能耗限额要求，扩大能耗限额标准覆盖范围，完善能源核算、检测认证、评估、审计等配套标准。加快完善地区、行业、企业、产品等碳排放核查核算标准。制定重点行业和产品温室气体排放标准，完善低碳产品标准标识制度。完善可再生能源标准，研究制定生态碳汇、碳捕集利用与封存标准。实施碳达峰、碳中和标准化提升工程"。

党的二十大报告强调,我国将继续实施积极应对气候变化的国家战略,落实碳达峰、碳中和,加快推动重点领域绿色低碳转型,大力推进减污降碳协同增效,积极参与应对气候变化全球治理,推动构建公平合理、合作共赢的全球气候治理体系,持续深化气候变化南南合作,为应对全球气候变化贡献中国力量。

三、中国减碳时间表

(一)"十四五"时期

(1) 单位国内生产总值能源消耗降低 13.5%。
(2) 单位国内生产总值二氧化碳排放降低 18%。
(3) 主要污染物排放总量持续减少。
(4) 森林覆盖率提高到 24.1%。
(5) 制定 2030 年前碳排放达峰行动方案。

(二) 到 2030 年

(1) 单位国内生产总值二氧化碳排放将比 2005 年下降 65% 以上。
(2) 非化石能源占一次能源消费比重将达到 25% 左右。
(3) 森林蓄积量将比 2005 年增加 60 亿立方米。
(4) 风电、太阳能发电总装机容量达到 12 亿千瓦以上。

(三) 到 2060 年

(1) 全面建立清洁低碳安全高效的能源体系。
(2) 能源利用效率达到国际先进水平,非化石能源消费比重达到 80% 以上。

四、碳排放核算和报告标准

碳排放核算是对一个组织、公司或国家所产生的温室气体排放进行量化和记录的过程,通常包括测量、报告和验证碳排放量,以确保其符合国际、国家或行业标准。碳排放核算的目的是帮助组织和公司了解其对气候变化的贡献,据此制定减排计划,遵守相关法规,并为其客户和利益相关者提供透明度和责任感。

碳排放标准是规定组织和公司应该如何核算和报告其碳排放量的规范,通常由政府、国际组织或行业协会制定,以确保所有参与者在计算和报告其碳排放量时遵循相同的规则。碳排放标准通常包括排放计算方法、数据收集要求、排放因子、审计程序和核查要求等方面的规定。

(一)国际标准

1.《IPCC 国家温室气体清单指南》

联合国政府间气候变化专门委员会(Intergovernmental Panel on Climate Change,IPCC)是经联合国大会批准,1988 年由世界气象组织(World Meteorological Organization,WMO)和联合国环境规划署(United Nations Environment Programme,UNEP)联合建立的政府间组织,其秘书处在 WMO 日内瓦总部,现有 195 个成员国。IPCC 是《联合国气候变化框架公约》(United Nations Framework Convention on Climate Change,UNFCCC)和全球应

对气候变化的核心技术支撑机构,在全球应对气候变化过程中发挥了决定性作用。IPCC 在碳排放领域的研究成果主要集中在提出和构建碳排放量核算的范式与框架,公布全球气候变化的研究报告以及出版温室气体排放源的指导性清单并分别附带计算方法,这些研究成果影响甚广。

《联合国气候变化框架公约》要求所有缔约方采用缔约方大会议定的可比方法,定期编制并提交所有温室气体人为源排放量和吸收量国家清单。IPCC 的清单方法学指南成为世界各国编制国家清单的技术规范(不同国家会在 IPCC 清单指南的基础上根据国情略有调整)。

因此,IPCC 公布的《IPCC 国家温室气体清单》是迄今接受度最高、应用范围最广的国家层面温室气体排放清单指南。当前使用的版本是 2006 年发布的《2006 年 IPCC 国家温室气体清单指南》(简称为 IPCC 2006 指南结构,图 8-5),2019 年发布了《2006 年 IPCC 国家温室气体清单指南 2019 年细化报告》(简称为 2019 年细化报告)。该报告主要是补充 IPCC 2006 中没有覆盖的温室气体排放源和碳汇、识别因新兴技术和生产过程出现产生的差异以及对排放因子的更新,需与 IPCC 2006 指南结合使用。

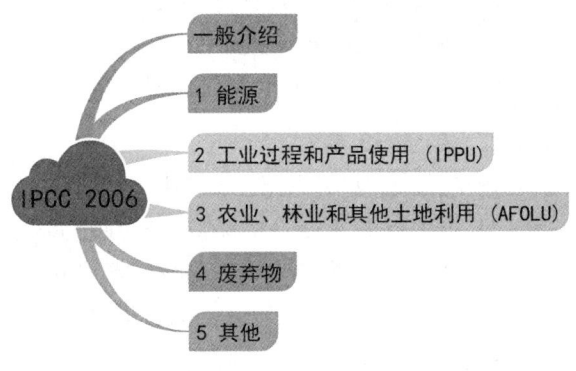

图 8-5　IPCC 2006 指南结构

2. 《温室气体核算体系》(GHG Protocol)

这是由世界资源研究所(World Resource Institute,WRI)与世界可持续发展工商理事会(World Business Council for Sustainable Development,WBCSD)经过十余年合作开发的项目,于 1998 年启动,宗旨是制定国际认可的企业温室气体核算与报告准则,让其成为帮助各国政府和商界领袖了解、量化和管理温室气体排放的计算工具。

该体系为企业公开报告和参与自愿或强制性的温室气体项目,以及进入温室气体市场提供了指导,也能帮助企业识别温室气体排放源并排序,减少公司层面的温室气体排放。现有的温室气体核算体系由 4 个相互独立但又相互关联的标准组成:《温室气体核算体系:企业核算与报告标准》;《企业价值链(范围 3)核算和报告标准》;《产品生命周期核算和报告标准》;《温室气体核算体系项目量化方法》。

温室气体核算体系涵盖了《京都议定书》规定的 6 种温室气体。作为第一个专门针对公司或项目的温室气体报告准则,它规定了计量和报告温室气体排放的相关会计问题,体现了对温室气体的盘查,逐渐由企业履行社会责任提升到以一种碳资产来对待。

3. ISO 14064

2006 年 3 月 1 日,国际标准化组织 ISO 发布了关于温室气体的排放标准 ISO 14064,作为温室气体的量化、报告与验证的实用工具。

ISO 14064 的制定目的是降低温室气体的排放,促进温室气体的计量、监控、报告和验证的标准化,提高温室气体报告结果的可信度与一致性,以及帮助组织对关于减排计划与行动的设计、研究和实施。组织可通过使用该标准化的方法明确组织本身的减排责任和风险。

如今,ISO 14064标准已成为国际社会广泛认可的基础标准,成为许多机构和品牌产业供应链对供应商的风险评估标准。

ISO 14064是一个由三部分组成的温室气体管理国际标准,以下是对目前版本的简介。

(1)《温室气体 第1部分:组织层面温室气体排放量和清除量量化与报告的规范及指南》(ISO 14064—1:2018)。ISO 14064—1共分为10章,并提供了3个规范性附录和6个资料性附录。标准对组织层面温室气体清单的设计、制定、管理和报告的原则和要求起详细的指导作用,主要内容包括确定温室气体排放边界、量化温室气体的排放和清除、温室气体清单的报告和质量管理、组织内部审核的要求以及企业管理温室气体情况的具体措施等方面的要求和指导。

(2)《温室气体 第2部分:项目层面温室气体排放量和清除量量化与报告的规范及指南》(ISO 14064—2:2019)。ISO 14064—2是对温室气体减排或清除项目进行温室气体管理工作的指导,包括项目监测基准线的确定、温室气体监测与量化的原则、项目绩效报告的要求以及对减排项目的审定和核查。

(3)《温室气体 第3部分:温室气体声明核查与审定的规范及指南》(ISO 14064—3:2019)。ISO 14064—3共分为10章,并提供了1个规范性附录和3个资料性附录。该标准是对实际温室气体清单审定和核查的标准化过程工作的指导。它规定了审定的要求、程序和核查的策划、评价以及对组织或者相关项目温室气体声明评估等。组织或者第三方核算机构可以依据该标准进行温室气体报告核查及验证。

ISO 14064—1、ISO 14064—2和ISO 14064—3这三个标准是有机统一的,适用的对象分别是组织、温室气体项目、审定员和核查员。而且,ISO 14064三部分标准之间具有一定的联系,其中ISO 14064—1与ISO 14064—2属于相互平行的两项标准,分别是针对组织设计和编制温室气体清单以及温室气体相关项目设计和实施的要求,在使用对象上有明显的区分。而ISO 14064—3是针对组织和项目的温室气体清单审定和核查过程作出统一的要求,表明该三项标准之间具有紧密的联系,如图8-6所示。

图8-6 ISO 14064各部分之间的关系

(二)国家标准

我国碳核算工作主要以IPCC于2006年制定、2019年修订的方法学为参考,同时吸取了过去一个履约周期中发电行业暴露出的参数选用及统计计算错误、质量控制不规范等问题和教训,逐步修订并完善了《企业温室气体排放核算方法与报告指南》。

2015年,国家标准化管理委员会首次发布温室气体管理国家标准,包括《工业企业温室气体排放核算和报告通则》(GB/T 32150—2015)以及发电、钢铁、化工、水泥等10个重点行业温室气体排放核算方法与报告要求(GB/T 32151.1—10),这批标准于2016年6月1日起实施。2018年,国家标准化管理委员会又发布了煤炭和纺织行业的温室气体排放核算方法与报告要求(GB/T 32151.11—12)。

《工业企业温室气体排放核算和报告通则》(GB/T 32150—2015)规定了工业企业温室气体排放核算与报告的基本原则、核算边界、工作流程、核算步骤与方法、质量保证、报告内容6项重要内容。

核算边界包括企业的主要生产系统、辅助生产系统和附属生产系统,其中辅助生产系统包括动力、供电、供水、化验等,附属生产系统包括生产指挥系统(厂部)和厂区内为生产服务的部门和单位,如职工食堂、车间浴室等。

核算范围包括企业生产的燃料燃烧排放,过程排放以及购入和输出的电力、热力产生的排放。核算方法分为计算与实测两类,并给出了选择核算方法的参考因素,方便企业使用。

GB/T 32151系列给出了重点行业温室气体排放核算方法与报告要求,迄今共包括12个行业,具体如下:

(1)《温室气体排放核算和报告要求 第1部分:发电企业》(GB/T 32151.1—2015);

(2)《温室气体排放核算和报告要求 第2部分:电网企业》(GB/T 32151.2—2015);

(3)《温室气体排放核算和报告要求 第3部分:镁冶炼企业》(GB/T 32151.3—2015);

(4)《温室气体排放核算和报告要求 第4部分:铝冶炼企业》(GB/T 32151.4—2015);

(5)《温室气体排放核算和报告要求 第5部分:钢铁生产企业》(GB/T 32151.5—2015);

(6)《温室气体排放核算和报告要求 第6部分:民用航空企业》(GB/T 32151.6—2015);

(7)《温室气体排放核算和报告要求 第7部分:平板玻璃生产企业》(GB/T 32151.7—2015);

(8)《温室气体排放核算和报告要求 第8部分:水泥生产企业》(GB/T 32151.8—2015);

(9)《温室气体排放核算和报告要求 第9部分:陶瓷生产企业》(GB/T 32151.9—2015);

(10)《温室气体排放核算和报告要求 第10部分:化工生产企业》(GB/T 32151.10—2015);

(11)《温室气体排放核算和报告要求 第11部分:煤炭生产企业》(GB/T 32151.11—2018);

(12)《温室气体排放核算和报告要求 第12部分:纺织服装企业》(GB/T 32151.12—2018)。

上述标准分别规定了这12个行业的企业温室气体排放量的核算和报告相关的术语、核算边界、核算步骤与核算方法、数据质量管理、报告内容和格式等内容。

党的二十大报告提出要完善碳排放统计核算制度。据报道,目前正在制修订的温室气体管理国家标准有28项，已完成电子设备制造、种植业、公共建筑、矿山、路上交通运输、机械设备制造、矿山、氟化工、水运、造纸、食品烟草、石油天然气、石油化工、有色金属、畜禽规模养殖等其他行业温室气体排放核算与报告要求的标准的报批稿。国家标准在参考国际标准的基础上，充分吸纳了我国碳排放权交易试点经验，有效解决了温室气体排放标准缺失、核算方法不统一等问题，成为企业开展温室气体排放核算和报告的基础标准，实现了我国温室气体管理国家标准从无到有的突破。温室气体排放核算和报告、减排、核查、温室气体管理体系、碳排放信息披露等国家标准的制修订，为碳排放交易中"怎么测""怎么算""怎么分""怎么减""怎么查""怎么管"等问题，提供了解决方案。

第二节　碳足迹与碳标签

一、碳足迹与碳标签概述

（一）碳足迹

碳足迹是指人类在生产生活中引起的温室气体排放的集合。也就是说，它表示一个人或者团体的"碳耗用量"，通常用二氧化碳当量来表示。

"碳"，就是石油、煤炭、木材等由碳元素构成的自然资源。"碳"耗用得越多，导致地球暖化的元凶"二氧化碳"也越多，"碳足迹"就越大；反之，"碳足迹"就越小。碳足迹标识如图8-7所示。

碳足迹可以用来衡量人类活动对环境的影响，为个人和其他实体实现减排确定一个基准线。碳足迹大致可以分为国家碳足迹、企业碳足迹、产品碳足迹和个人碳足迹四个层面。国家碳足迹包括所有为了满足家庭消费、公共服务以及投资所产生的温室气体排放；企业碳足迹主要包括企业生产活动产生的直接和间接的温室气体排放；产品碳足迹是产品生命周期内产生的温室气体排放；个人碳足迹是由个人或家庭的生活方式和消费行为导致的温室气体排放。

图8-7　碳足迹标识

碳足迹和碳排放具有不同的内涵。碳排放一般是指某一个主体，例如一家企业，它的所有涉及能耗及排放的设施设备，在某一时间段内的温室气体排放，一般只计算直接排放和间接排放。碳足迹的计算范畴则要大得多。计算一件产品在原料获取、制造、储运、使用、废弃和回收等全生命周期中所产生的碳排放时，不仅包括产品本身，还包括其产业链、供应链等关联范围的碳排放。例如一本平装书的碳足迹（图8-8），就要把原材料获取，包括纸张、油墨、薄膜、上光油、胶黏剂的制造；印刷生产过程，包括书稿设计、印前制作、印刷、印后加工；运输分发，包括送货上门、销售；然后使用，处置，包括废弃处理、回收循环等过程中每个环节产生的碳排放统统考虑进来。

测量各种产品在其整个生命周期内的碳足迹的过程，可以帮助企业收集所需要的信息，以便其减少各种温室气体排放，识别节约成本的机会，并将排放影响融入有关供货、材料、产

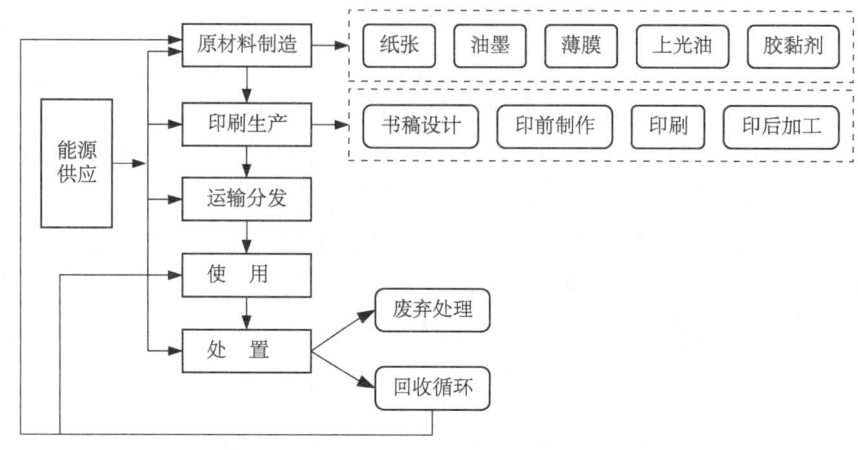

图 8-8　一本平装书的碳足迹

品设计、制造等过程的决策中,以展示在环境责任或企业责任方面的领导作用,满足客户对产品碳足迹信息的需求。

（二）碳标签

碳标签也就是产品碳足迹的量化标注,即通过对产品全生命周期碳排放的计算分析,企业可将其产品的碳足迹（温室气体排放量）在产品标签上用量化的指数标示出来告知消费者,从而引导消费者的市场购买行为。英国是世界上最早推行碳标签制度的国家,从 2007 年起,英国政府为应对气候变化专门成立了碳基金,向英国企业推广使用碳标签。图 8-9 是

图 8-9　果汁的碳标签

英国特易购(TESCO)超市中果汁的碳标签,其中特意指出了同样是 250 mL 的橙汁,100%纯压榨的橙汁的碳排放是 360 g,而另一种橙汁的碳排放是 240 g。其原因是 100%纯压榨橙汁需要更多的能源来冷藏和运输。

现在欧、美、日等国家和地区已经开始使用碳足迹标签,种种迹象表明,碳标签正从一个公益性的标志变成一个商品的国际通行证,这个通行证将有可能成为国际贸易的新门槛。

2021 年 3 月 10 日,欧盟议会通过了建立"碳边界调整机制"的决议,从 2023 年起将对欧盟进口的部分商品征收碳关税,碳足迹是考量因素之一。提供产品全生命周期的碳足迹信息,以标签或其他形式去体现,是打破外贸碳壁垒的前提和基础。

二、碳足迹计算标准

(一) PAS 2050

目前有多种针对产品碳足迹的计算方法,其中运用较为广泛的是英国标准协会、碳基金以及英国环境、食品与农村事务部联合发起的《商品和服务在生命周期内的温室气体排放评价规范》(PAS 2050:2008)(通常简称为 PAS 2050,最新版本为 2011 修订版),这是全球首个产品碳足迹标准。PAS 2050 于 2008 年 10 月公布后即成为国际推动碳足迹计算的主要参考依据。

PAS 2050 以 ISO 14040、ISO 14044 标准所确立的生命周期评估方法为基础,明确规定了各种商品和服务在生命周期内温室气体排放的具体要求,并另外制定了针对温室气体评价的关键方面的原则和技术手段。其目的是帮助企业在管理自身生产过程中所形成的温室气体排放量的同时,寻找在产品设计、生产和供应等过程中降低温室气体排放的机会。

(二) ISO 14067

《温室气体 产品碳足迹 量化要求和指南》(ISO 14067:2018)。ISO 14067 是建立在现有的国际标准生命周期评价(ISO 14040 和 ISO 14044)、环境标志和声明(ISO 14020、ISO 14024 和 ISO 14025)等基础上,专门针对产品碳足迹的量化和外界交流而制定的。在此之前,国际上关于产品碳足迹的评价主要是使用 ISO 14040 和 ISO 14044,PAS 2050 以及世界资源研究所制定的产品碳足迹协议(Product carbon footprint protocol)。ISO 14067 有助于协调这些技术规范,在全球形成一个面向市场的共识性框架文件。

ISO 14067 主要规定了产品层次的温室气体评价与计算程序、方法、原则与产品碳足迹报告等内容。

ISO 14067 是 ISO 14060 系列中的一项标准。ISO 14060 系列标准为量化、监测、报告、核查与审定温室气体排放量和清除量提供了清晰且一致的方法。图 8-10 是 ISO 14060 系列标准之间的关系示意。

ISO 前主席张晓刚认为,ISO 制定碳足迹标准有两个目的。第一,用这个标识来告诉人们主动地选择低碳产品和低碳生活;第二,碳足迹标准有可能成为收取碳税的依据。因此,我国企业,尤其是外向型企业一定要及早重视这个问题。

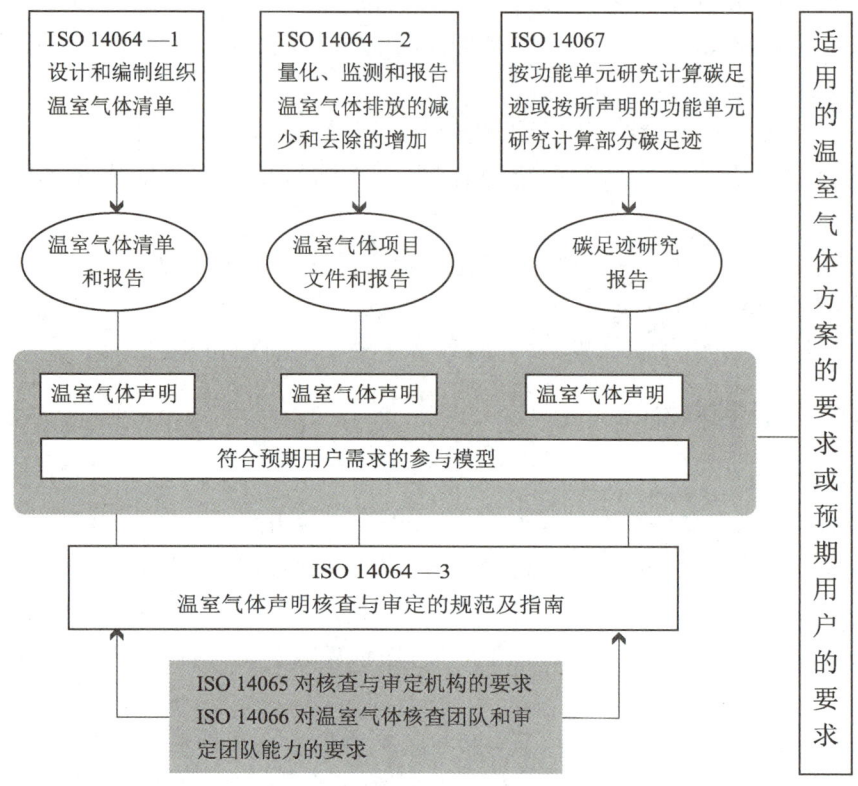

图 8-10 温室气体标准 ISO 14060 系列之间的关系

知识点考核

一、单选题

1. 2020年9月,中国在联合国大会上向世界宣布了(　　)年前实现碳达峰、(　　)年前实现碳中和的目标。
   A. 2030,2060　　B. 2040,2060　　C. 2050,2100　　D. 2060,2100

2. 全球首个产品碳足迹标准是(　　)。
   A.《商品和服务在生命周期内的温室气体排放评价规范》
   B.《温室气体第1部分：组织层面温室气体排放量和清除量量化与报告的规范及指南》
   C.《IPCC国家温室气体清单指南》
   D.《京都议定书》

3. (　　)系列标准为量化、监测、报告、核查与审定温室气体排放量和清除量提供了清晰且一致的方法。
   A. ISO 9000　　B. ISO 14064　　C. ISO 14000　　D. ISO 16000

4. 产品碳足迹是产品(　　)产生的温室气体排放。
   A. 生命周期内　　　　　　　　　　B. 生产阶段

C. 使用和废弃阶段 D. 从原材料到产品成品阶段

二、多选题

1. 温室气体核算体系涵盖了《京都议定书》规定的6种温室气体：（　　）、（　　）、（　　）、氢氟碳化物（HFCs）、全氟化碳（PFCs）和六氟化硫（SF_6）的核算和报告指导。

   A. 二氧化碳（CO_2） B. 甲烷（CH_4）
   C. 氧化亚氮（N_2O） D. 甲醛（HCHO）

2. 关于碳标签说法正确的是（　　）。
   A. 碳标签是产品碳足迹的量化标注
   B. 英国是世界上最早推行碳标签制度的国家
   C. 可引导消费者的市场购买行为
   D. 碳标签可能成为国际贸易的新门槛

3. 碳足迹大致可以分（　　）层面。
   A. 国家碳足迹 B. 企业碳足迹
   C. 产品碳足迹 D. 个人碳足迹

4. 关于碳标签说法正确的是（　　）。
   A. 碳足迹表示一个人或者团体的"二氧化碳的排放量"
   B. 碳足迹通常用二氧化碳当量来表示
   C. 碳足迹和碳排放具有相同的内涵
   D. 碳足迹比碳排放包含的范围更广

三、判断题

1. 碳中和是碳达峰的基础和前提，碳中和时间的早晚和峰值的高低直接影响碳达峰实现的时长和实现的难度。　　　　　　　　　　　　　　　　　　　　　　　（　　）
2. 碳足迹标准未来有可能成为收取碳税的依据。　　　　　　　　（　　）

专题九

标准化与实践

知识目标

1. 掌握标准化对象的含义。
2. 掌握标准化对象的确定方法。
3. 掌握标准化需求的识别方法。
4. 掌握标准化需求的分析方法。
5. 掌握标准化的基本方法。

技能目标

1. 能识别标准化需求。
2. 能确定标准化对象。
3. 能运用标准化方法进行标准化。

素质目标

1. 养成标准化思维习惯。
2. 强化标准化能力。
3. 培养创新精神。

第一节 标准化对象

一、标准化对象的含义

《标准化工作指南 第1部分：标准化和相关活动的通用术语》(GB/T 20000.1—2014)中对"标准化对象"的定义是："需要标准化的主题。注：1.下面使用的'产品、过程或服务'的表述，含有对标准化对象的广义理解，宜等同理解为包括如材料、元件、设备、系统、接口、协议、程序、功能、方法或活动；2.标准化可以限定在任何对象的特定方面，例如，可对鞋子的尺码和耐用性分别标准化。"

上述定义中，"主题"通常指"能被单独描述和考虑的事物"，可以是某一产品，即活动或过程的结果；可以是某一过程，即将输入转化成输出的一组彼此相关的资源（包括设施、设备、技术、方法等）和活动；可以是服务，即为满足客户需求，提供产品方与接受产品方之间接口处的活动以及供方内部的活动所产生的结果。标准化对象可以是对象的整体，也可以是对象的特定方面。例如对家用电器来说，其尺寸、参数系列、性能要求和试验方法等都可分别作为标准化对象。

标准化对象包括非物质对象和物质对象两部分。非物质对象主要指技术基础标准，包括术语与词汇、符号与代码、互换配合、技术管理、质量管理等；物质对象主要指产品、过程和服务，包括硬件与软件、研制与生产、检验与试验、包装与运输、服务与维修等。

图9-1从宏观层面上列出了标准化对象的主要类型。

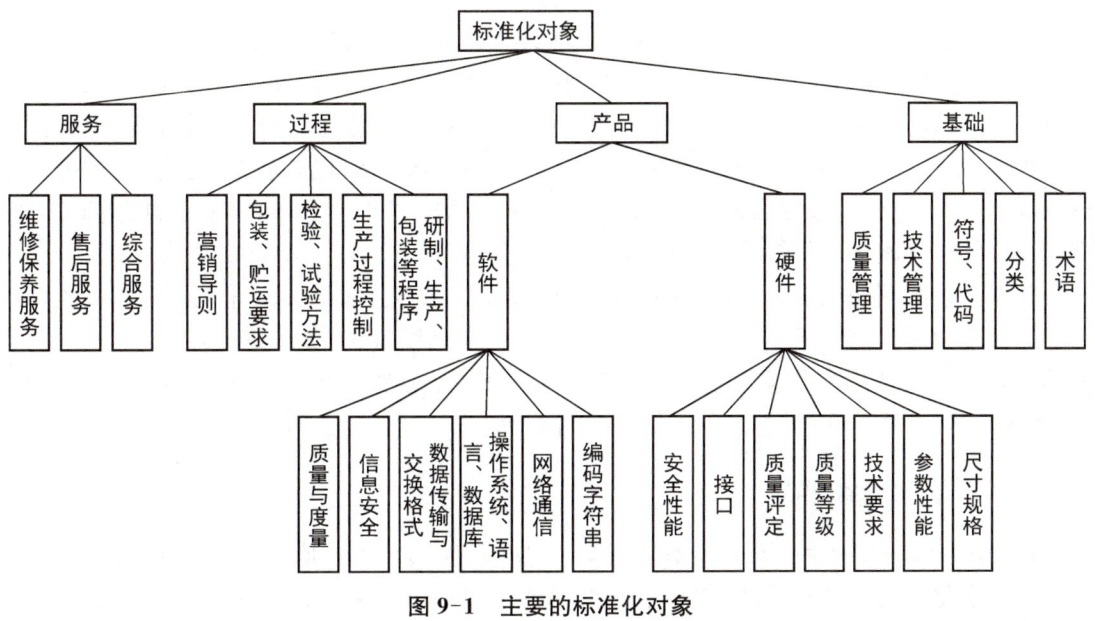

图9-1 主要的标准化对象

上述定义中的"主题"回答了"针对什么进行标准化"，定义中还有一关键词"需要"，"需要"回答了"为什么要进行标准化",在众多"主题"中,只有"需要"标准化的才能成为标准化对象。"需要"的主体包括企业、消费者和政府3类。企业为了提升产品和服务质量、提高管理效率和水平、促进技术和产品创新,需要制定和实施标准。企业是标准的直接使用者,是需要标准化的直接主体。消费者出于对自我利益的保护,要求企业按标准生产产品和提供服务,是标准的间接需要主体。政府部门及相关机构为促进社会经济发展,充分发挥标准的本质作用,进行标准的制修订管理、宣贯和监督。

二、标准化需求识别

"需要"是确定标准化对象的关键所在。实施标准化的第一步是进行标准化需求分析,识别出"需要"标准化的对象,分析标准化的必要性和可行性。只有识别出标准化需求,才有制定标准的必要,制定出来的标准才有应用市场。

根据标准化的内涵和本质特点,识别出标准化需求的要点是找到"现实问题和潜在问题"。一般从以下4个方面考虑标准化需求:①在技术交流、理解方面是否存在障碍、歧义、不一致,妨碍技术沟通协作;②产品、过程或服务是否存在不能满足用户或生产者的需求,需要改进或提高;③技术协作、集成(包括共享、协作、互通)是否缺乏共同遵守的规则;④相同、相似或相近的产品、过程或服务是否过多过杂,需要择优、简化或统一。如果某领域存在以上4个方面中的一个或一个以上问题时,则表明需要进行标准化工作。

我们以共享单车为例加以说明。互联网租赁自行车(俗称"共享单车")是指分时租赁营运非机动车,是移动互联网和租赁自行车融合发展的新型服务模式,也是方便公众短距离出行和公共交通接驳换乘的重要方式。共享单车因为满足了人们绿色、随时、快捷、便利出行的需求,在短时间内得到了极速扩展,2016年,至少有25个新的共享单车品牌汹涌入局。在共享单车井喷发展的2015—2016年,出现了很多问题:①品牌太多,不同品牌使用不同的App,使得用户要安装多个共享单车App,App经常出现登录困难、无法刷新等问题,甚至出现系统崩溃、客户端闪退等情况;②远超市场需求的投放量,导致道路资源紧张;③无规范的停放管理导致车辆乱停乱放;④城市道路规划跟不上单车的急速发展,使得自行车与行人、机动车抢道;⑤用户行为缺乏监控,出现一些恶意破坏单车、私自加锁占为己有的行为,造成资源浪费;⑥沉淀的押金数目越来越庞大,商业风险越来越高;⑦车辆质量问题、交通事故、交通违法等事件发生时不知谁是主体、责任该谁承担。

从以上这些问题可以看出,当时的共享单车急需标准化。归纳以上问题,得到关于共享单车的标准化需求有以下3个方面:①共享单车的产品质量、服务和管理需要改进或提高;②不同品牌的共享单车需要制定统一的用户使用规则、流程,最好App也能统一;③品牌数量、车辆数量、操作方法等过多过杂,需要择优和简化。

三、标准化对象确定

识别出标准化需求后,下一步是对标准化对象依存的主体"庖丁解牛",找出标准化对象。从标准化的定义可知,标准化对象需要具备"共同使用"和"重复使用"2个特点。按照系统理论,把标准化依存的主体作为一个系统,对系统的环境、要素、结构进行纵向和横向分解,横向贯穿整个系统的就是共同使用,纵向重复的就是重复使用。

在人类的"活动或其结果"中识别出"现实的或潜在的问题",并找出"共同使用的和重复使用的"特征,就可以确定为标准化对象。标准化对象的确定方法有以下3种。

一是系统分解法。将系统逐层逐级分解成不同层次的功能单元,找出功能相同的单元即重复使用的单元,该单元即可作为标准化对象。若存在多个系统,可以按照上述方法,在不同系统中找出相同功能的单元,即共同重复使用对象,即可作为标准化对象。不同系统的不同层次的分系统(设备、部件等),或者同一系统的不同层次的分系统,如果存在一个共同的分系统,则这个共同的分系统可作为标准化对象。共同的分系统所属的系统越多,说明其共同使用范围越大、重复使用的频率越高,它的标准化需求也越大。此方法适用于硬件产品或软件程序。

二是时序法。根据业务流程时序,识别流程的各阶段中重复使用、共同使用的事项。例如装备试验标准化对象识别,这里包括不同试验中试验流程是否具有重复使用,试验要素是否具有重复性等。此方法适用于服务、过程和试验。

三是协同分解法。按照协同理论,分析各个实施的协同域(如按照知识域、物理域和信息域),找出不同协同域的重复性事物和共同使用事物。物理域主要有系统优化配合、互联互通互操作、装备质量效能、装备保障等。信息域主要是信息接口(协议、数据和术语)、物理接口等。

以上述的共享单车为例,采用系统分解法和时序法,可以得到标准化的方向有:①统一或简化与车辆相连的移动端的操作程序;②规范用户共同遵守的车辆使用和停放规则;③改进车辆投放方的投放、维修、押金等服务;④优化城市道路管理;⑤制定车辆质量要求等。进一步识别得到的标准化对象有:①共享单车使用指引;②共享单车供方服务规范;③共享单车城市道路管理规范;④共享单车质量要求等。

标准化对象客观存在,属于客观的范畴,而标准化对象的识别与确定、标准化过程则是主观的。对标准化对象认识越深,标准化工作越有效。不同主体对应的专业不同、复杂程度不同、所含技术水平不同,标准化对象的确定难易度也不同。如火箭发射试验,系统组成很复杂,试验规模很大,标准化对象就多,标准也就比较多。

选择标准化对象时,要考虑开展标准化工作的优先顺序,首先应将具有多样性、需要协调统一的对象作为重点,并考虑该对象所起作用的大小、社会需要程度等因素。

四、标准化需求分析

标准化需求分析包括标准化的目的和用途、标准制定的必要性和可行性、标准制定的适时性及其与有关文件的关系。必要性分析包括但不限于:经济社会和产业发展的需求;相关法律法规、政策规划的要求;标准实施后重大经济、社会、生态效益分析等。可行性分析包括但不限于:产业发展情况;有关技术的成熟度和经济性分析;如果实施标准对企业生产经营成本影响较大,应进行综合成本分析;已经具备的研究基础和条件等。

标准化需求分析建立在对标准化对象相关资料的研究基础上,故在标准化需求分析前需对相关资料进行收集、调查与研究,这些资料包括且不限于下列3个方面。

(一)与产业行业相关的资料

包括产业发展情况;现有的技术和未来的技术发展情况;相关的法律法规、政策规划;标准实施后对经济、社会、生态效益的影响等。

(二)与标准对象直接关联的资料

与该标准化对象相关的法律、法规和政策;与该标准对象有关的国际标准、区域标准、国家标准、行业标准、企业标准和团体标准;国内外有关科技文献和出版物;专利文献和专利说明书、发明证书、样本和样机等。

制定新产品的标准、测试方法等标准时,实验验证资料是不可缺少的,标准中的数据都是以试验或生产的分析总结数据为依据的,没有依据的数据是不允许出现在标准中的。收集试验资料,着重收集原始数据;鉴定资料着重收集鉴定结果及其结论。

在制定产品或过程控制标准时,生产过程资料尤为重要。要了解生产厂家及其分布情况,不同厂家生产的数量、产品质量及其最大生产能力、生产条件、技术水平、生产关键指标等。掌握这些情况对标准参数的确定和过程控制要素都有很大参考价值。

(三)与使用者相关的资料

从产品或服务的用户角度,了解用户对产品或服务的使用情况、用户对产品或服务质量的反映、用户对产品发展的建议和意见等。此外,从标准的使用者角度,了解未来标准的使用者对标准的目的和期待,从而使制定出来的标准更满足使用者的使用要求。

第二节 标准化基本方法

标准化的基本方法,是指实施标准化的形式,也是标准化内容的存在方式,主要有:简化、统一化、系列化、通用化、组合化和模块化。不同的标准化形式有不同的目的和标准化内容。

一、简化

简化是指在一定范围内缩减对象(事物)的类型数目,使之在一定时间内满足一般需要的标准化形式。简化是最古老、最基本的标准化形式,揭示了标准化的本质。一般产品包含3种功能:基本功能、条件功能和附加功能,3种功能的关系如图9-2所示。基本功能是指满足人们对某物品的共同需要的功能,条件功能是指使基本功能得以充分发挥的功能,附加功能是指满足不同的人们对物品的特殊需要的功能。附加功能和条件功能使得同一物品具有众多的品种规格。根据自然界的熵增原理,事物的多样性是发展的普遍形式,同一物品的品种在发展中会变得越来越多,从有序状态往无序状态变化,须有人为因素加以限制,以减少不合理的多样性,重新回归到有序状态。简化只是控制不合理的多样性,而不是一概排斥多样性,企业可通过简化消除多余且低功能的品种,使产品系列的构成更精练、合理。

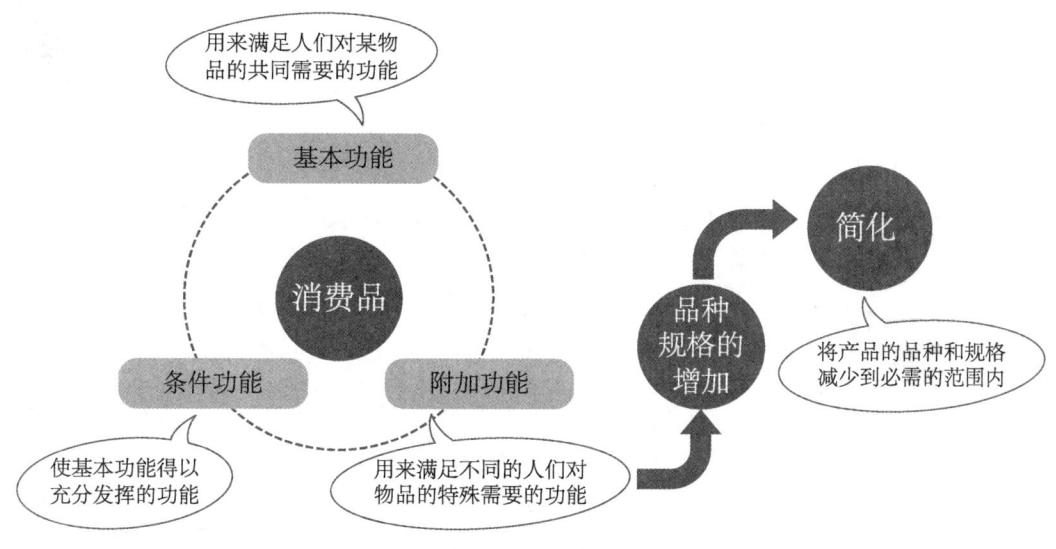

图 9-2 产品 3 种功能之间的关系

(一) 简化的应用

(1) 物品种类的简化,归并产品规格;

(2) 原材料简化,节约成本;

(3) 工艺装备简化,加强通用性;

(4) 零部件简化,提高效率;

(5) 术语、图形、符号、编码简化,突出重点。

例如麦当劳将提供的食品简化成简单的 6 类:汉堡包、薯条、炸鸡、汽水、冰品、沙拉。又如 2019 年发行的第五套人民币,只有 1 角、5 角、1 元、10 元、20 元、50 元 6 种面额,其中 1 元有纸币、硬币 2 种,总共才 7 种。

(二) 简化的原则

(1) 只有在多样化的发展规模超出了必要范围时,才允许简化;

(2) 简化要适度,既要控制不必要的庞杂,又要避免过分压缩而变得单调,也就是说,简化后总体功能应是最佳的;

(3) 简化应以确定的时间和空间范围为前提;

(4) 简化的结果必须保证在既定的时间内足以满足消费者的一般需要,不能限制和损害消费者的需求和利益;

(5) 产品简化要形成系列,其参数组合应符合数值分级制度的基本原则和要求。

法国的艾伯特·卡柯特提出了衡量简化是否合理的一条重要法则:产品的制造成本与产量的 4 次方成正比。如果产量提高一倍,或品种减少一半时,成本可大约降低 16%;如果产量提高 2 倍,或品种减少 1/3 时,成本可大约降低 24%。简化的经济效果使产品在流通与消费上便于包装、仓储和运输,减少消耗和管理费用、降低成本和价格;在制造上减少设计差错、缩短设计时间、提高设计效率、便于文件管理。

二、统一化

统一化是指将同类事物的多种表现形态归并为一种或限定在一定范围内的标准化形式。统一化也是古老的标准化形式,古代统一文字、货币、度量衡、兵器等就是统一化的实践。统一化的实质是使对象的形式、功能(效用)或者其他特征具有一致性,并把这种一致性通过标准确定下来。统一化的目的是消除由于不必要的多样化而造成的混乱,为人类的正常活动建立共同遵循的秩序。

(一)统一化的应用

(1)名词、术语、符号、图形、标识、编码的统一;

(2)产品规格的统一;

(3)数值和参数的统一;

(4)程序和方法的统一。

(二)统一化的方式

(1)选择统一,指在需要被统一的对象中选择并确定一个,以此来统一其余的对象的方式。它适合于那些相互独立、相互排斥的统一对象,例如交通规则、方向标准等。例如秦始皇于公元前221年发布"书同文"的诏令,规定以秦国小篆为统一书体,与小篆不同者全都废掉。例如《中华人民共和国道路交通安全法》规定:机动车、非机动车实行右侧通行。这就是在右侧通行和左侧通行两个选项中选择右侧通行作为统一的规定。

(2)融合统一,指在被统一对象中博采众长,取长补短,融合成一种新的更好的形式,以代替原来的不同形式的方式。适于融合统一的对象都具有互补性,结构性产品如手表、闹钟等统一结构形式,都是采用融合统一的方法。例如智能终端产品华为Mate系列手机就是融合了科技、设计、材质、文化和时尚等多种元素的创新产品,备受消费者的喜爱和欢迎。

(3)创新统一,指用完全不同于被统一对象的崭新的形式来统一的方式。适宜采用创新统一的情况为:一是在发展过程中产生质的飞跃的结果,如用集成电路统一晶体管电路;二是由于某种原因无法使用其他统一方式,如用欧元统一欧洲各国的货币。

统一分为绝对统一和相对统一。绝对统一不允许有灵活性,例如标志、编码、代号、名称、运动方向(交通规则、开关的旋转方向、螺纹的旋转方向)等。以秦始皇统一文字为例,原本"马"字有诸多字形,而秦国只保留小篆字形,其他字形都被弃用,如图9-3所示。又如我国的标准轨距,解放前帝国主义列强在我国修的铁路,轨距有许多种:东北的中东铁路为1 524 mm、京沈铁路为1 435 mm、滇越铁路为1 000 mm,解放后全国营运铁路的轨距统一为1 435 mm。相对统一的出发点或总趋势都是统一的,但统一中还有一定的灵活性,需根据实际情况进行调整。例如红蓝宝石等级分级标准,其产品质量标准是为符合质量要求的统一化,但具体指标(包括分级规定、公差范围等)却具有一定的灵活性。

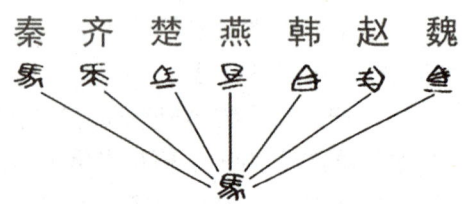

图9-3 秦始皇统一文字

（三）统一的原则

（1）被统一对象具有同质性。

（2）统一前后具有等效性。

（3）统一是有适时性的，不是什么时间都合适。

（4）统一具有适度性，例如解放后我国营运铁路的轨距统一为 1 435 mm，这个数据不是随意定的，而是根据我国现有的铁路轨距以及国际通用标准轨距确定的。

（5）统一具备先进性。

简化和统一化二者的相同点在于：它们的目的都是避免由于不必要的多样性而造成的混乱和低效。二者的区别在于：统一化着眼于取得一致性，即从个性中提炼共性；而简化是着眼于精练，它的结果不是只有一种，而是保留若干合理的种类，以少胜多。

三、通用化

产品通用化是指同一类型不同规格或不同类型的产品和装备中，用途相同、结构相近似的零部件，经过统一以后，可以彼此互换的标准化形式。通用化的目的是形成可通用互换的通用件，使通用零部件的设计、工艺设计、工装设计与制造的工作量都得到节约，以及简化管理、缩短设计试制周期。

如何实现标准化？——通用化

（一）通用化的特点

（1）通用化以互换性为前提。互换性有两层含义，即尺寸互换性和功能互换性。功能互换性问题在设计中非常重要。例如蓝牙耳机，既可用于安卓手机，又可用于苹果手机，也可用于笔记本电脑、电视等。通用性越强，产品的销路就越广，生产的机动性越大，对市场的适应性就越强。

（2）通用化是一个综合过程。通用化不仅会完善纵向的联系，而且会完善横向的联系，它可减少企业内部或不同企业所生产的同类部件、零件和工具的型式与尺寸的数量。通用化如能跨行业、跨部门综合地进行，才能获得最佳效果。

（二）产品通用化在产品不同设计阶段采用的方法

（1）在设计产品系列阶段，要全面分析产品的基本系列及派生系列中零部件的个性与共性，从中找出具有共性的零部件，先把这些零部件作为通用件，以后根据情况有的还可以发展成为标准件。如果对整个系列的产品中的零部件都经过认真的研究和选择，使能够通用的零部件都能合理地通用，这就是全系列通用化。

（2）在单独设计某一种产品阶段，也应尽量采用已有的通用件。新设计的零部件应充分考虑如何使其能为以后的新产品所采用，逐步发展成为通用件。

（3）在改造老产品阶段，根据生产、使用、维修过程中暴露出来的问题，对可以实现通用互换的零部件，尽可能通用化，以继续降低生产成本，保证可靠性，重焕老产品的"青春"。

【案例一】 计算机由 CPU、主板、显卡、硬盘、显示器、键盘、鼠标等组成，这些部件实施了通用化方法，因此用户可以自己从电子产品市场买这些部件组装成一台完整的计算机。

【案例二】 USB 接口充电器可以用于绝大部分的小型电子产品，如手机、MP4、台灯、剃须刀等。USB接口从USB 1.0、USB 2.0、USB 3.0、USB 3.1、USB 4.0逐步演化,USB Type C接口是USB 3.1标准的一种连接介面,具有正反都能插、传输速度快等特点。现在很多手机上都采用此接口。而苹果公司产品自成体系,与其他公司产品不通用,在其自有品牌的产品内实现了通用化,例如所有苹果便携式设备的充电器都采用了闪电接口。

【案例三】 日本的五十铃、日野、三菱、日产四大货车生产厂,于1987年11月组织成立了"大型四公司零部件通用化推进委员会"。汽车电器的插接器通用化后由26种下降到10种,减少62%;接线端子的品种由106种下降到46种,减少57%;外壳的品种由1 031种下降到292种,减少72%。车用玻璃颜色由5种减少到2种标准色,确定了8种夹层玻璃和2种强化玻璃的板厚标准;确定了玻璃边缘处理标准。

(三) 通用化的作用

(1) 通用化有利于最大限度地减少重复劳动,消除产品和其元件种类以及工艺形式不必要的多样化。

(2) 通用化能促进对已有成熟技术的广泛重复利用,在新产品开发工程中有利于降低设计成本,缩短产品开发周期,提高产品创新的工作效率,加快新产品投放市场的速度,降低创新风险。

(3) 通过产品设计的通用化可有效地减少元器件的品种,降低采购成本,便于质量的控制和稳定。

产品通用化是现代化大生产发展的客观要求,也是提高社会生产效率的重要方向之一。

四、系列化

如何实现标准化?——系列化

产品系列化是指对同一类产品中的一组产品进行结构优化,实现整体最佳功能的一种标准化方法和形式。它是标准化的高级形式。具体来说,它通过对同一类产品发展规律的研究以及市场需求发展趋势的预测,结合自身的生产技术条件,经过全面的技术经济比较,对产品的主要参数、规格、尺寸等作出合理规划,以协调系列产品和配套产品之间的关系。

产品系列化的目的是简化产品品种和规格,尽可能满足多方面的需要。产品系列化便于增加品种,扩大产量,降低成本。

系列化与简化的关系密切。产品的系列化通常是在简化的基础上进行的,是简化的延伸,系列化源于简化,但高于简化。系列化是为了防止盲目的品种泛滥而进行的科学合理安排。

产品系列化一般可分为制定产品基本参数系列、编制产品系列型谱和开展产品系列设计3方面的内容,均具有产品发展规划的作用。

(一) 制订产品基本参数系列

参数是人们用来标明产品的结构特性(如外形尺寸、容积、重量等)和功能特性(如额定电压、输出功率等)的一组量值。参数包含性能参数、几何尺寸参数、基本参数和主参数。性能参数指表征产品的基本技术特性的参数;几何尺寸参数指表征产品规格的参数;基本参数指反映其基本结构和主要性能的一组参数;主参数指在基本参数中起主导作用的参数。所谓产品参数系列,就是对产品主要参数或基本参数的数值分级。确定参数系列的目的就是要对产品的主要参数或基本参数数值进行合理分档,以便经济合理地发展产品的品种规格。

产品的基本参数是基本性能或基本技术特性的标志,是选择或确定产品功能范围、规格、尺寸的基本依据。产品基本参数系列化是产品系列化的首要环节,也是编制系列型谱、进行系列设计的基础。

制订基本参数系列的步骤如下。

(1) 选择主参数和基本参数。主参数是各项参数中起主要作用的参数。主参数一般只选一个(最多选择 2 个)。

选择的原则是:①应能反映产品的基本特性,如电脑 CPU 的运行速度;②应是产品中稳定的参数,如电脑硬盘的存储量;③应从使用出发,优先选性能参数,其次选结构参数。

(2) 确定主参数和基本参数的上、下限,即确定系列的最大值、最小值。这个数值范围的确定,一般要经过对近期和长远的需要情况、生产情况、质量水平、国内外同类产品的生产情况的分析,并尽量符合优先数系列。

(3) 确定参数系列。主要是确定在上、下限之间的参数如何分类、分级,整个系列安排多少挡,挡与挡之间选用怎样的公比等。常见的数值系列分级有一般数值和优先数系列。

一般数值系列主要有以下 3 种数列:等差数列,即数列中任意相邻两项之差是一常数;阶梯式等差数列,即把等差数列中各段的公差设成不同值,通常使数值大的参数之间差值增大;几何级数,即任意相邻两项之比为一常数。除了一般数值系列之外,还有优先数列。各种产品由于特点不同,不可能都按一个公比形成系列,客观上需要一种数列能按照十进制的规律向两端延伸,这便是十进几何级数优先数列。以空调为例,空调的基本参数为功率,一般有 1 匹、1.5 匹、2 匹、3 匹、5 匹等。

(二) 编制产品系列型谱

因为社会对产品的需要是多方面的,有时只对参数分挡分级,还不能完全满足需要,同一规格的产品还要有不同的型式,以满足不同的特殊要求。解决这个问题便是系列型谱的任务。系列型谱是对基本参数系列限定的产品进行型式规划,把基型产品与变型产品的关系以及品种发展的总趋势用图表反映出来,形成一个简明的品种系统表。基型产品是指该类产品中生产历史最长、结构最典型、应用最普遍的一种结构型式。变型产品是指在基型产品基础上改变部分结构,或增减某些部件,从而获得某些新功能的产品。例如 2 匹空调,基于能耗形成一级能耗、二级能耗、三级能耗 3 个系列;基于功能形成单冷和冷暖 2 个系列;基于安装位置不同形成壁挂式空调、窗式空调、吊顶式空调和立柜式空调 4 个系列。

系列型谱实际上是该产品的品种发展规划表,是一种指导性技术文件。编制型谱是一件很复杂、很细致、又需要很慎重的工作,要以大量的调查资料和科学的分析预测为基础,一经确定,轻易不宜改变。

1. 编制产品系列型谱步骤

(1) 列出基型系列和所有变型系列。

(2) 对基型系列和变型系列的结构型式、用途、主要技术性能和部件的相对运动特征进行说明。

(3) 制作产品品种规划表,表中用符号标明各个品种的开发情况。

(4) 标出部件间的通用化关系。

(5) 制作产品参数表,包括主参数、基本参数和一般参数。

(6) 需要时添加附录。

2. 编制产品系列型谱的作用

(1) 系列型谱是指导产品发展方向和制定产品及技术发展规划的重要依据。

(2) 可以根据型谱所确定的产品品种,合理安排产品的发展计划以及同类产品企业间的生产分工,充分发挥系列产品通用性强的优越性,提高生产专业化水平。

(3) 可以防止各企业盲目设计落后的没有发展前途的产品,可以避免不同企业同时平行设计同一型式的产品。

(4) 型谱还可以起到整顿现有产品的作用。

(三) 开展产品系列设计

1. 产品的系列设计

(1) 在系列内选择基型,基型应该是系列内最有代表性,规格适中,用量较大,生产较普遍,结构较先进,经过长期生产和使用考验,结构和性能都比较可靠,又有发展前途的型号。

(2) 在充分考虑系列内产品之间以及变型产品之间的通用化的基础上,对基型产品进行技术设计或施工设计。

(3) 横向扩展设计,设计全系列的各种规格,这时要充分利用结构典型化和零部件通用化等方法,扩大通用化程序或者对系列内产品的主要零部件确定几种基础件,在具体设计时,从这些基础件中选择合适的。比如空调中的一级能耗、二级能耗、三级能耗就是横向扩展设计的例子。

(4) 纵向扩展设计,设计变型系列或变型产品,变型与基础要最大限度地通用,尽量做到只增加少数专用件,即可发展一个变型产品或变型系列。比如空调中的定频、变频、新风等就是纵向扩展的例子。

2. 产品系列化的经济意义

(1) 可以加速新产品的设计,发展新品种,提高产品质量,方便使用和维修,减少备品配件的储备量。

(2) 合理简化品种,扩大通用范围,增加生产批量,有利于提高专业化程度。

(3) 缩短产品工艺装置的设计与制造的期限和费用。

美国福特通用汽车公司通过简化对汽车零件进行标准化,实现福特 T 型车的大批量生产,创造了辉煌的业绩。1921 年,T 型汽车已占据美国 60% 的汽车市场。1923 年,艾尔弗雷德·斯隆(Alfred Pritchard Sloan)就任美国通用汽车公司总经理后,认为由于消费水平的提高,市场需求将发生变化,而过于单调的福特 T 型车将不再受欢迎。据此,他做出按价格、分档次、系列化开发的决策,从最低档次的大众车型到高级车型,连续设计了 5 种车型,构成了能满足各种不同消费水平的系列产品。5 年后,通用汽车成为世界上最大的汽车厂家。

五、组合化

组合化是指按照标准化的原则,设计并制造出一系列通用性很强且能重复应用的单元,根据需要拼合成不同用途的产品的一种标准化形式。组合化是受

如何实现标准化?——组合化

积木玩具的启发而发展起来的,所以也称为积木化。

组合化的特征是通过统一化的单元组合为物体,这个物体又能重新拆装组成新的结构,统一化单元可以重复利用。

从组合化角度来看,建筑用砖是最原始的组合件,活字印刷术是组合化的典型创造,文字和数字符号也是表达语言和数量的组合单元。可见组合化很早就已经被人类用来作为生产建设和生活交往的科学手段。如今,组合化已广泛用于机械产品、仪表的设计和制造,工艺设备的设计、制造和使用,家具的设计和制造以及建筑业、编码系统、程序设计等领域,并表现出明显的优越性。

(一) 组合化的基础

(1) 系统的分解与组合。把一个具有某种功能的产品看成是一个系统,这个系统可以分解为若干功能单元。其中某些功能单元不仅具备特定的功能,而且与其他系统的某些功能单元可以通用、互换,于是这类功能单元便可分离出来,以标准单元或通用单元的形式独立存在,这就是分解。为了满足一定的要求,把若干个事先准备的标准单元、通用单元和个别的专用单元按照新系统的要求有机地结合起来,组成一个具有新功能的新系统,这就是组合。组合化的过程,既包括分解也包括组合,是分解与组合的统一。

(2) 标准单元或通用单元的重复利用。组合化的优越性和它的效益均取决于标准单元或通用单元的重复利用率。通过改变这些单元的联接方法和空间组合,使之适用于各种变化了的条件和要求,创造出具有新功能的物品。

(二) 组合化的主要方法和步骤

(1) 确定组合元的程序。先确定其应用范围,然后划分组合元,编排组合型谱,即由一定数量的组合元组成产品的各种可能形式,接着检验组合元是否能完成各种预定的组合,最后设计组合元件并制定相应的标准。除确定必要的结构型式和尺寸规格系列化,拼接配合的统一化和组合单元的互换性是组合化的关键。

(2) 预先制造并储存一定数量的标准组合元。

(3) 根据市场需要组装成不同用途的物品。

(三) 组合化方法的应用

【案例一】 组装电脑。

1981年,IBM PC机诞生,1982年,IBM公开了除BIOS之外的全部资料,随之形成了PC"开放标准",现在DIY的电脑都是在IBM兼容机上发展而来。这个举动使不同厂商可以按照标准生产部件,并能够互换。最终IBM标准聚拢了大量板卡生产商和整机生产商,促进了PC机的快速产业化发展。到20世纪90年代初,IBM兼容机占个人电脑市场的绝对主导地位。到20世纪90年代中后期,DIY组装电脑风靡全世界,用户可以根据自己对计算机性能的要求组装一台满足自己个性化需求的电脑。以组装电脑为主营业务的世界知名电脑供应商戴尔(Dell)公司的和联想公司就是这么起家的。

【案例二】 组合家具。

组合家具是根据板式家具的特点,设计制成各种占地面积小、功能多、造型简洁新颖、一物多用的家具。如食品柜、书柜、写字台等，这些家具能合能分，既满足不同使用要求，又能产生不同的陈设效果，是当前比较流行的一类家具。

（四）组合化的经济意义

（1）依据对功能结构的分解而确定的单元能以较少的种类和规格组合成较多的制品，它能有效地控制功能单元或结构单元的多样化，从而实现生产的经济性。

（2）组合化开创了适应多种组装条件的可能性，从而为实现既满足多种要求又尽量少增加新的产品型号的理想生产方式奠定了基础。

（3）按系列化原则设计的单元以及单元的分类系统为实行组合元加工奠定基础，批量较大的标准单元还可组织专业化集中生产。

（4）通过组合化能更充分地满足消费者的要求，用户能及时地更换老产品，获得较高的经济效益。

（5）在基础件（单元）统一化、通用化的条件下，对产品的结构和性能采用组合设计，可以实现多品种小批量、产品性能多变的生产方式。

六、模块化

所谓模块，就是将产品中的一些组成要素集合起来，划分成的一个具有特定功能的"半自律性子系统"。这个子系统内部的结构要素之间联系紧密，而子系统与其他子系统之间关系相对独立。将产品划分成不同的子系统，并且将多个子系统相互组合形成上级系统，直至形成最终产品的过程被称为模块化。每个模块都具有一个特定的子功能，所有这样的模块按照某种规则组装起来形成一个整体系统。在整个系统中，模块是可组合、可分解、可更换的独立单元。模块化方法就是将一个复杂问题分解成多个独立的、相互关联的模块，再通过分别独立地实现各模块的功能，最终将所有模块组合起来。模块化是处理大型、复杂问题的一种有效途径。

（一）模块化的特点

（1）模块是一种具有独立功能，可单独制造、销售的标准化产品。

（2）模块与产品系统的其他要素可分、可合。

（3）高层模块可以包含低层模块。

（4）模块通过各种形式的接口和连接方式构成新的产品。

模块化最初用于机床，后来推广到电器制造、仪器仪表制造和各种高精度测试设备的设计和制造。如今，船舶和舰艇、通信设备、电视技术设备、计算机硬件和软件开发、海洋平台、航天器以及方舱医院等都用到了模块化方法。

（二）模块化的主要方法和步骤

（1）模块化设计。模块化设计有 3 种形式，分别是现有模块改进、专用模块设计和内外接口设计。模块的设计要建立在对复杂产品功能的分析基础上，将其整体功能逐级分解、细分，从而得到整个产品的功能体系框架，再分析采用哪种设计形式。

（2）模块化生产。组成整体系统的每个模块可以独立生产制造。

（3）将模块按照规则组装起来形成一个整体系统。

（三）模块化的应用

【案例一】 1964年，IBM公司采用模块化设计的原理，生产出第一台模块型电脑。在此之前，各主机制造商的电脑机型都是互相独立的，各机型都有独特的操作系统、处理器、周边设备和应用软件等，不同品牌的产品和软件互不兼容。为了实现操作系统和应用软件的兼容性，IBM公司360型系统的设计者制定了统一的设计规则，使处理器和周边设备按同一标准设计制造。通过模块化设计，他们创造了电脑"家族"的概念，把电脑整机分解成主板、处理器、磁盘驱动器、电源等功能相对独立的模块，这样，不同机型、不同品牌的电脑就能够使用同样的周边设备。

【案例二】 海尔公司从2008年开始探索模块化，一台海尔冰箱从原来的300多个零部件，在统一的模块化平台上整合成为23个模块，用户可根据个人喜好选配模块，组合成按用户个性化需求定制的产品。通过不同模块的组合，海尔公司可以装配出20多个型号的冰箱。模块化还使海尔公司工时降低了15%，人员减少7%，从而提高了企业的生产效益。

（四）模块化的经济意义

（1）模块化基础上的新产品开发，实际上就是研制新模块，取代产品中功能落后的模块，这是以少变求多变的产品开发策略，有利于缩短周期、降低开发成本、保证产品的性能和可靠性。

（2）模块化设计、制造是以最少的要素组合最多产品的方法，它能最大限度地减少不必要的重复，又能最大限度地重复利用标准化成果。

（3）产品维修和更新换代都可通过模块化来实现，不仅快捷方便，而且能使用户减少损失，节约资源。

（4）模块化产品的可分解性，模块的兼容性、互换性和可回收再利用等，均属绿色产品的特性。

模块化是实现智能工厂规模化生产和客户需求个性化定制的前提条件，因此模块化是实现工业4.0的基础，也是我国成为制造强国的必由之路。

上述标准化的6种方法不仅适合于标准化领域，还可运用在日常学习、工作或其他创新领域。

第三节　标准化实例——新型零售业

互联网的兴起使全球迎来了电子商务时代，从而颠覆了传统购物方式，摆脱了购物时间与空间的限制，一批电商企业及电商平台迅速崛起。电商的普及促使我国消费人群向互联网转移，随着用户的增长以及交易成本的降低，越来越多的企业开始了"互联网＋电商"的转型，于是出现了新零售电子商务。国家"十四五"规划提出，要加快建设数字经济、数字社会、数字政府，以数字化转型整体驱动生产方式、生活方式和治理方式变革。在这个背景下，新型零售业在助推社会经济发展与变革中起到了很大的作用。本节以新型零售业为例，探讨新零售的标准化路径。

一、新型零售业介绍

"新零售"的概念最早于2016年10月由马云提出,指在互联网、人工智能技术、大数据分析的基础上,对互联网线上服务、互联网线下体验以及现代物流体系进行深度融合,对传统零售业的生产、流通与销售等各个阶段重新整合,打造的一个全新的商业运营结构与运营模式。

从国外新零售发展现状看,新零售电商可分为3类:一是技术驱动型,以布局线下创新技术体验为主要发展方向,如亚马逊无人超市(Amazon Go)等;二是优化零售型,以传统零售转型为主通过对线下优化供应链优势,采用提升服务体验的方式优化自身零售生态,如沃尔玛山姆会员店等;三是业态融合型,通过打造特色的用户体验环境吸引消费者消费,如意大利美食集市Eataly等。

新零售模式的特征主要包括:①线上、线下、物流统一的销售模式;②以消费者体验为中心的数据驱动的泛零售业务;③以互联网为依托,运用大数据、人工智能等先进技术手段,对商品的生产、流通与销售过程进行升级改造,进而重塑业务结构与生态圈;④通过大数据、云计算、物联网、人工智能等新技术所提供的软、硬件基础,进一步融合与重构人、货、场三要素,形成新的商业闭环体系等。

新零售与传统零售的区别在于:

(1)管理模式的不同。传统零售行业一般凭借业内形成的工作准则、工作经验和工作习惯来进行店铺管理,管理效率主要取决于店铺拥有者的管理思维;新零售主要依靠数据化管理,管理者将主要的精力投入在收集消费用户的相关信息,以此作为管理数据化运营的基础。

(2)经营模式的不同。传统零售行业由于需要在二、三级批发市场进货,成本较高,渠道单一,即便搭上了电商的平台,也仅靠流量来产生效益;新零售则通过线上线下全渠道经营,从单一渠道到多渠道,再到所有渠道融合协同,不仅成本更低,经营效率更是大幅度提升。

(3)服务模式的不同。传统零售业的服务相对较简单,服务效率也受时间、次数、地域、专业化程度等因素的影响,是一种很难被规范化的服务模式;新零售则主要借助大数据、VR技术、云计算、物联网等高新技术,将服务内容、服务流程、服务手段规范化、统一化和标准化,不会因为时间、地域、次数等因素产生较大服务效果的差别。

(4)体验模式的不同。传统零售业务十分注重用户体验,但主要通过售前服务和售后服务实现,且以传统的人工服务为主,较少运用高新技术,场景单一,多样性不足;新零售则以消费者为中心,通过对现实生活与场景的应用,进一步优化顾客的感官体验和思维认同,从而改变顾客的消费行为,为商品、服务找到新的生存价值与空间。

二、当前新零售发展存在的主要问题

(1)新零售需要大数据、云计算、物联网、VR、人工智能等先进技术支撑,不少新零售企业对以上技术的应用还在初级阶段。如何将这些高新技术与新零售有机融合并高效运行是目前需要解决的问题。

（2）物流是连接线上线下的重要纽带，由于我国幅员辽阔、东西跨度大，我国目前的物流体系供应链链条过长，且多以"点到点"的运输为主，所以在配送成本、服务质量、物流效率方面还远不能满足新零售发展的要求。

（3）全渠道的供应链是一种以消费者需求为主体，各渠道高度协同合作的模式，但现在的全渠道供应链体系还未形成。主要原因：一是零售商与供应链的地位不平等，部分强势零售商凭借自己的品牌效应所采取的价格低、付款慢、要求高等做法让供应商苦不堪言；二是信息的变化速度较快且信息获取不对等，导致供应商不能针对零售商的要求进行提前测算、备货、调整；三是全渠道合作中的利益分配、交易支付存在不平衡。

（4）新零售的信息安全主要包括数据安全、信息资金安全、业务安全等方面。在当前新零售快速发展的过程中，盗号、欺诈、服务器瘫痪、恶意修改数据等网络安全事件越发频繁。信息安全问题将成为新零售面临的巨大风险。

（5）新零售属于新兴产业，发展速度较快，行业日新月异，因此可能导致政府监管层面很容易出现空白或冲突，甚至出现不法分子铤而走险的情况。屡禁不止的劣质假货、虚假宣传、非法传销、恶意刷单等问题都预示着新零售的合规化是当前亟待解决的问题。

三、新零售标准需求分析

标准化是推进新零售模式创新发展的技术基础和协调发展的必然要求，对维护新零售市场秩序、规范市场主体经营行为、推动网络零售与实体商业融合发展具有重要意义。新零售标准化有利于稳定技术供给效能，提高业务开展能力。在技术标准层面，如商务电子化、支付和信息处理标准化，可以使企业新零售服务与对消费者的售前售中售后服务直接相连，保证商家和消费者的双向利益；在管理标准层面，如售后服务、物流保障、个人信息安全管理的标准化，可以促进新零售服务行业市场秩序有章可循，从而提升新零售的核心竞争力。

新零售作为线上线下与物流相结合的销售模式，既有传统电子商务的特征，又有传统商业零售的特征。其标准建设内容相较于传统电商既有相同又有差别。目前我国针对新零售标准化体系的研究还处于起步阶段，但尚未形成系统完整的研究结果，还有许多空白和待完善的标准领域。

新零售标准化在以下4个方面有极其迫切的需求。

（1）新零售的业务发展模式标准化需求。随着数字经济的快速发展，新零售的业务发展模式已呈现从线下到线上再到线下的复杂结构，包括移动端、互联网端、终端门店、终端设备等。目前尚无专门的标准可依，需要通过标准化进一步明晰如何使线上线下进行全面对接和全面循环，最终顺利打通商业全链条。

（2）新零售的订单体系与支付体系的标准化需求。订单体系的标准化能进一步规范订单管理，满足全渠道的接单、分单和配单的效率，从而提高新零售物流服务保障。目前支付环节手段众多，有支付宝、网银、微信、移动支付、现金结算等多种方式，为了更好满足消费者需求，支付体系的标准化非常重要。

（3）新零售的服务与体验标准化需求。新零售的最终目的是更好地服务消费者，满足消费者需求。因此，提升服务与体验的标准化可以有效避免劣质产品流入顾客，也能防止商家利益受损。

（4）新零售的数据处理与数据安全标准化需求。新零售需要处理来源于企业和客户的大量数据信息，如果各自数据的格式都不相同，势必会带来数据处理的繁琐程度。另外如何保证数据的安全与规范、也急需数据安全的标准化手段支撑。

四、新零售标准化建议

（一）新零售标准体系构成

按照新零售整体的模式，可以把标准体系大体分为 4 个部分：通用基础标准、业务模式标准、技术支撑体系标准和管理标准。标准体系如图 9-4 所示。

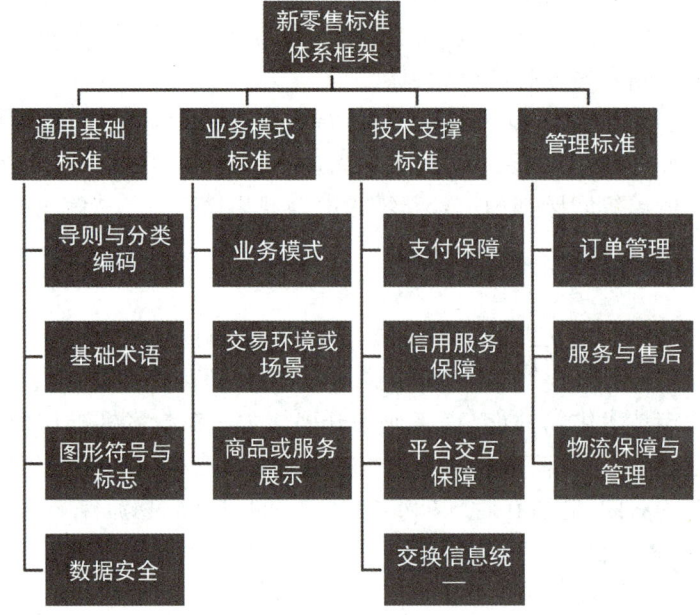

图 9-4　新零售标准体系框架

（二）通用基础标准

通用基础标准层面主要对导则与分类编码、基础术语、图形符号与标志、数据安全等相关内容进行规范化和统一。通用基础标准是其他标准的基础。

（三）业务模式标准

业务模式标准层面主要对新零售的业务模式、交易环境或场景、商品或服务展示相关内容进行规范化。新零售模式标准是对新零售业务模式的定义和描述，包括线下到线上、线上到线下再到线上等各种复杂结构。模式标准有利于具体行业进行业务梳理和重新定义，为规范行业内的新零售业务提供参考。

（四）技术标准体系

技术层面标准主要对新零售支付体系、交换信息统一、平台交互技术保障相关内容进行规范化。新零售支付体系标准是对跨渠道的支付方式和安全的标准化。随着第三方支付、快捷支付和移动支付等各种支付方式层出不穷，对于支付接口和安全等方面需要统一规范，以保障新零售支付的安全、快捷。

（五）管理体系标准

管理层面标准主要针对新零售的订单处理、物流保障和服务体验与评价方面进行规范化，以满足订单来源、交易渠道多样化、支付和结算等个性化需求，提高新零售物流服务保障，建设针对新零售客户交互方式、客户行为习惯差异化、线上线下融合的全渠道的服务体系。

知识点考核

一、单选题

1. 鞋类产品的尺码是有限的，是采用了标准化的哪一种方法？（　　）
   A. 简化　　　　B. 统一化　　　　C. 产品系列化　　　　D. 通用化
   E. 组合化　　　F. 模块化

2. 2022年7月，欧洲议会和欧洲理事会一致同意，将自2024年秋天起在欧盟境内强制使用Type-C接口用于移动设备充电。这是采用了标准化的哪一种方法？（　　）
   A. 简化　　　　B. 统一化　　　　C. 产品系列化　　　　D. 通用化
   E. 组合化　　　F. 模块化

3. 美国苹果公司产品线只有iPhone手机、iPad平板、Mac电脑、Apple Watch智能穿戴和iPod。这是采用了标准化的哪一种方法？（　　）
   A. 简化　　　　B. 统一化　　　　C. 产品系列化　　　　D. 通用化
   E. 组合化　　　F. 模块化

4. 最古老、最基本的标准化形式是（　　）。
   A. 简化　　　　B. 统一化　　　　C. 产品系列化　　　　D. 通用化
   E. 组合化　　　F. 模块化

二、多选题

1. 下列可以作为标准化对象的是（　　）。
   A. 术语　　　　B. 尺寸规格　　　C. 质量要求　　　D. 活动
   E. 服务

2. 标准化对象需要具备（　　）特点。
   A. 共同使用　　　　　　　　　　B. 重复使用
   C. 存在待统一的需求　　　　　　D. 存在待简化的需求

3. 统一化的方式有（　　）。
   A. 选择统一　　B. 融合统一　　　C. 适用统一　　　D. 创新统一

4. 活字印刷术是成功地运用（　　）等一系列标准化原则和方法的典范。
   A. 标准件　　　B. 互换性　　　　C. 分解组合　　　D. 重复利用

三、判断题

1. 虚拟现实VR因为是抽象的事物，所以不能作为标准化的对象。　　　　　　　　（　　）

2. 标准化对象可以是对象的整体,也可以是对象的特定方面。　　　　　　(　　)
3. 标准化对象需要从不同的主题中识别出来,与人的主动性和认识程度相关,因此标准化对象是主观的认识,非客观存在。　　　　　　　　　　　　　　　(　　)
4. 简化是肯定某些个性的同时,着眼于精练。而统一化是从个性中提炼共性,着眼于一致性。　　　　　　　　　　　　　　　　　　　　　　　　　　　　(　　)
5. 简化是标准化最一般的原理。　　　　　　　　　　　　　　　　　　(　　)

专题十

标准制定

知识目标

1. 了解标准制定依据。
2. 了解标准制定程序与流程。
3. 掌握标准文本格式要求。
4. 掌握标准文本必备要素。
5. 掌握标准文本行文要求。

技能目标

1. 能将标准化内容编制成标准文本。
2. 能按照标准制定程序、原则制定简单的标准。
3. 能按样本编写简单的标准文本。

素质目标

1. 提高标准意识、规范意识。
2. 养成良好的标准行文规范。
3. 增强严谨踏实、精益求精的工匠精神。

第一节　标准制定依据

如何制定标准？

一、标准化法律法规

标准的制定遵循标准化法律法规、部门规章和规范性文件以及相关行业的法律法规及规范性文件。

涉及标准制定相关要求的标准化法律法规及部门规则主要有：

1.《中华人民共和国标准化法》；
2.《中华人民共和国标准化法实施条例》；
3.《国家标准管理办法》；
4.《全国专业标准化技术委员会管理办法》；
5.《采用快速程序制定国家标准的管理规定》；
6.《国家标准涉及专利的管理规定（暂行）》；
7.《强制性国家标准管理办法》；
8.《行业标准管理办法》；
9.《地方标准管理办法》；
10.《团体标准管理规定》。

这些文件从不同角度对标准的制定作了相关规定，其中针对标准制定程序，也不同程度地进行了规定。这些标准化相关法律法规文件是标准制定的依据，只有遵照这些文件要求制定出的标准才能做到制定程序合法合规。

二、标准化基础标准

标准作为一种特殊的规范性文件，其文本编写需要按照标准化基础系列标准和其他规范性文件所规定的规则起草。国家标准文本编写基础标准主要如下。

（一）GB/T 1 导则

(1)《标准化工作导则　第1部分：标准化文件的结构和起草规则》(GB/T 1.1—2020)；
(2)《标准化工作导则　第2部分：以 ISO/IEC 标准化文件为基础的标准化文件起草规则》(GB/T 1.2—2020)；
(3)《标准化工作导则　第3部分：标准化技术组织》(GB/T 1.3—××××)(计划中)。

（二）GB/T 20000 指南

(1)《标准化工作指南　第1部分：标准化和相关活动的通用术语》(GB/T 20000.1—2014)；
(2)《标准化工作指南　第3部分：引用文件》(GB/T 20000.3—2014)；
(3)《标准化工作指南　第4部分：标准中涉及安全的内容》(GB/T 20000.4—2015)；
(4)《标准化工作指南　第6部分：标准化良好行为规范》(GB/T 20000.6—2006)；
(5)《标准化工作指南　第8部分：阶段代码系统的使用原则和指南》(GB/T 20000.8—

2014);

(6)《标准化工作指南 第10部分:国家标准的英文译本翻译通则》(GB/T 20000.10—2016);

(7)《标准化工作指南 第11部分:国家标准的英文译本通用表述》(GB/T 20000.11—2016)。

(三) GB/T 20001 规则

(1)《标准编写规则 第1部分:术语》(GB/T 20001.1—2001);

(2)《标准编写规则 第2部分:符号标准》(GB/T 20001.2—2015);

(3)《标准编写规则 第3部分:分类标准》(GB/T 20001.3—2015);

(4)《标准编写规则 第4部分:试验方法标准》(GB/T 20001.4—2015);

(5)《标准编写规则 第5部分:规范标准》(GB/T 20001.5—2017);

(6)《标准编写规则 第6部分:规程标准》(GB/T 20001.6—2017);

(7)《标准编写规则 第7部分:指南标准》(GB/T 20001.7—2017);

(8)《标准编写规则 第10部分:产品标准》(GB/T 20001.10—2014)。

(四) GB/T 20002 特定内容

(1)《标准中特定内容的起草 第1部分:儿童安全》(GB/T 20002.1—2008);

(2)《标准中特定内容的起草 第2部分:老年人和残疾人的需求》(GB/T 20002.2—2008);

(3)《标准中特定内容的起草 第3部分:产品标准中涉及环境的内容》(GB/T 20002.3—2014);

(4)《标准中特定内容的起草 第4部分:标准中涉及安全的内容》(GB/T 20002.4—2015)。

(五) GB/T 20003 特殊程序

《标准制定的特殊程序 第1部分:涉及专利的标准》(GB/T 20003.1—2014)。

(六) GB/T 20004 团体标准化

(1)《团体标准化 第1部分:良好行为指南》(GB/T 20004.1—2016);

(2)《团体标准化 第2部分:良好行为评价指南》(GB/T 20004.2—2018)。

以上列出的是支撑我国标准制定工作的基础性系列国家标准。在标准编制工作中,其各阶段的文件草案在符合 GB/T 1.1 规定的起草规则的基础上,还有如下要求:

(1)同功能类型标准,如术语标准、符号标准、分类标准等,应符合 GB/T 20001 相应部分的规定;

(2)文件中某些特定内容应符合 GB/T 20002 相应部分的规定;

对于行业标准、地方标准、团体标准制定程序和标准文本的编写,原则上也要遵循上述所列举的标准。由于行业和地方区域的差异,行业标准和地方标准的制定往往存在其特殊的制定环节,对文本的编写也会有特殊的处理方式,所以制定行业标准或地方标准还需了解本行业或本地方的有关标准化工作的相关规定。

编写标准的基本方法有 2 种:其一是自主研制标准,其二是采用国际标准和国外先进标准。自主研制标准按照 GB/T 1.1 的规定进行编写;采用 ISO、IEC 等国际标准的编写除了遵照 GB/T 1.1 的规定外,还要遵照 GB/T 1.2 的规定。图 10-1 给出了这 2 种基本方法及依据的基础标准。

自主研制标准
按照 GB/T 1.1—2020 的规定编写。步骤如下：
① 明确标准化对象,草拟标准名称;
② 确定标准功能类型;
③ 选定标准的规范性技术要素;
④ 编写标准。

采用国际标准或国外先进标准
按照 GB/T 1.1—2020 和 GB/T 1.2—2020 的规定编写。步骤如下：
① 准确翻译;
② 分析研究技术要素和采用方式;
③ 按格式编排标准。
与相应国际标准的一致性程度：
IDT（Identical）= 等同采用
MOD（Modified）= 修改采用
NEQ（Not Equivalent）= 非等效

图 10-1　编写标准的基本方法及依据的基础标准

第二节　标准制定程序

一、标准制定程序

《国家标准制定程序的阶段划分及代码》（GB/T 16733—1997）明确了我国国家标准制定程序的阶段划分,其他各级标准亦可参照使用。该标准是以 WTO 关于标准制定阶段划分的标准为基础,参考 ISO 和 IEC 的《ISO/IEC 导则 第 1 部分：技术工作程序》提出的。

具体程序包括 9 个阶段：预研阶段、立项阶段、起草阶段、征求意见阶段、审查阶段、批准阶段、出版阶段、复审阶段和废止阶段。国家标准制定程序示意图如图 10-2 所示。

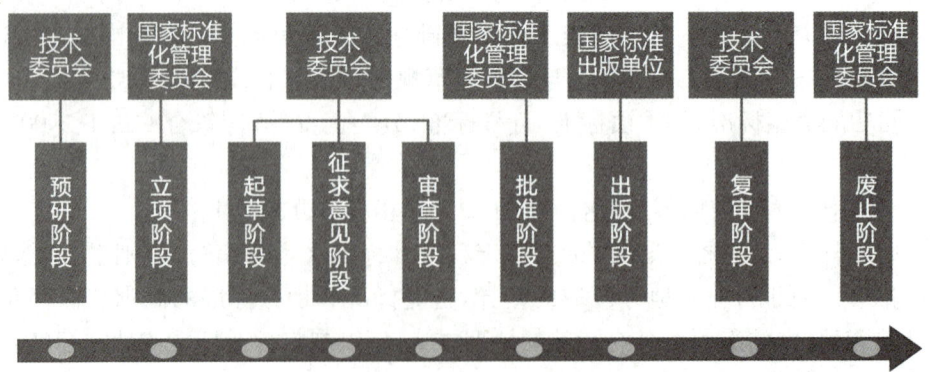

图 10-2　国家标准制定程序

国家标准制定是一个周而复始的过程,从预研、立项开始,经过起草、征求意见、审查、批准发布、出版,直到复审、废止;然后又从预研、立项开始启动新一轮的过程,周而复始形成闭环,如图 10-3 所示。

按照《国家标准制定程序的阶段划分及代码》(GB/T 16733—1997)的规定,国家标准制定(修订)的程序、阶段划分及代码见表 10-1,其他各级标准可参照使用。表 10-2 列出了国家标准制定阶段与 WTO 和 ISO/IEC 标准制定阶段的对应关系,表 10-3 列出了有关的代号与缩略语。

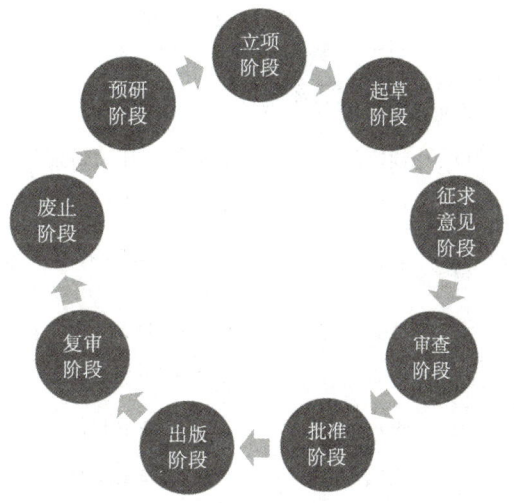

图 10-3 国家标准制定的闭环

表 10-1 国家标准的制定程序、阶段划分及代码

正常程序	快速程序		阶段代码	阶段名称	阶段任务
A 程序	B 程序	C 程序			
✓	✓	✓	00	预阶段	提出新工作项目建议
✓	✓	✓	10	立项阶段	提出新工作项目
✓	—	—	20	起草阶段	提出标准草案征求意见稿
✓	✓	—	30	征求意见阶段	提出标准草案送审稿
✓	✓	✓	40	审查阶段	提出标准草案报批稿
✓	✓	✓	50	批准阶段	提供标准出版稿
✓	✓	✓	60	出版阶段	提供标准出版物
✓	✓	✓	90	复审阶段	定期复审
✓	✓	✓	95	废止阶段	

快速程序适用于已有成熟标准草案的项目,特别适用于变化快的高新技术领域,其中:B 程序省略起草阶段(20),直接由立项阶段进入征求意见阶段;C 程序省略起草阶段(20)和征求意见阶段(30),直接由立项进入审查阶段。

采用 B 程序和 C 程序制定标准的范围是不同的。通常根据采标、修订标准或现行标准转化的具体情况,在立项阶段提出是否快速制定标准的申请,由国务院标准化行政主管部门批准,方可采用相应的程序制定。一般标准申请情况有以下 3 种。

(1) 采标标准。对于等同采用国际标准或国外先进标准制定为国家标准的项目,可以采用 B 程序。

(2) 修订标准。对于现行国家标准的修订项目,可采用 B 程序和 C 程序。

(3) 转化标准。对于现行其他层级的标准,如行业标准转化为国家标准的项目,可采用 C 程序。

表 10-2　国家标准制定阶段与 WTO、ISO/IEC 阶段的对应关系

阶段代码	阶段名称	阶段任务	阶段成果	完成周期（月）	WTO对应阶段	ISO/IEC对应阶段
00	预研阶段	提出新工作项目建议	PWI	—	—	00
10	立项阶段	提出新工作项目	NP	3	Ⅰ	10
20	起草阶段	提出标准草案征求意见稿	WD	10	Ⅱ	20
30	征求意见阶段	提出标准草案送审稿	CD	5	Ⅲ	30
40	审查阶段	提出标准草案报批稿	DS	5	Ⅲ	40
50	批准阶段	提供标准出版稿	FDS	8	Ⅳ	50
60	出版阶段	提供标准出版物	GB,GB/T,GB/Z	3	Ⅳ	60
90	复审阶段	定期复审	确认,修改,修订	60	Ⅴ	90
95	废止阶段	—	废止	—	—	95

注：WTO 第Ⅴ阶段的开始即为国家标准发布时确定的实施日期。

表 10-3　代号与缩略语

代号与缩略语	名称
PWI	新工作项目建议,Preliminary Work Item
NP	新工作项目,New work itme Proposal
WD	标准草案征求意见稿,Working Draft(s)
CD	标准草案送审稿,Committee Draft(s)
DS	标准草案报批稿,Draft Standard
FDS	标准出版稿,Final Draft Standard
GB	强制性国家标准
GB/T	推荐性国家标准
GB/Z	国家标准化指导性技术文件
FTP	快速程序,Fast track procedure
VR	意见汇总处理表,Vote Report

二、标准制定阶段及流程

（一）预研阶段（预阶段）

预研阶段是标准计划项目或新工作项目建议的提出阶段，全国专业标准化技术委员会（以下简称技术委员会）或部门收到新工作项目建议后，经过研究和论证，提出新工作项目，并上报国务院标准化行政主管部门（国家标准化管理委员会）。预研阶段流程如图 10-4 所示。

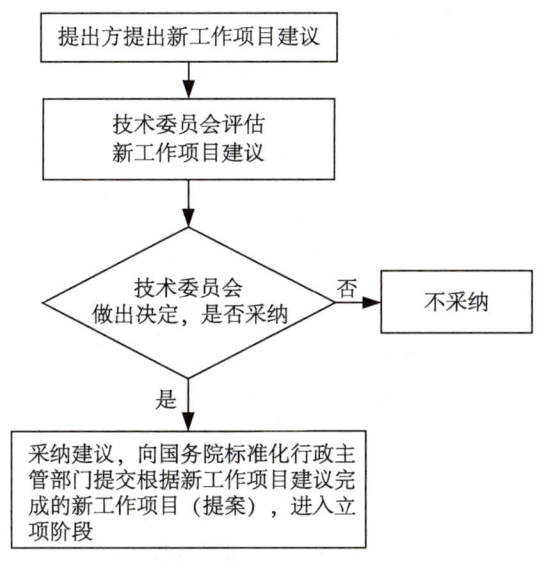

图 10-4　预研阶段流程

（二）立项阶段

国务院标准化行政主管部门收到国家标准新工作项目建议后，对上报的项目建议统一汇总、审查、协调、确认，并下达"国家标准制修订项目计划"。立项阶段流程如图 10-5 所示。

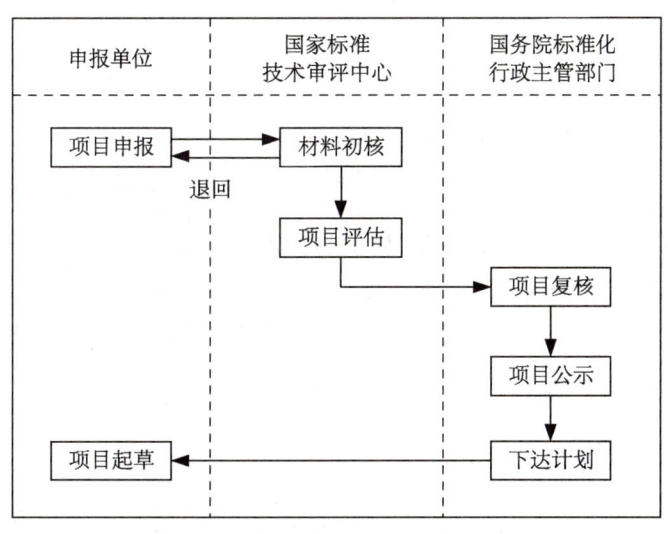

图 10-5　立项阶段流程

（三）起草阶段

技术委员会收到新工作项目计划后，落实计划，组织项目的实施，即成立标准起草工作组，由标准起草工作组完成标准征求意见稿、征求意见稿的编制说明和相关试验报告等文件。起草阶段流程如图 10-6 所示。

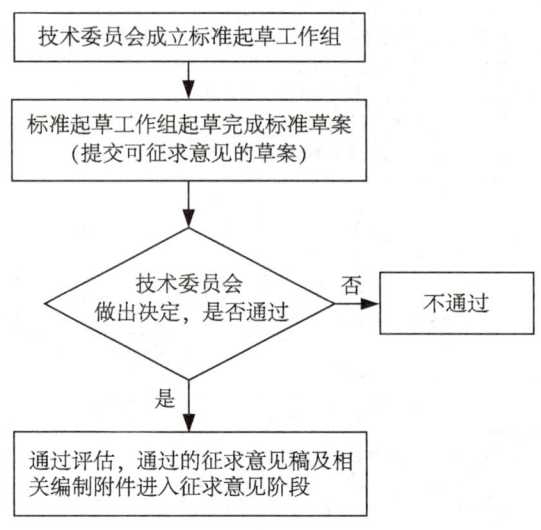

图 10-6　起草阶段流程

(四) 征求意见阶段

标准起草工作组将标准征求意见稿发往有关单位征求意见,经过收集、整理回函意见,提出征求意见汇总处理表,完成标准送审稿。征求意见阶段流程如图 10-7 所示。

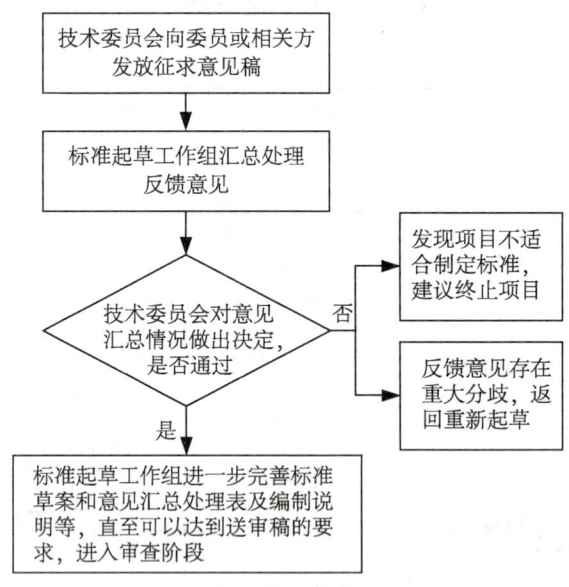

图 10-7　征求意见阶段流程

(五) 审查阶段

技术委员会收到标准起草工作组完成的标准送审稿后,组织会审或函审,标准起草工作组根据审查所提出的意见完善标准草案、编制说明,最终完成标准报批稿。审查阶段流程如图 10-8 所示。

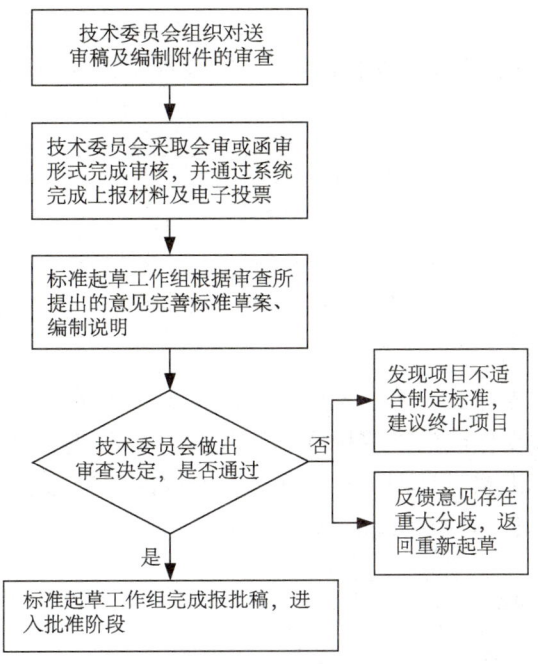

图 10-8 审查阶段流程

(六) 批准阶段

国务院标准化行政主管部门对收到的标准报批稿及相关工作文件进行审核,对不符合报批要求的,退回有关技术委员会或起草单位进行完善,最终由国家标准化行政主管部门批准发布。批准阶段流程如图 10-9 所示。

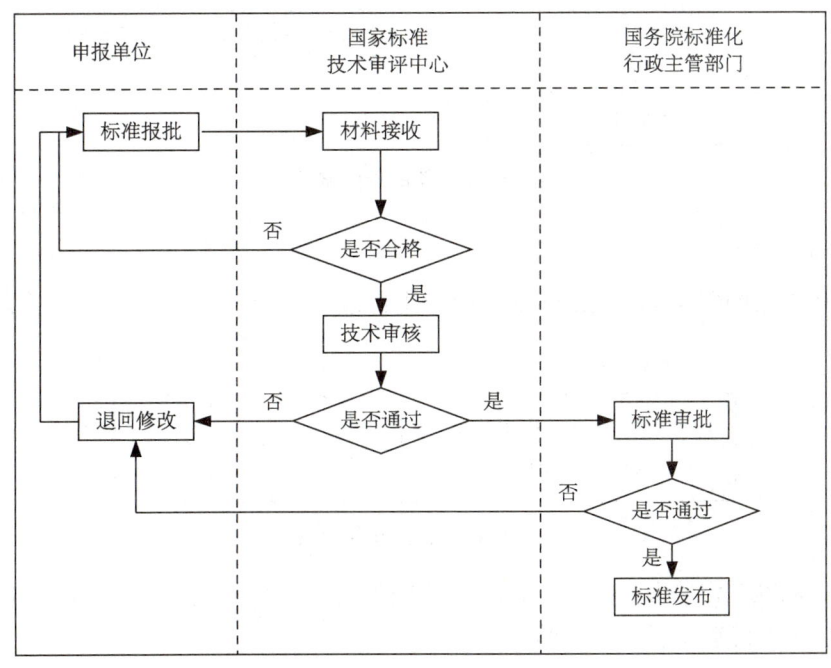

图 10-9 批准阶段流程

（七）出版阶段

国家标准出版机构对标准进行编辑出版，向社会提供标准出版物。出版阶段流程如图 10-10 所示。

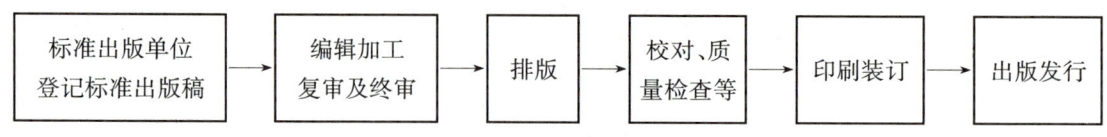

图 10-10　出版阶段流程

（八）复审阶段

国家标准实施后，根据科学技术的发展和经济建设的需要进行复审，复审周期一般不超过 5 年。复审后，对不需要修改的国家标准确认其继续有效，对需要修改的国家标准可申报为修订项目，列入国家标准修订计划。对已无存在必要的国家标准，由技术委员会或部门提出该国家标准的废止建议。复审阶段流程如图 10-11 所示。

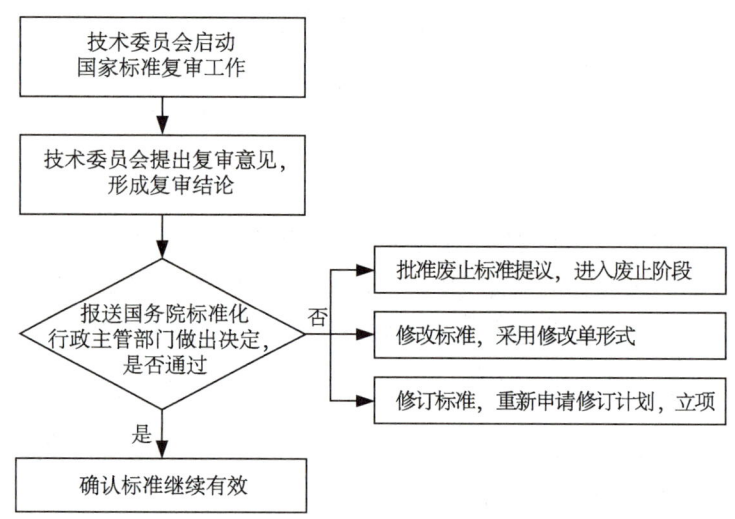

图 10-11　复审阶段流程

（九）废止阶段

对无存在必要的国家标准，由国务院标准化行政主管部门予以废止。废止阶段流程如图 10-12 所示。

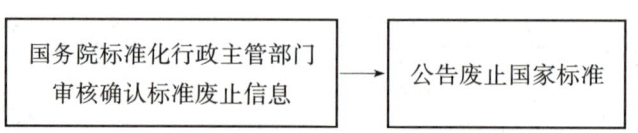

图 10-12　废止阶段流程

通过上述标准制定阶段，形成相关的工作文件。除标准草案和标准文本之外，还包括：
（1）新工作项目建议、新工作项目；
（2）编制说明（包括试验验证技术报告等附件）、会议纪要；

(3) 征求意见反馈表、投票单、结论表、意见汇总处理表；
(4) 国际标准的原文和译文；
(5) 标准报批公文、标准报批文件清单、标准申报单、强制性标准通报表及说明等。

第三节　标准编写原则

一、编制目标

《标准化工作导则 第1部分：标准化文件的结构和起草规则》（GB/T 1.1—2020）中规定，编制文件的目标是通过规定清楚、准确和无歧义的条款，使得文件能够为未来技术发展提供框架，并被未参加文件编制的专业人员所理解且易于应用，从而促进贸易、交流以及技术合作。

（一）清楚、准确和无歧义的条款

标准的条文应该用词准确、严谨、逻辑性强，不能模棱两可，要避免不同的人从不同的角度对标准内容产生不同的理解，从而造成标准实施过程中的差异。同时，在制定标准时，要注意：①与现行基础标准内容相协调；②与上级或同级标准相协调；③与非本专业、非本部门标准相协调。

（二）为未来技术发展提供框架

制定的标准要有一定前瞻性，要对技术的发展起到推动作用，因此不但要考虑当今的最新技术水平，还要为将来技术发展提供框架，留有发展空间。

（三）能被未参加文件编制的专业人员所理解且易于应用

参与标准制定的人员，因进行过深入思考并多次参与标准草案的讨论，对标准内容非常熟悉，理解也较为准确。但对于标准的使用者来说，大部分都不是标准的起草者，而这些人对标准理解的准确性将影响标准实施的效果，因此，标准的语言和表达形式应尽可能简单、明了、易于理解。

二、总体原则

为了达到标准编制目标，起草文件时宜遵守以下总体原则。
(1) 充分考虑最新技术水平和当前市场情况，认真分析所涉及领域的标准化需求。
(2) 在准确把握标准化对象、文件使用者和文件编制目的的基础上：
  ① 明确文件的类别和/或功能类型，例如是标准、标准化指导性技术文件还是文件的某个部分；
  ② 选择和确定文件的规范性要素，例如名称、范围、规范性引用文件、术语和定义、要求、规范性附录等；
  ③ 合理设置和编写文件的层次和要素，例如章、条、节的安排；
  ④ 准确表达文件的技术内容，例如避免使用深奥的词汇、方言和口语。

三、表述原则

编写标准时,除了要遵守以上的总体原则外,还要遵守规范性要素的选择原则和文件的表述原则。

(一)规范性要素的选择原则

1. 标准化对象原则

标准化对象原则是指起草文件时需要考虑标准化对象或领域的相关内容,以便确认拟标准化的是产品/系统、过程或服务,还是与某领域相关的内容;是完整的标准对象,还是标准化对象的某个方面,从而确保规范性要素中的内容与标准化对象或领域紧密相关。标准化对象决定着起草的标准的对象类别,它直接影响文件的规范性要素的构成及其技术内容的选取。

2. 文件使用者原则

文件使用者原则是指起草文件时需要考虑文件使用者,以便确认文件针对的是哪一方面的使用者,他们关注的是结果还是过程,从而保证规范性要素中的内容是特定使用者所需要的。

3. 目的导向原则

目的导向原则是指起草文件时需要考虑文件编制目的,并以确认的编制目的为导向,对标准化对象进行功能分析,识别出文件拟标准化的内容或特性,从而确保规范性要素中的内容是为了实现编制目的而选取的。文件编制目的决定着标准的目的类别。编制目的不同,规范性要素中需要标准化的内容或特性就不同;编制目的越多,选取的内容或特性就越多。

(二)文件的表述原则

1. 一致性原则

每个文件内或分为部分的文件各部分之间,其结构以及要素的表述宜保持一致,为此:

(1) 相同的条款宜使用相同的用语,类似的条款宜使用类似的用语;

(2) 同一个概念宜使用同一个术语,避免使用同义词;

(3) 相似内容的要素的标题和编号宜尽可能相同。

2. 协调性原则

起草的文件与现行有效的文件之间宜相互协调,避免重复和不必要的差异,为此:

(1) 针对一个标准化对象的规定宜尽可能集中在一个文件中;

(2) 通用的内容宜规定在一个文件中,形成通用标准或通用部分;

(3) 文件的起草宜遵守基础标准和领域内通用标准的规定,如有适用的国际文件宜尽可能采用;

(4) 需要使用文件自身其他位置的内容或其他文件中的内容时,宜采取引用或提示的表述形式。

3. 易用性原则

文件内容的表述宜便于直接应用,并且易于被其他文件引用或剪裁使用。

第四节　标准名称和结构

标准文本怎么写？（1）　标准文本怎么写？（2）

一、标准名称

标准名称应简短明确地反映标准化对象或标准的主题。任何标准均应有名称，并应置于标准封面中和正文首页的最上方。标准名称由以下 3 个元素组成（三段式）：

引导元素 + 主体元素 + 补充元素 = 标准名称

引导元素（可选）：表示标准所属的领域。
主体元素（必备）：表示上述领域内标准涉及的标准化对象。
补充元素（可选）：表示上述标准化对象的特定方面，或给出区分该标准（或该部分）与其他标准（或其他部分）的细节。

以下三项标准的名称体现了对这 3 个元素的运用（表 10-4）：
(1)《印刷技术　胶印数字化过程控制　第 1 部分：概述》(GB/T 34690.1—2017)；
(2)《消费品安全　化学危害风险评估通则》(GB/T 41005—2021)；
(3)《汽车信息安全通用技术要求》(GB/T 40861—2021)。

表 10-4　标准名称的元素运用

元素	引导元素	主体元素	补充元素
3 个	印刷技术	胶印数字化过程控制	第 1 部分：概述
2 个	消费品安全	化学危害风险评估通则	—
1 个	—	汽车信息安全通用技术要求	—

二、标准层次

根据标准文体与结构的特点，标准的层次划分和设置采用部分、章、条、段、列项和附录形式（表 10-5）。这些层次只是一项标准可能具有的层次，一项标准的层次及其设置应视标准篇幅的多少、内容的繁简而定，例如有些标准没有分成"部分"，有些标准不设"附录"等。

表 10-5　标准层次设置

名称	编号示例	说明
部分	9999.1	(1) 部分和系列标准的区别（见示例1）： ——分部分出版的标准不是独立的标准，而是一项标准内的组成部分 ——系列标准是顺序号相连且内容互相关联的标准 (2) 部分的编号： 由标准顺序号和部分编号组成，如 19000.2、19000.3 (3) 部分的名称： ——各部分的补充要素不同 ——补充要素前说明是第几部分（用阿拉伯数字）

(续表)

名称	编号示例	说明
章	3	(1) 从范围开始编号 (2) 每一章均应有标题
条	3.1 3.1.1	(1) 设置： ——一个层次中有两个或两个以上的条时才可设条 ——可以分到第五层，如 3.1.1.1.1.1、3.1.1.1.1.2 ——避免无标题条再分条 (2) 标题： ——第一层最好给出标题 ——同一章的各条(指同层次)有无标题应统一 ——不同章之间的各条有无标题不要求统一 ——可将无标题条首句中的关键术语或短语标为黑体
段	无编号	(1) 是章或条不编号的层次 (2) 避免出现悬置段(图 10-14)
列项	列项编号 a)、b) 和 1)、2) 列项符号"——"和"●"	(1) 列项应由一段后跟冒号的文字引出，见示例 2～示例 5 (2) 可用黑体字强调列项中的关键术语或短语
附录	A	(1) 识别： 附录的编号(A/B)、附录的性质(规范性/资料性)、标题 (2) 章、图、表、数学公式的编号： 章(A.1…)、图(图 A.1…)、表(表 A.1…)、数学公式(A.1…)

示例 1

GB/T 20004 团体标准化(系列标准)。

《团体标准化 第 1 部分：良好行为指南》(GB/T 20004.1—2016)(部分标准)。

《团体标准化 第 2 部分：良好行为评价指南》(GB/T 20004.2—2018)(部分标准)。

示例 2

文件中下列表述形式提及的附录属于规范性附录：

a) 任何文件中，由要求型条款或指示型条款指明的附录；

b) 规范标准中，由"按"或"按照"指明试验方法的附录；

c) 指南标准中，由推荐条款指明的附录。

示例 3

导向要素中图形符号与箭头的位置关系需要符合下列规则。

a) 当导向信息元素横向排列，并且箭头指：

1) 左向(含左上、右下)，图形符号应位于右侧；

2) 右向(含右上、右下)，图形符号应位于左侧；

3) 上向或下向，图形符号宜位于右侧。

b) 当导向信息元素纵向排列,并且箭头指:

1) 下向(含左下、右下),图形符号应位于上方;
2) 其他方向,图形符号宜位于下方。

示例 4

在引言中通常给出下列背景信息:

——编制该文件的原因、编制目的、分为部分的原因以及各部分之间的关系等事项的说明;

——文件技术内容的特殊信息或说明。

示例 5

仪器中的震动可能产生于:

● 转动部件的不平衡;
● 机座的轻微变形;
● 滚动轴承;
● 气动负载。

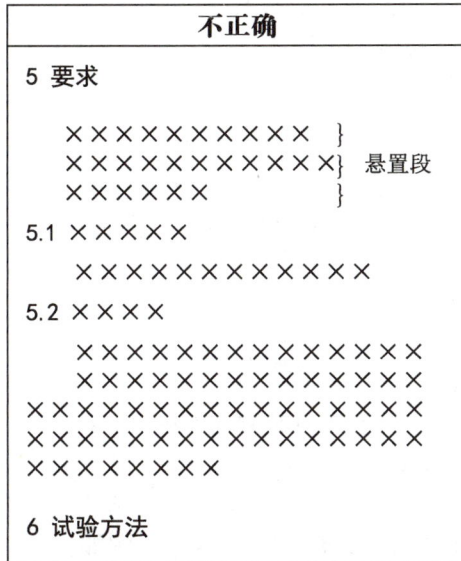

图 10-13 悬置段示例

三、标准要素

标准的要素按照要素所起的作用,可分为规范性要素和资料性要素。

规范性要素是指声明符合标准时必须遵守的要素,只要符合了标准中的规范性要素,即可认为符合了该项标准。例如范围、规范性引用文件、术语与定义、符号和缩略语、分类和编码/系统构成、总体原则和/或总体要求、技术要素等。标准文件中各要素的类别、构成及表述形式见表 10-6。

表 10-6　标准文件中各要素的类别、构成及表述形式

要素	要素的类别		要素的构成	要素所允许的表述形式
	必备或可选	规范性或资料性		
封面	必备	资料性	附加信息	标明文件信息
目次	可选			列表（自动生成的内容）
前言	必备			条文、注、脚注、指明附录
引言	可选			条文、图、表、数学公式、注、脚注、指明附录
范围	必备	规范性	条款、附加信息	条文、表、注、脚注
规范性引用文件[a]	必备/可选	资料性	附加信息	清单、注、脚注
术语和定义[a]	必备/可选	规范性	条款、附加信息	条文、图、数学公式、示例、注、引用、提示
符号和缩略语	可选	规范性	条款、附加信息	条文、图、表、数学公式、示例、注、脚注、引用、提示、指明附录
分类和编码/系统构成	可选			
总体原则和/或总体要求	可选			
核心技术要素	必备			
其他技术要素	可选			
参考文件	可选	资料性	附加信息	清单、脚注
索引	可选			列表（自动生成的内容）
[a] 章编号和标题的设置是必备的，要素内容的有无根据具体情况进行选择。				

资料性要素是指声明符合标准时无须遵守的要素，仅提供附加信息。例如位于正文之前的封面、目次、前言和引言；位于正文之后的资料性附录、参考文献、索引。

第五节　标准要素的编写

一、规范性要素与资料性要素的构成

规范性要素主要由条款构成，还可包括少量附加信息；资料性要素由附加信息构成。详情见表 10-7。

表 10-7　规范性要素与资料性要素的构成

规范性要素		资料性要素
条款	附加信息	附加信息
要求型条款 指示型条款 推荐型条款 允许型条款 陈述型条款	示例或例如 条文中的注、术语条目中的注 图中的注或表中的注 条文脚注 未包含要求的图表脚注	条文中的注、图中的注或表中的注 条文脚注、未包含要求的图表脚注 文件清单/信息资源清单 目次列表 索引列表 事实和信息的陈述

注：包含要求的图表脚注不属于附加信息。

二、要素的选择和编写

表 10-6 中给出了各类标准涉及的要素，要素分为必备要素和可选要素。规范性要素中范围、术语和定义、核心技术要素是必备要素，其他是可选要素，其中术语和定义内容的有无可根据具体情况进行选择。不同功能类型标准具有不同的核心技术要素。规范性要素中的可选要素可根据所起草标准的具体情况在表 10-6 中选取，或者进行合并或拆分，要素的标题也可调整，还可设置其他技术要素，例如试验条件、仪器设备、取样、标志、标签和包装、标准化项目标记、计算方法等。

资料性要素中的封面、前言、规范性引用文件是必备要素，其他是可选要素，其中规范性引用文件内容的有无可根据具体情况进行选择。资料性要素在文件中的位置、先后顺序以及标题均应与表 10-6 所呈现的一致。

下面分别叙述各要素的编写要求。

（一）封面

封面为必备的资料性要素。以国家标准为例，封面的内容有"中华人民共和国国家标准"字样和标准的标志、文件代号（如"GB"）、中文名称、英文名称、国际标准分类（ICS）号、中国标准文献分类（CCS）号、文件编号、被代替文件编号、发布日期、实施日期、标准的发布部门等。

如果标准采用了对应的国际标准，还应在封面上标明其一致性程度的标识，一致性程度的标识由对应的国际标准编号、国际标准名称（使用英文）、一致性程度代号（表 10-8）等内容组成。如果标准的英文名称与国际标准名称相同，则不标出国际标准名称。

表 10-8　与国际标准一致性程度代号及判定条件

一致性程度	代号	判定条件
等同（Identical）	IDT	（1）文本结构相同 （2）技术内容相同 （3）最小限度的编辑性改动，比如改正印刷错误、增加附加信息或资料性附录等

(续表)

一致性程度	代号	判定条件
修改（Modified）	MOD	(1) 结构调整，同时清楚地说明了这些调整 (2) 技术差异，同时清楚地说明了这些差异及其产生的原因，技术差异可包括如下情形： ① 国家标准化文件的条款少于或多于对应 ISO/IEC 标准化文件的条款 ② 国家标准化文件更改了对应 ISO/EC 标准化文件的一些条款 ③ 国家标准化文件增加了与对应 ISO/IEC 标准化文件条款同等地位的条款，作为对该条款的另一种选择
非等效(Not Equivalent)	NEQ	(1) 结构调整，并且没有清楚地说明这些调整 (2) 技术差异，并且没有清楚地说明这些差异及其产生的原因 (3) 只保留了数量较少或重要性较小的 ISO / IEC 标准化文件的条款

注："采用"国际标准仅包括一致程度为等同或修改的情况。

封面示例如图 10-14 所示。

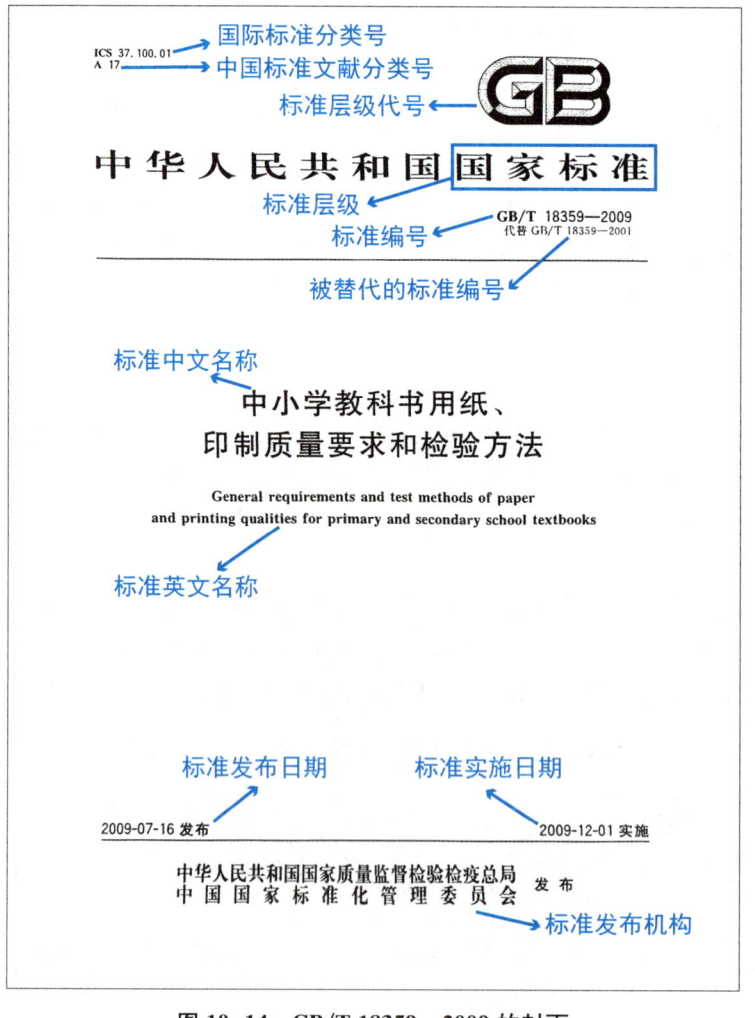

图 10-14　GB/T 18359—2009 的封面

(二)目次

目次为可选的资料性要素,标明标准的层次结构框架,引导阅读和检索。目次中的内容和顺序如下:

(1) 前言;

(2) 引言;

(3) 章编号和标题;

(4) 条编号和标题(需要时才列出);

(5) 附录编号、附录性质(即在圆括号中注明"规范性附录"或"资料性附录")和标题;

(6) 附录条编号和标题(需要时才列出);

(7) 参考文献;

(8) 索引;

(9) 图编号、图题(含附录中的)(需要时才列出);

(10) 表编号、表题(含附录中的)(需要时才列出)。

内容过少(如10页以下的篇幅)无必要设目次。目次的层次根据需要确定。目次中不应列出"术语和定义"一章中的术语。

目次示例如图10-15所示。

```
                    目      次

前言 ........................................................... II
引言 ........................................................... III
1  范围 ........................................................ 1
2  规范性引用文件 ............................................... 1
3  术语和定义 ................................................... 1
4  要求 ......................................................... 2
   4.1  专色阶调值计算 .......................................... 2
   4.2  通过光谱反射率测量值获得SCTV的步骤 ...................... 3
   4.3  通过CIELAB测量值获得SCTV的步骤 .......................... 3
参考文献 ....................................................... 5
```

图 10-15 GB/T 41467—2022 的目次

(三)前言

前言为必备的资料性要素,主要给出本标准文件起草依据的标准、与其他标准的关系和编制、起草者的基本信息等。前言中不应包含要求、指示、推荐或允许型条款,也不应使用图、表或数学公式等表述形式。前言不应给出章编号且不分条。

前言中应依次给出下列适当的内容。

(1) 文件起草所依据的标准。具体表述为"本文件按照 GB/T 1.1—2020《标准化工作

导则 第 1 部分：标准化文件的结构和起草规则》的规定起草。"

（2）文件与其他文件的关系。若是分为部分的标准，则每个部分需说明其所属的部分并列出所有已经发布的部分的名称。

（3）文件与代替文件的关系。需要给出被代替、废止的所有文件的编号和名称；列出与前一版本相比的主要技术变化。

（4）文件与国际文件关系的说明。说明与对应的国际标准、导则、指南或其他文件的一致性程度，写出对应的国际文件的编号、文件名称的中文译名，并列出与所采用的国际标准的技术差异和所作的主要编辑性修改。

（5）有关专利的说明。

（6）文件的提出信息（可省略）和归口信息。对于由全国专业标准化技术委员会提出或归口的文件，应在相应技术委员会名称之后给出其国内代号，使用下列适当的表述形式：

"本文件由全国×××标准化技术委员会（SC/TC ×××）提出。"

"本文件由全国×××标准化技术委员会（SC/TC ×××）归口。"

（7）文件的起草单位和主要起草人，使用下列表述形式：

"本文件起草单位：……。"

"本文件主要起草人……。"

（8）文件及其所代替或废止的文件的历次版本发布情况。

前言示例如图 10-16 所示。

前　　言

本文件根据 GB/T 1.1—2020《标准化工作导则 第 1 部分：标准化文件的结构和起草规则》的规定起草。

本文件等同采用 ISO 20654：2017《印刷技术 专色阶调值的测量与计算》。

请注意本文件的某些内容可能涉及专利。本文件的发布机构不承担识别这些专利的责任。

本文件由全国印刷标准化技术委员会（SAC/TC 170）提出并归口。

本文件起草单位：深圳职业技术学院、深圳市裕同包装科技股份有限公司、安徽新华印刷股份有限公司、东莞职业技术学院、深圳市科彩印务有限公司、深圳市印刷行业协会、浙江华人数码科技有限公司、深圳市金升彩包装材料有限公司、鸿博股份有限公司、北京盛通印刷股份有限公司、北京尚唐印刷包装有限公司、北京新华印刷有限公司、聊城市产品质量监督检验所。

本文件主要起草人：朱永双、陈秀兰、陈晨、沈春铭、王旭红、黎振新、张永东、蒋佳利、谢文青、黎红雷、杨勇、何黎明、兰本立、范海峰、王利婕、张旭亮、招刚、吴丽、许向阳、贺文琼、刘志宏、陈琪莎、刘霞、郭蕊、钟伟、刘浩学、杨志远、尹丽华、林泽惠、赵树文、胡维友。

图 10-16　GB/T 41467—2022 的前言

(四) 引言

引言是可选的资料性要素,不应包含要求型条款。当分为部分的文件的每个部分,或者文件的某些内容涉及了专利时,均应设置引言,且应给出相应说明。引言不应给出章编号。当引言的内容需要分条时,应仅对条编号,编为 0.1、0.2 等。

在引言中通常给出下列背景信息:

(1) 编制该文件的原因、编制目的、分为部分的原因以及各部分之间关系等事项的说明;

(2) 文件技术内容的特殊信息或说明。

引言示例如图 10-17 所示。

引 言

本文件规定了一种新的专色阶调值(SCTV)度量法,用于确定专色油墨的阶调值。本文件中的专色定义为非印刷原色(印刷原色为CMYK 四色油墨)。该方法是在承印物的非印刷部分和覆盖率100%的实地油墨部分之间产生近似均匀的阶调视觉间隔。该度量结果通过测量的光谱反射系数计算得到,或通过相同光谱数据算出的色度值计算得到。

长期以来,专色只是通过测量实地油墨值进行管理,对于如何测量中间网目调没有明确的指导或方法。对于仅包含专色实地油墨的印刷品,这种做法是合理的;然而,对于有渐变层次的专色,当其单独印刷或与其他油墨一起印刷时,就需要有规范的方案来管理专色阶调。目前沿用的解决方法是通过印刷线性梯尺,并用其值作为参考阶调值进行校准。实践中,这样的操作导致每个印刷供应商得出的结果各不相同。

过去,专色阶调的测量一直使用标准印刷原色阶调测量方法,这种方法基于由青色、品红色和黄色油墨优化得到的光谱组合、于ISO密度测量状态下测量。这种方法不适用于专色的中间阶调,因为在多数情况下,其生成的阶调梯尺与视觉上感知的均匀性相差甚远。因此,有必要找到一种新的度量法,以更符合视觉感知的均匀性来量化专色中间阶调。

本文件是在许多人研究和测试了一系列备选方案后得出的结果。特别是William B.Birkett、Charles Spontelli和Hanno Hoffstadt,做出了重要贡献。

图 10-17 GB/T 41467—2022 的引言

(五) 范围

范围为必备的规范性要素,位于每项标准正文的起始位置。范围应明确界定标准化对象和所覆盖的各个方面,并指明标准或其特定部分的适用界限。必要时,可指出标准不适用的界限。范围的文字应简洁,以便能作为内容提要使用。范围不应包括要求。

(1) 范围的陈述应使用下列适当的表述形式：
"本文件规定了……的要求/特性/尺寸/指示。"
"本文件确立了……的程序/体系/系统/总体原则。"
"本文件描述了……的方法/路径。"
"本文件提供了……的指导/指南/建议。"
"本文件给出了……的信息/说明。"
"本文件界定了……的术语/符号/界限。"
(2) 文件适用界限的陈述应使用下列适当的表述形式：
"本文件适用于……。"
"本文件不适用于……。"
范围示例如图 10-18 所示。

> **1 范围**
>
> 本文件给出了一种用于评估专色油墨中间阶调的度量方法。这种用于计算专色阶调值（SCTV）的方法在承印物和实地之间产生大致均匀视觉间隔的阶调值。它可以从实地油墨、承印物和一个或多个中间阶调色块的光谱反射率或色度的测量值计算得到。

图 10-18　GB/T 41467—2022 的范围

（六）规范性引用文件

规范性引用文件既为必备的也为可选的资料性要素，用于列出标准中规范性引用的文件(这些文件一经引用便成为标准应用时不可缺少的文件)清单。

清单中引用文件的排列顺序为：国家标准、行业标准、地方标准、团体标准、国内有关文件、ISO 标准、IEC 标准、ISO 或 IEC 有关文件、其他国际标准以及其他国际有关文件。国家标准、ISO 标准、IEC 标准按标准顺序号排列；行业标准、地方标准、团体标准、其他国际标准化文件先按文件代号的拉丁字母和/或阿拉伯数字的顺序排列，再按文件顺序号排列。

规范性引用文件清单由以下引导语引出：

"下列文件中的内容通过文中的规范性引用而构成本文件必不可少的条款。其中，注日期的引用文件，仅该日期对应的版本适用于本文件；不注日期的引用文件，其最新版本（包括所有的修改单）适用于本文件。"

如果不存在规范性引用文件，应在章标题下给出以下说明：

"本文件没有规范性引用文件。"

规范性引用文件示例如图 10-19 所示。

（七）术语和定义

术语和定义既为必备的也为可选的规范性要素，用于界定为理解文件中某些术语所必需的定义，由引导语和术语条目构成。

根据列出的术语和定义以及引用其他文件的具体情况，术语条目应分别由下列适当的引导语引出：

> **2 规范性引用文件**
>
> 下列文件中的内容通过文中的规范性引用而构成本文件必不可少的条款。其中,注日期的引用文件,仅该日期对应的版本适用于本文件;不注日期的引用文件,其最新版本(包括所有的修改单)适用于本文件。
> ISO 13655 印刷技术 印刷图像的光谱测量和色度计算(Graphic technology—Spectral measurement and colorimetric computation for graphic arts images)
> 注:GB/T 19437—2004 印刷技术 印刷图像的光谱测量和色度计算(ISO 13655:1996,IDT)

图 9-19　GB/T 41467—2022 的规范性引用文件

"下列术语和定义适用于本文件。"(适用于仅本标准中界定了术语和定义的情况)

"……界定的术语和定义适用于本文件。"(适用于其他文件中界定了术语和定义的情况,如"GB/T ××××界定的术语和定义适用于本文件")

"……界定的以及下列术语和定义适用于本文件。"(适用于其他文件以及本标准中界定了术语和定义的情况)

如果没有需要界定的术语和定义,应在章标题下给出以下说明:

"本文件没有需要界定的术语和定义。"

选择的术语应同时符合下列条件:

(1) 文件中至少使用两次;

(2) 专业的使用者在不同语境中理解不一致;

(3) 尚无定义或需要改写已有定义;

(4) 属于文件范围所限定的领域内。

每个术语条目至少包括以下四项内容:

(1) 条目编号;

(2) 术语;

(3) 英文对应词;

(4) 定义。

除以上内容外,根据需要可增加符号、概念的其他表述形式(如图、数学公式等)、示例、注、来源等。

定义应使用陈述性条款,既不应包含要求型条款,也不应写成要求的形式。附加信息应以示例或注的表述形式给出。

在特殊情况下,如果确有必要抄录其他文件中的少量术语条目,应在抄录的术语条目之下准确地标明来源。例如:

3.1.2

标准 standard

通过标准化活动,按照规定的程序经协商一致制定,为各种活动或其结果提供规则、指南或特性,供共同使用和重复使用的文件。

[来源:GB/T 20000.1—2014,5.3]

当需要改写所抄录的术语条目中的定义时,应在表明来源处予以指明。具体方法是在方括号中写明"来源:文件编号,条目编号,有修改"。例如:

3.3.6
陈述 statement
阐述事实或表达信息的条款。
[来源:GB/T 20000.1—2014,9.2,有修改]

(八)符号和缩略语

符号和缩略语为可选的规范性要素,用来给出为理解文件所必需的、文件中使用的符号和缩略语的说明或定义,由引导语和带有说明的符号和/或缩略语清单构成。

根据列出的符号、缩略语的具体情况,符号和/或缩略语清单应分别由下列适当的引导语引出:

"下列符号适用于本文件。"(适用于仅本标准中列出了符号的情况)

"下列缩略语适用于本文件。"(适用于仅本标准中列出了缩略语的情况)

"下列符号和缩略语适用于本文件。"(适用于本标准中列出了符号和缩略语的情况)

符号和缩略语示例如图 10-20 所示。

> **4 符号和缩略语**
>
> **4.1 符号**
>
> 下列符号适用于本文件。
>
> ⊕ 按比特位逐位异或运算
> ⌈x⌉ 不小于 x 的最小整数
> ‖ 字符串或连接符
>
> **4.2 缩略语**
>
> 下列缩略语适用于本文件。
>
> CK:保密性算法密钥(Confidential Key)
> IV:初始向量(Initialization Vector) IBS:输入比特流(Input Bit Stream)
> LTE:长期演进(Long Term Evolution) OBS:输出比特流(Output Bit Stream)
> 3GPP:第三代合作伙伴计划(the 3rd Generation Partnership Project)

图 10-20 GB/T 33133.2—2021 的符号和缩略语

无论该要素是否分条,清单中的符号和缩略语之前均不给出序号,且宜根据下列规则按字母顺序列出:

(1)大写拉丁字母置于小写拉丁字母之前(A、a、B、b 等);

(2)无角标的字母置于有角标的字母之前,有字母角标的字母置于有数字角标的字母之前(B、b、C、C_m、C_2、c、d、d_{ext}、d_{int}、d_1 等);

(3) 希腊字母置于拉丁字母之后（Z、z、A、α、B、β、$\cdots$、Δ、λ 等）；

(4) 其他特殊符号置于最后。

符号和缩略语的说明或定义宜用陈述型条款，不应包含要求和推荐型条款。

（九）分类和编码/系统构成

分类和编码/系统构成为可选的规范性要素，用来给出针对标准化对象的划分以及对分类结果的命名或编码，以方便在文件核心技术要素中针对标准化对象的细分类别作出规定。它通常涉及分类和命名、编码和代码等内容。

对于系统标准，通常含有系统构成这一要素。该要素用来确立构成系统的分系统或进一步组成单元。系统标准的核心技术要素包含针对分系统或组成单元作出规定的内容。

分类和编码/系统构成通常使用陈述型条款。根据编写的需要，该要素可与规范、规程或指南标准中的核心技术要素的有关内容合并，在一个复合标题下形成相关内容。

分类和技术要求示例如图 10-21 所示。

> **2 半导体器件封装外形的编码体系**
>
> 下列半导体器件封装外形的编码体系适用于相关机械图纸和文件：
> a) 第一部分：表示编号顺序的三位数序列号（000～999）；
> b) 第二部分：表示外形图分类的单个字母（见第 3 章）；
> c) 第三部分：表示一种外形图派生的二位数序列号（00 — 99）。
>
> 前缀 P 表示临时图号。
>
> 示例：
> 101 A 00；
> 050 G 13；
> P 101 F 01。
>
> **3 半导体器件封装外形的分类**
>
> 半导体器件封装外形的分类规则如下：
> a) 形式 A：单端引线；
> b) 形式 B：热沉安装；
> c) 形式 C：螺栓安装；
> d) 形式 D：轴向引线；
> e) 形式 E：表面安装；
> f) 形式 F：单端热沉安装；
> g) 形式 G：双列和四列；
> h) 形式 H：轴向无引线。
>
> **4 半导体器件封装的编码体系**
>
> **4.1 通则**
>
> 标准的编码体系是一种识别半导体器件封装物理特性的方法。该编码体系至少包含两个表示封装外形类型的字母。该编码体系可通过可选部分进行扩展，使用者根据需要进行选择，

图 10-21　GB/T 15879.4—2019 的分类和编码体系（节选）

(十)总体原则和/或总体要求

总体原则和/或总体要求为可选的规范性要素。总体原则用来规定为达到编制目的需要依据的方向性的总框架或准则。文件中随后各要素中的条款或者需要符合或者具体落实这些原则,从而实现文件编制目的。总体要求用来规定涉及整体文件或随后多个要素均需要规定的要求。

总体原则在指南标准,或在以"原则与要求""……规则""总则"等为文件名称的标准化文件中设置,确立为达到编辑目的需要依据的方向性的总框架或准则。

总体要求在以"原则与要求""规则"等为文件名称的文件中设置,规定涉及整体文件或随后多个要素均需要规定的要求。

总体原则/总则/原则应使用陈述或推荐型条款,不应包含要求型条款。总体要求应使用要求型条款。

(十一)核心技术要素

核心技术要素是各种功能类型标准的标志性的要素,是必备的规范性要素。它是表述标准特定功能的要素。标准功能类型不同,其核心技术要素就会不同,表述核心要素使用的条款类型也会不同。各种功能类型标准所具有的核心技术要素以及所使用的条款类型应符合表10-9的规定。各种功能类型标准的核心技术要素的具体编写应遵守GB/T 20001(所有部分)的规定。

表10-9 功能类型标准的核心技术要素、条款类型及编写原则

功能类型标准	核心技术要素	使用的条款类型	编写原则
术语标准 GB/T 20001.1	术语条目	陈述性条款	唯一性原则
符号标准 GB/T 20001.2	符号/标志及其含义	陈述性条款	唯一性原则
分类标准 GB/T 20001.3	分类和/或编码	陈述、要求型条款	覆盖完全且不交叉原则、扩展性原则
试验标准 GB/T 20001.4	试验步骤 试验数据处理	指示、要求型条款 陈述、指示型条款	可重复可再现原则、准确度原则
规范标准 GB/T 20001.5	要求 证实方法	要求型条款 指示、陈述型条款	性能/效能原则、可证实原则
规程标准 GB/T 20001.6	程序确立 程序指示 追溯/证实方法	陈述型条款 指示、要求型条款 指示、陈述型条款	可操作性原则、可追溯/可证实原则
指南标准 GB/T 20001.7	需考虑的因素	推荐、陈述型条款	指导方向明确原则

各种功能类型的标准的特点是:

(1)术语标准、符号标准、分类标准是用于建立体系的标准,属于基础标准。

(2) 试验标准只有被规范标准引用,其应用才有实际意义。
(3) 规范标准、规程标准是可以作为判定"符合性"直接应用的标准。
(4) 指南标准是间接应用的标准。

(十二) 其他技术要素

其他技术要素是可选的规范性要素。根据具体情况,除核心技术要素外,文件中还可设置其他技术要素,例如试验条件、仪器设备、取样、标志、标签和包装、标准化项目标记、计算方法等。

(十三) 规范性附录

规范性附录为可选的规范性要素,是标准正文的附加条款,在使用标准时,这些条款应被同时使用。示例如图 10-22 所示。

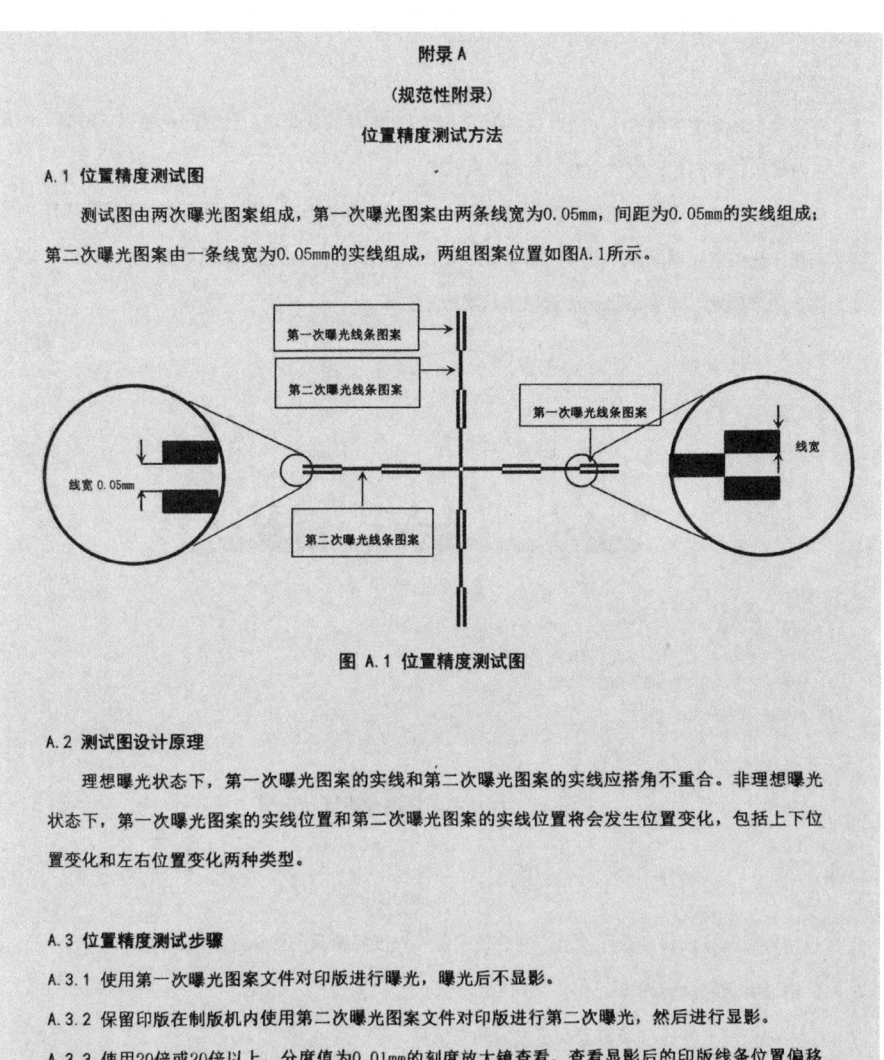

图 10-22 GB/T 34690.7—2017 的规范性附录

(十四) 资料性附录

资料性附录为可选的资料性要素,用来承接和安置不便在文件正文、前言或引言中表述的内容,它是对正文、前言或引言的补充或附加。当标准中的示例、信息说明或数据等过多时,往往将相关内容移出,形成资料性附录。示例如图10-23所示。

附录 B
(资料性附录)
印版测量仪

B.1 概述

印版测量仪是一种对印版信息进行精确检测的仪器。印版测量仪通过内置数字照相机或摄像机,能分析印版的网点百分比、加网线数、网点形状、加网角度等,并显示在显示屏上。

B.2 工作原理

在仪器中内置数字相机于测量时根据印版表面反射和吸收的光线,计算网点面积、网线、网角等。可对印版进行测量,支持所有现行的加网技术。

印版测量仪宜有不同颜色的光源可供选择的。一般选择与版材药膜颜色互补的光源,如:对于绿色药膜,选红色照明光源,这样药膜就会尽可能多地吸收光线,拉大版面反射、吸收的对比度,增加测量的准确性,印版测量仪测量原理示意图见图B.1。

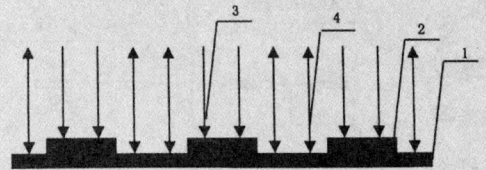

说明:
1——印版基材(空白区域)
2——药膜,一般有绿、蓝、红、灰等不同颜色
3——入射光,一般选择与药膜相反颜色的光线
4——光线被印版基材反射

图 B.1 印版测量仪测量原理示意图

B.3 使用方法

B.3.1 将印版测量仪轻放在印版上,并保证定位针对准要测量的区域。

B.3.2 测量并保存网点图像。

B.3.3 在显示屏上查看印版测量仪反馈的网点信息。

图 10-23 GB/T 34690.7—2017 的资料性附录

（十五）参考文献

参考文献为可选的资料性要素，用来列出文件中资料性引用的文件清单，以及其他信息资源清单，例如起草文件时参考过的文件，以供参阅。

如果需要设置参考文献，应置于最后一个附录后。文件中有资料性引用的文件，应设置该要素。该要素不应分条，列出的清单可以通过描述性的标题进行分组，标题不应编号。

清单中应列出该文件中资料性引用的每个文件。每个列出的参考文件或信息资源前应在方括号中给出序号。资料性引用文件的排列顺序及表述，参见"规范性引用文件"清单，其余文件以及在线文献的列出方式均应遵守《信息与文献 参考文献著录规则》(GB/T 7714—2015)的有关规定，其中列出的国际文件、国外文件不必给出中文译名。

参考文献示例如图 10-24 所示。

参考文献

[1] GB/T 9851.1-2008 印刷技术术语 第1部分：基本术语

[2] GB/T 9851.2-2008 印刷技术术语 第2部分：印前术语

[3] GB/T 17934.2-1999 印刷技术 网目调分色片、样张和印刷成品的加工过程近程 第2部分：胶印

[4] GB/T 18722-2002 印刷技术 反射密度测量和色度测量在印刷过程控制中的应用

图 10-24　GB/T 34690.7—2017 的参考文献

（十六）索引

索引为可选的资料性要素，用来给出通过关键词检索文件内容的途径。它置于文件最后。索引由索引项形成的索引列表构成。索引项以文件中的"关键词"作为索引标目，同时给出文件的规范性要素中对应的章、条、附录和/或图、表的编号。索引项通常以关键词的汉语拼音字母顺序编排。为了便于检索，可在关键词的汉语拼音字母首字母相同的索引项之上标出相应的字母。

电子文本的索引宜自动生成。

在标准文件的最后一个要素后，应有标准的终结线。终结线画在最后一条条文下方约 40 mm 处的版面中间，其长度约为版面宽度的四分之一（约 10 个字长）。

索引示例如图 10-25 所示。

三、条款的表述

条款类型分为：要求、指示、推荐、允许和陈述。条款可包含在规范性要素的条文、图表脚注、图与图题之间的段或表内的段中，由相应的能愿动词或句子语气表述，见表 10-10。

条款类型的表述应使得文件使用者在声明其产品/系统、过程或服务符合文件时，能够清晰地识别出需要满足的要求或执行的指示，并能够将这些要求或指示与其他可选择的条款（例如推荐、允许或陈述）区分开来。

下面是对条款类型使用的介绍。

A
凹印网点漏印 ·················· 3.1.2.3

B
表面疏松物 ··················· 3.1.1.5
表面呈色效率 ·················· 3.1.2.6

F
分液器 ····················· 3.2.6

G
干拉毛 ···················· 3.1.1.1.3

M
墨粉粘合牢固度 ················· 3.1.2.7

Q
起脏 ····················· 3.1.2.10

L
拉毛 ···················· 3.1.1.1.1
拉毛速度 ··················· 3.1.1.1.2

R
润湿盘 ····················· 3.2.7

S
湿拉毛 ···················· 3.1.1.1.4
湿排斥 ···················· 3.1.1.1.5

T
透印 ······················ 3.1.2.9

W
网点再现性 ···················· 3.1.2.11

Y
印刷作业适性 ···················· 3.1.1
印刷表面强度 ···················· 3.1.1
油墨转移量 ····················· 3.1.1.3
油墨转移率 ····················· 3.1.1.4
印刷质量适性 ···················· 3.1.2
印刷均匀性 ····················· 3.1.2.1
印刷光泽度 ····················· 3.1.2.4
印刷粗糙度 ····················· 3.1.2.5
印刷渗透性 ····················· 3.1.2.8
印刷适性测试仪 ···················· 3.2

图10-25 CY/T 104.1—2014 的索引(节选)

(一) 要求型条款

要求型条款是指表达如果声明符合标准需要满足的准则,并且不准许存在偏差的条款。要求型条款的表述采用动词"应"或"不应",例如"每个表均应有编号""无标题条不应再分条"。

表 10-10　条款类型与能愿动词

条款		能愿动词	在特殊情况下使用的等效表述
要求		应	应该、只允许
		不应	不应该、不准许
指示		祈使句	—
推荐		宜	推荐、建议
		不宜	不推荐、不建议
允许		可	可以、允许
		不必	可以不、无须
陈述	能力	能	能够
		不能	不能够
	可能性	可能	有可能
		不可能	没有可能
	一般性陈述	陈述句：典型用词有"是""为""由""给出"等	

（二）指示型条款

指示型条款是指表达应执行的行动、采取的步骤的条款，在规程或试验方法中表示直接的指示。指示型条款的表述采用祈使句，例如"开启记录仪""将探头（霍尔元件）平贴在检材上，缓慢改变探头的位置和角度进行搜索式测量，直到测量数据稳定时的最大值为止"。

（三）推荐型条款

推荐型条款是指表达建议或指导的条款。推荐型条款的表述采用能愿动词"宜"或"不宜"，示例如下：

（1）在几种可能性中推荐特别适合的一种，不提及也不排除其他可能性，例如"每个表宜有表题""温度不宜高于25℃"。

（2）某个行动步骤是首选的但未必是所必需的，例如"测定该溶液的pH值宜采用滴定法"。

（3）不赞成但也不禁止某种可能性或行动步骤（使用否定形式），例如"温度不宜高于20℃""在对样品进行分解时，不宜使用水溶法"。

（四）允许型条款

允许型条款是指表达在标准界限内所允许的行动步骤的条款。允许型条款的表达采用能愿动词"可"或"不必"，例如"一个层次中有两个或两个以上的条时才可设条""不必每项标准都设置参考文献"。

（五）陈述型条款

陈述型条款是指表达信息的条款。陈述型条款的表述采用陈述句或能愿动词，示例如下：

（1）利用一般陈述句提供信息，例如"章是标准内容划分的基本单元"。

（2）利用能愿动词"能"或"不能"，表示由材料的、生理的或某种原因导致的能力，例如"在空载情况下，机车的速度能达到 150 km/h"，表示机车在速度方面具有这样的能力。

（3）利用能愿动词"可能"或"不可能"，表示由材料的、生理的或某种原因（主观、客观）导致的可能性。例如"标准的内容可能被法规引用"，表示标准有被法规引用的可能性。

第六节　标准制定实例

一、标准前期研究

标准的前期研究可分为需求分析、政策导向分析、技术可行性分析、国内外标准协调性分析、经济和社会效益分析（相关方影响分析）等。具体到某项标准时，所处的情形可能不尽相同，其前期研究中能够进行分析的类别和分析程度也会有所不同，标准前期研究的首要目标是立项，因此一切工作都应以促成标准的立项为核心展开。

在正式提交标准项目立项申请前，应做好充分的预研工作，不仅包括撰写高质量的项目建议书和预研报告，还包括编制技术内容完整、编写格式规范、行文语言通顺的标准草案等。

二、标准需求情况分析

在制定标准前，应对有关标准的需求情况进行调研分析，弄清楚是否有必要制定该项标准。现以《纸质印刷品覆膜表面耐摩擦性能测试方法》（CY/T 260—2022）的研制为例加以说明。

覆膜是一种印后加工技术，是将涂有黏合剂的透明薄膜通过热压覆贴到印刷品表面，使纸与膜结成一体。经覆膜后的印刷品，由于表面多了一层薄而透明的保护膜，所以其光泽度、强度、挺度都得以提高，画面也不易被刮伤。同时，覆膜层还可以起到防潮、防水、防污、耐磨、耐折、耐化学腐蚀等保护作用。因此，印刷品的覆膜层对印刷品的质量、使用寿命和外观起着重要作用。

覆膜的运用范围十分广泛，例如海报、地图、各种证卡、手提袋、广告单、书籍、画册、标签以及各种食品、药品、化妆品的包装盒等。覆膜产品示意如图 10-26 所示。

由于覆膜层是起保护作用的印刷品外膜，所以其耐摩擦性能成为覆膜质量的指标之一，如果耐摩擦性能差，就会导致印刷品表面容易被划花，影响印刷品外观及使用寿命，并造成经济损失。覆膜产品的最终质量将受到生产技术、设备和原材料的影响。《纸质印刷品覆膜过程控制及检验方法》（GB/T 27934—2011）系列标准为保证覆膜产品质量打下了基础。

但是，上述国家标准中并没有关于覆膜产品表面耐摩擦性能

图 10-26　覆膜产品示例

的测试内容。目前,为满足印刷包装市场对高档印刷品的需求,普通耐摩擦薄膜、超级耐摩擦薄膜、水性耐摩擦薄膜等产品相继出现,如何客观科学地评价这些耐摩擦薄膜产品的差异性,成为摆在印刷包装生产厂家和覆膜产品供应商面前的一道难题。

因此,规范地测试分析纸质印刷品覆膜表面耐摩擦性能并制定统一规范的行业标准,对纸质印刷品覆膜表面耐摩擦性能测试所涉及的术语和定义、试样制备、测试仪器、测试条件、方法与步骤和测试结果的计算与评定等进行统一规定,是印刷企业、材料加工企业及检测机构共同需要的,也有利于薄膜生产企业不断提高产品的耐摩擦性能和质量。

三、标准化对象确定

要为纸质印刷品覆膜表面耐摩擦性制定标准,首先需确定标准的功能类型。根据《标准编写规则 第4部分:试验方法》(GB/T 20000.4—2015)中的定义,试验方法标准是指在适合指定目的的精确度范围内和给定环境下,全面描述试验活动以及得出结论的方式的标准。由此说来,可以判断纸质印刷品覆膜表面耐摩擦性测试标准属于试验方法标准。

试验方法标准的核心技术要素是试验步骤和试验数据处理,描述的是试验活动如何开展以及如何处理数据以得出结论。按照《标准编写规则 第4部分:试验方法标准》(GB/T 20001.4—2015)中对"结构"的规定,试验方法标准的必备要素包括:封面、前言、标准名称、范围、仪器设备、样品、试验步骤和试验数据处理。

试验方法是分析方法、测量方法等的统称,涉及对材料、部件、成品等的指定特性或指标的测定,是试验方法标准的标准化对象。试验方法标准化是为了建立测定指定特征或指标的试验步骤和结果计算规则,为试验活动和过程提供指导,确保任何操作者在任何时间、地点都能够重复开展试验、处理试验数据。

四、标准内容编写

按照《标准化工作导则 第1部分:标准化文件的结构和起草规则》(GB/T 1.1—2020)的要求,封面和前言都有固定的格式,所以在编写本试验方法标准时,其主要着重点在于标准名称、范围、仪器设备、样品、试验步骤和数据处理。

(一) 标准名称

标准名称可由三段构成:引导元素、主体元素和补充元素。

鉴于本试验方法标准只用于检测一种特性,并只有一个独特的试验方法,所以名称采用一段式,即只有主体元素:"纸质印刷品覆膜表面耐摩擦性能测试方法"。

(二) 标准范围

标准范围应简明地指明拟测定的特性,并特别说明所适用的对象。必要时可指出标准不适用的界限或存在的各种限制。

本试验方法标准专门用于测试纸质印刷品覆膜表面耐摩擦性能,方向明确,因此在范围里指出了拟测定的特性为表面耐摩擦性能,所适用的对象或受测的材料为纸质印刷品覆膜。标准范围可以描述为:"本文件描述了纸质印刷品覆膜表面耐摩擦性能测试的原理、试样制备、测试仪器、测试条件、方法与步骤、测试结果计算和测试报告。本文件适用于各类纸质印刷品覆膜表面耐摩擦性能的检验、测试和分析。"

（三）原理

原理是试验方法标准的可选要素，需要时可用于指明所用方法的基本原理、方法特性和基本步骤。如有必要，还可说明选择这一分析步骤的理由。

如何对材料的耐摩擦性能进行测试？在没有标准的情况下，印刷包装企业的工作人员往往用手指甲刮擦覆膜表面或者用摩擦机摩擦覆膜表面后，再依靠人眼去判断其前后的差别。这种主观判断既缺乏一致性和可重复性，又缺乏准确性。为保证测试过程和结果能够准确可靠，一定要用仪器来对耐摩擦性能进行测试和结果判断，并用数据做结论。目前，覆膜生产厂家普遍使用摩擦测试仪（摩擦试验机）和光泽度仪来检测产品的耐摩擦性能，但还没有形成全行业的规范，为此，本试验方法标准提出了以下原理："使用摩擦试验机，在规定的条件下对试样表面进行摩擦，用光泽度仪分别测量试样摩擦前后的光泽度，以摩擦后与摩擦前的光泽度变化幅度表示试样表面耐摩擦性能。变化幅度越小则耐摩擦性能越好"。

（四）试验条件

如果试验方法受到试验对象本身之外的试验条件的影响，如温度、湿度、气压、风速、流体速度、电压和频率等，则应在"试验条件"中明确指明开展试验所需的条件要求。

由于温、湿度对纸质覆膜印刷品的纸张、油墨、胶水等都会产生影响，而环境的照度也会对观察结果产生影响，所以本试验方法对环境温度、相对湿度和观样光源提出了如下要求："环境温度为23℃±5℃，相对湿度为(60±10)%。观样光源：符合 CY/T 3 的规定。"

（五）仪器设备

仪器设备在试验中起到举足轻重的作用，应列出在试验中所使用的仪器设备的名称及其主要特性。如果适宜，应提及有关实验室的玻璃器皿和仪器的国家标准和其他适用的标准。特殊情况下，还应提出仪器、仪表的计量检定和校准要求。对于非市售的仪器设备，还应包括这类仪器设备的规格和要求，以便其他各方能进行对比试验。

在对纸质印刷品覆膜表面的摩擦性能试验中使用了 2 种仪器：光泽度测试仪和摩擦测试仪。对光泽度测试仪，本试验方法标准中做了以下规定："仪器的照明条件和几何条件应符合 GB/T 3978 的规定。仪器的测量原理和特性应符合 GB/T 9754—2007 中 5.3 的规定，本文件采用 60°光泽度仪。仪器的校正和使用方法按 GB/T 9754—2007 的规定执行。"

对摩擦测试仪，由于是非市售设备，本试验方法标准中给出了规格、要求并提供了构造示意图，如图 10-27 所示。本试验方法标准规定："摩擦台采用表面粗糙度不低于 1.60 μm 的硬性塑料体，并有固定试样的装置；摩擦体采用两块厚度为 8 mm、硬度为 50～53 HS、大小为 25 mm×50 mm 的橡胶，两块摩擦体内侧相距 45 mm，形成的摩擦接触面为 95 mm×50 mm，摩擦试验的行程约 60 mm。"

（六）试样制备

试样制备作为试验分析工作的一部分，是分析结果准确可靠的前提与基础。应叙述制备样品的所有步骤（如研磨、干燥），明确试验前样品应满足的条件，例如尺寸及数量、技术状

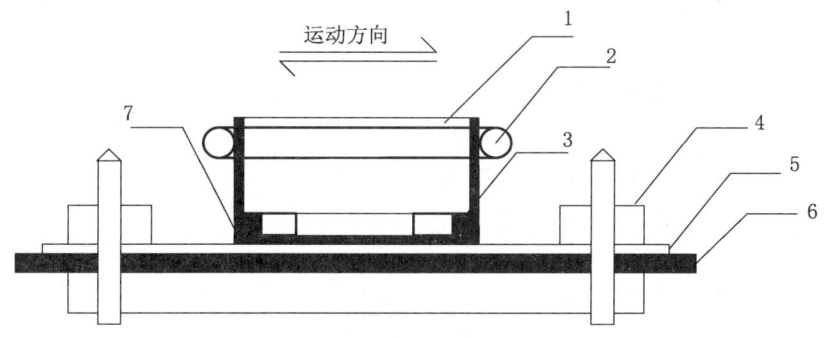

1—荷重；2—夹具；3—摩擦体；4—压条；5—试样；6—摩擦台；7—摩擦纸。

图 10-27　CY/T 260—2022 对摩擦测试仪的检测要求

态、特性(如粒度分布、质量或体积)、储存条件要求等。必要时,应给出储存样品用容器的特性(如类型、容量、气密性和材料)和存储条件。

在本试验方法标准中,对试样制备提出了 2 条要求,一是基本要求;二是制备方法要求。

1. 基本要求

(1) 在与测试印刷品承印物相同的纸张上印刷黑色实地并覆膜,制作测试用的覆膜样张。黑色实地色应符合 GB/T 34690—2017 表 2 的要求。

(2) 试样的覆膜表面应无其他加工工艺。

(3) 试样表面应洁净、平整、无褶皱、划伤、脱膜、亏膜和起泡等现象,无明显弯曲。

2. 制备方法

随机抽取 3 个覆膜样张,在每个覆膜样张的黑色实地处裁取尺寸长为 250~280 mm、宽为 55 mm 的 3 个试样,试样的长边应与纸张的丝缕方向一致。

(七) 方法与步骤

试验步骤包括试验前的准备工作和试验中的实施步骤。要进行多少个操作或系列操作,"试验步骤"就可分为多少条。如果试验的步骤很多,可将条进一步细分,逐条给出规定的试验步骤,包括必不可少的预操作在内。

本试验方法标准的试验步骤共 6 步,具体如下:

(1) 在每个试样上摩擦区域内,均匀取三点,测量其光泽度值,记为 D_n。

(2) 将试样固定在摩擦试验机的摩擦台上。

(3) 摩擦纸应选用定量为 80 g/m² 的胶版纸,宽度为 50 mm、长度为 240 mm,摩擦纸的丝缕方向应与其短边一致。

(4) 将摩擦纸固定在摩擦体上,摩擦体上方的摩擦压力为 20 N。

(5) 摩擦速度为 42 次/分钟,行程为 60 mm,对试样摩擦区域摩擦,摩擦次数为 200 次。

(6) 在每个试样上有效摩擦区域内,与摩擦前相对应的位置取三点,测量其光泽度值,记为 D_n。

(八) 测试结果

测试结果计算应说明以下 5 点:

(1) 表示结果的单位；
(2) 计算公式；
(3) 公式中使用的代数符号的含义；
(4) 表示量的单位；
(5) 计算结果表示到小数点后的位数或有效位数。

本试验方法标准对测试结果的表述如下：

试样各测试点的光泽度变化百分比，用 A_n 来表示，按下式计算。

$$A_n = |D'_n - D_n| / D_n \times 100\%$$

式中：A_n——各测试点的光泽度变化的百分比；
　　　n——测试点编号，$n = 1, 2, \cdots, 9$；
　　　D'_n——各测试点摩擦后的光泽度值；
　　　D_n——各测试点摩擦前的光泽度值。

耐摩擦性能用 A 表示，A 为 A_n 中的最大值，保留小数点后两位数字。

（九）测试报告

本试验方法标准的测试报告包括以下内容：
(1) 本文件的编号；
(2) 试样描述（覆膜材料、纸质基材种类、黑色实地色度值、试样尺寸等）；
(3) 测试环境条件；
(4) 测试结果；
(5) 测试中观察到的任何异常情况；
(6) 任何与本文件的偏差。

知识点考核

一、单选题

1. 下列标准要素中，在声明符合标准时无须遵守的要素是（　　）。
   A. 资料性要素　　　　　　　　B. 规范性要素
   C. 必备要素　　　　　　　　　D. 可选要素

2. 下列要素中，属于资料性要素但又是必备要素的是（　　）。
   A. 目录　　B. 前言　　C. 范围　　D. 核心技术要素
   E. 附录

3. 等同采用国际标准的代号是（　　）。
   A. MOD　　B. NEQ　　C. IDT　　D. ITO

4. 标准的制定是有着严格规范和程序的，国家标准的制定分成（　　）个阶段（程序）。
   A. 6　　B. 7　　C. 8　　D. 9

5. 标准的层次分为部分、（　　）、条、段和附录等形式。
   A. 节　　B. 篇　　C. 章　　D. 项

二、多选题

1. 标准文件表述需要满足的原则是（　　）。
   A. 统一性　　　B. 协调性　　　C. 一致性　　　D. 易用性
   E. 通用性
2. 采用国外先进标准对国家和企业有哪些好处？（　　）
   A. 与相应的区域或国家形成标准上的互认
   B. 帮助企业开拓特定目标市场
   C. 有实力的企业采用后，可以提高其技术水平
   D. 促进国家在区域内或相关国家间的贸易往来
3. 标准中的必备要素有（　　）。
   A. 封面　　　　B. 前言　　　　C. 目次　　　　D. 范围
4. 标准的名称是标准的总标题，应能（　　）地说明标准的主题。
   A. 详细　　　　B. 简明　　　　C. 准确　　　　D. 生动

三、判断题

1. 范围应明确表明标准化对象和涉及的各个方面，由此指明标准或其特定部分的适用界限，不可指出标准不适用的界限。（　　）
2. 规范性引用文件的清单中引用文件的排列顺序为：国际标准、国家标准、行业标准、地方标准、团体标准、国内有关文件。（　　）
3. 标准的附录为可选的资料性要素，是对正文、前言或引言的补充或附加。（　　）

知识点考核参考答案

专题一

一、单选题
1. B 2. C 3. A 4. D 5. B 6. A 7. B 8. D
二、多选题
1. ABD 2. CD 3. ABC 4. ABCD
三、判断题
1. √ 2. √ 3. ×

专题二

一、单选题
1. A 2. C 3. B
二、多选题
1. ABCD 2. ABCD 3. CD 4. ABCD
三、判断题
1. × 2. × 3. √ 4. √ 5. √

专题三

一、单选题
1. D 2. B 3. A
二、多选题
1. ACDEF 2. ABCDE 3. ABCDE
三、判断题
1. × 2. × 3. √ 4. √

专题四

一、单选题
1. B 2. A 3. B
二、多项题
1. ABC 2. ABCDE 3. CD 4. ABCD

三、判断题

1. ✗ 2. ✓ 3. ✓ 4. ✓ 5. ✗

专题五

一、单选题

1. B 2. B

二、多选题

1. BCD 2. ABCDE 3. ABC 4. CD

三、判断题

1. ✓ 2. ✗ 3. ✗ 4. ✓

专题六

一、单选题

1. B 2. C 3. C 4. B 5. A 6. B 7. C

二、多选题

1. BCD 2. ABCDEF

三、判断题

1. ✓ 2. ✗

专题七

一、单选题

1. B 2. B 3. C 4. C

二、多选题

1. ABCDEF 2. ABCD

三、判断题

1. ✓ 2. ✓ 3. ✗ 4. ✗

专题八

一、单选题

1. A 2. D 3. B 4. A

二、多选题

1. ABC 2. ABCD 3. ABCD 4. ABD

三、判断题

1. ✗ 2. ✓

专题九

一、单选题

1. A 2. B 3. C 4. A

二、多选题

1. ABCDE 2. AB 3. ABD 4. ABCD

三、判断题

1. ✗ 2. ✓ 3. ✗ 4. ✓ 5. ✓

专题十

一、单选题

1. A 2. B 3. C 4. D 5. C

二、多选题

1. BCD 2. ABCD 3. ABD 4. BC

三、判断题

1. ✗ 2. ✗ 3. ✗

参 考 文 献

［1］宋明顺,周立军.标准化基础[M].2版.北京:中国标准出版社,2020.
［2］李春田,房庆,王平.标准化概论[M].7版.北京:中国人民大学出版社,2022.
［3］白殿一,王益谊.标准化基础[M].北京:清华大学出版社,2019.
［4］麦绿波.标准学——标准的科学理论[M].北京:科学出版社,2019.
［5］魏新让.论技术标准与技术创新之关系[C]//第十届中国标准化论坛论文集.2013:927-930.
［6］杨建东,刘念,陈琼,等.浅谈标准与合格评定的关系[J].中国标准化,2019(17):86-90.
［7］鲁培耿,杨继坤.标准化对象的概念辨析及识别方法[J].标准科学,2021(02):36-40.
［8］谭福有.标准化的对象[J].信息技术与标准化,2005(05):54-56.
［9］张晶,张韧,张鑫.数字经济背景下的新零售标准化路径研究[J].中国标准化,2022(11):62-66.
［10］曹新九.新零售标准化研究[J].标准科学,2019(12):76-80.
［11］丁路,项华灵,张佩玉,等.后疫情时代新零售模式的标准化路径研究[J].中国标准化,2020(13):31-36.
［12］项华灵,张鑫,丁路.5G时代背景下的"新零售"标准化创新路径初探[C]//第十七届中国标准化论坛论文集.2020:191-199.
［13］赵雨菡,侯永萍,于晶,等.预包装食品标签中常见不合格项分析[J].食品安全质量检测学报,2021,12(12):5039-5045.
［14］许大海.汉代建筑用砖的规格化设计——兼论汉代器物设计中的标准化问题[J].南京艺术学院学报,2010(05):46-49.